大学生职业生涯发展规划与就业创业指导

刘君娣　裴科亮　编著

敦煌文艺出版社

图书在版编目（CIP）数据

大学生职业生涯发展规划与就业创业指导 / 刘君娣，
裴科亮编著. -- 兰州 ：敦煌文艺出版社，2019.8（2022.9重印）
ISBN 978-7-5468-1787-3

Ⅰ．①大… Ⅱ．①刘… ②裴…Ⅲ．①大学生－职业
选择－高等学校－教材Ⅳ．①G647.38

中国版本图书馆CIP数据核字（2019）第172679号

大学生职业生涯发展规划与就业创业指导

刘君娣　裴科亮　编著
责任编辑：王　倩
装帧设计：金国亮

敦煌文艺出版社出版、发行
地址：（730030）兰州市城关区读者大道 568 号
邮箱：dunhuangwenyi1958@163.com
0931-2131397（编辑部）
0931-2131387（发行部）

三河市嵩川印刷有限公司印刷
开本 710 毫米×1020 毫米　1/16　印张 21.75　插页 1　字数 380 千
2019 年 12 月第 1 版　2023 年 1 月第 2 次印刷
印数：501~2500 册

ISBN 978-7-5468-1787-3
定价：78.00 元

前　言

　　大学生活是一个人一生当中最重要阶段，如何在大学阶段做好职业生涯规划和时间管理，将决定毕业后是否能在这充满激烈竞争的社会中脱颖而出并保持立于不败之地，莎士比亚曾说过：人生就是一部作品。谁有人生理想和实现的计划，谁就有好的故事情节和结尾，谁便能写得格外精彩和引人瞩目。俗话说，欲行千里，先立其志。大学生职业生涯规划就是通过了解、分析自己兴趣、爱好、性格特征的基础上，结合自己专业特长和知识结构，制定符合自身实际情况的生涯发展路线，并将此付诸行动当中。

　　从 2010—2017 年来，全国高校毕业生人数以 2%~5%的同比增长率逐年增长，7 年间累计毕业生人数达到 5706 万人。而 2018 年全国高校毕业生首次突破了 800 万人，根据教育部消息，2019 届全国普通高校毕业生达 834 万人，再创近 10 年毕业生人数新高值，就业创业工作面临复杂严峻的形势，结构性矛盾十分突出。党中央、国务院高度重视高校毕业生就业工作，采取一系列措施，为高校毕业生就业创业创造有利条件。

　　职业生涯发展教育是高等教育体系中的重要组成部分，对大学生的成长和未来的职业发展有深远影响。教育部明确提出，高校要切实把大学生职业生涯规划和就业指导课程建设纳入人才培养工作，将大学生职业生涯发展和就业指导贯穿整个大学培养过程。与此同时，教育部在《关于大力推进高等学校创新创业教育和大学生自主创业工作的意见》中指出："在高等学校开展创新创业教育，积极鼓励高校学生自主创业，是教育系统深入学习实践科学发展观，服务于创新型国家建设的重大战略举措；是深化高等教育教学改革，培养学生创新精神和实践能力的重要途径；是落实以创业带动就业，促进高校毕业生充分就业的重要措施"。

为满足高等院校大学生职业生涯发展规划与就业创业指导教育的教学要求，编者在十几年教学科研的基础上，广泛征求师生意见，结合当今社会发展的需要和教学实际情况编写了本书。本书主要分为两大内容，前半部分大学生职业生涯发展规划主要从大学生职业生涯规划的基础知识、基本理论，大学生职业生涯规划的制订与实施等方面进行介绍，通过激发大学生职业生涯发展的自主意识，树立正确的就业观，促使大学生理性地规划自身未来的发展，并努力在学习过程中自觉地提高生涯管理能力；后半部分就业创业指导主要从大学生就业环境及就业形势着手，涉及求职择业的准备、基本程序、就业方法与技巧、毕业生就业权益保护、就业上岗以及创业教育等。通过本书学习，使学生能够树立正确的择业观，增强择业意识，有针对性地提高自身素质和职业需要的技能，胜任未来的工作，为职业发展奠定良好的基础。

　　本书由刘君娣担任主编，裴科亮担任副主编。全书共 30 万字，刘君娣主要负责前言、第一章第一节至第三节、第二章、第三章、第五章的编写工作，共计 20 万字；裴科亮主要负责第一章第四节、第四章、第六章的编写工作，共计 10 万字。在编写过程中，王明宇、陈琳、马乐元、殷鸿琛主要负责资料收集、意见征求、组织出版等事宜，甘肃农业大学招生就业工作部、创新创业学院、生涯工作室各位教师提出修改意见和建议，在此一并致谢。

　　由于编者水平有限，加之时间仓促，书中疏漏之处在所难免，敬请广大读者批评指正。

编　者

2019 年 6 月

目　　录

职业，从这里起航……

第一章 职业发展与人生规划

职业生涯与发展规划是在人生发展中有着重要的地位，是关注学生全面发展和终身发展的一门学科。通过激发大学生对职业生涯发展的自主意识，促使其树立正确的就业观，理性地规划自己未来的发展，并努力在学习过程中自觉地提高就业能力和生涯管理能力。

通过课程教学，大学生应在态度、知识和技能三个层面均达到以下目标：

态度层面，通过本课程的教学，大学生应激发对职业生涯规划的自主意识，树立积极正确的人生观、价值观和就业观，把个人发展和国家需要、社会发展相结合，确立职业的概念和意识，愿意为个人的生涯发展和社会发展积极主动付出努力。

知识层面，通过本课程的教学，大学生应当基本了解职业发展阶段的特点，较为清晰地认识自己的特长、职业的特性以及就业环境。

技能层面，通过本课程的学习，理性地规划自己的未来，掌握自我探索技能、提高就业能力、生涯管理能力和生涯决策技能等。

第一节 生涯觉醒

【生涯案例】

案例1 不喜欢现在的专业，我该怎么办？

张阳来自农村，被某农业高校农业资源与环境专业录取。进校之前，他就听到亲朋好友纷纷议论，农业院校的专业就业不好，以后工作了天天要和土壤、化肥、农药和植物打交道。张阳后悔自己当初选错了专业，整个暑假闷闷不乐。来到大学报到后，张阳心情差到了极点，既不愿意和周围的同学交流，又对专业缺乏兴趣，学习毫无动力。每当看到身边的同学都在为了学业忙碌时，张阳觉得生活没有方向，非常迷茫，不知道接下来的大学生活应该如何度过。

案例 2　对未来很迷茫

开学后李娜就要上大学二年级了。大学第一学年，她每天都过得很充实，上课、参加社团活动、听讲座、加入院学生会……

通过努力，她大一的学习成绩优异、社团工作开展顺利，得到了师长、同学的认可。李娜的大学生活虽然丰富多彩，可有时候她觉得很茫然。想到再过三年，就要面临大学毕业，究竟是考研继续深造，还是找工作就业，她不知何去何从。

"When my children grow up, I don't I want them to have a job, I want them to have a career"。这是英国首相布莱尔在参观 Sheffield Job Centre 时说的一番话。每个人都有自己的目标和理想，但是有没有计划就不敢恭维了，这样的例子在大学生中比比皆是。网上曾流传着这样一个贴子《我就这样毁了我的大学四年——看哭 1000 万大学生》：

我今年大四了。可是大学四年，我除了会打游戏好像什么也不会。我不知道简历上面能够写些什么，也不知道能够做什么工作。回想我的大学四年，竟然全是忏悔。

你是否和我一样，经常晚上赖床不睡觉？

你是否和我一样，上课不是玩手机就是睡觉？

你是否和我一样，学习总是三分钟热度？

你是否和我一样，选修课只选不点名的课？

你是否和我一样，打游戏打到熄灯……

回想我刚上大一的时候，我也是一个有梦想的追梦少年，我要参加学生会，我要拿国家奖学金，我要考研，我要谈一场轰轰烈烈的恋爱，可是如今确是这副模样……

看了上面的案例，你是否感觉很熟悉呢？同学们进入大学后，对自己将来的发展方向都有过较高期许，如何度过大学四年，将来是否继续深造还是工作，每个人都有自己不同的想法。有些人从大一开始就对自己的大学生活有了合理的规划，并把自己的大学生活安排得井井有条。有些同学却对未来没有规划，走一步算一步，得过且过，总觉得离大四毕业还很早，到时候再考虑今后发展的问题也不迟。还有的大学生对未来发展有些想法，却不知该如何实现。综合以上情况，大学生之所以产生这样或那样的困惑，就是因为他们对大学生涯缺乏合理的规划。因此，在大学阶段规划自己的学习、生活和职业生涯是非常重要的。

一、学习目标

（一）激发自己生涯规划的意识。

（二）了解什么是职业生涯规划。

二、学习活动

(一)破冰行动

1.活动目标

了解自我潜质，认识自我，开启规划意识。

2.活动要求

在教室里，向本班同学起立做自我介绍，至少找 10 位同学，但每次介绍自己的特点不能重复。时间为 5 分钟，介绍内容如下：

你好！

我叫＿＿＿＿＿＿，

认识我你很荣幸＿＿＿＿＿＿＿＿＿＿＿＿＿＿，

因为我是一个优秀的人，我具有＿＿＿＿＿＿＿＿＿＿＿＿＿＿＿＿的优秀品质！

然后再找 10 位同学，做自我介绍，内容如下：

你好！

我叫＿＿＿＿＿＿，

认识你我很荣幸＿＿＿＿＿＿＿＿＿＿＿＿＿＿，

你是一个优秀的人，我认为您具有＿＿＿＿＿＿＿＿＿＿＿＿＿＿的优秀品质！

3.讨论与分享

每个人做完自我介绍后，参考以下问题在课堂进行交流：

(1) 在别人面前说"认识我你很荣幸"和"认识你我很荣幸"时自己的内心感受有什么不一样？

(2) 你对自己的"优秀品质"了解有多少？

(3) 别人眼中的自己和自己眼中的自己一样吗？

(二)我的期待

1.活动目标

发现自己，发现机会，期待通过职业生涯规划课程对自己有所帮助。

2.活动准备

A4白纸和各种颜色水彩笔。

3.活动内容

拿出一张白纸，在纸上画出你的手形，在手形外写下你的昵称或化名，桌上有各种颜色的水彩笔，在大拇指上涂上代表你现在心情的颜色，然后在你的小指头写下你参加这次课程的期待，在中间的三个指头写下你具备的三个优点，再分别用你喜爱的水彩笔颜色，把这些指头一一涂上颜色。

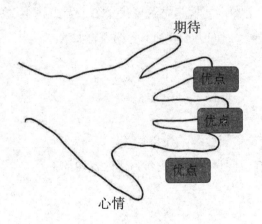

4.讨论与分享

(1) 通过职业生涯规划这门课我想学到什么？

(2) 我对自己了解吗？

(3) 我的心情对自己的决定有影响吗？

（三）团队建设

1.活动目标

班级同学建立学习团队，形成团结、竞争、活泼的气氛，为后期学习奠定心理基础。

2.活动素材

A4 白纸，水彩笔。

3.活动内容

教师按照座位号让学生从左到右依次报数，如 1-6 或 1-8。学生所报数字相同者组成小组，每个小组的成员坐在一起，手掌相叠，异口同声说："我愿意和你成为一个团队，共同学习，共同进步！"

教师以小组为单位，布置团队建设任务，让每个小组在准备好的 A4 大白纸上设计以下任务的内容：

①选拔队长：选拔一名愿意带领团队成员共同探索生涯发展问题的团队领导者。

②团队名称：为团队取个名称，要求简洁明了，意义深刻，与职业生涯规划有关联，如"扬帆启航"。

③团队口号：写一句代表团队精神的名言，要求朗朗上口，内涵深刻。

④团队标志：设计一个最能代表团队意义的标志图案。

⑤团队成员五彩档案：写上每个团队成员的姓名，所学专业，职业理想，联系电话。

我的团队

团队名称：＿＿＿＿＿＿＿＿＿　　团队成员五彩档案

团队人数：＿＿＿＿＿＿＿＿＿　　姓名：＿＿＿＿＿＿＿＿＿

团队口号：＿＿＿＿＿＿＿＿＿　　所学专业：＿＿＿＿＿＿＿

团队标志：＿＿＿＿＿＿＿＿＿　　职业理想：＿＿＿＿＿＿＿

团队组长：＿＿＿＿＿＿＿＿＿　　联系电话：＿＿＿＿＿＿＿

联系电话：＿＿＿＿＿＿＿＿＿

结束后，每组成员上台进行团队建设风采展示，包括介绍队员、队名、标志及其意义、口号等，鼓励个性化的展示。

4.讨论与分享

(1) 在团队里扮演怎样的角色？

(2) 团队建设对你来说重要吗？

第二节 认识职业生涯规划

【生涯案例】

有三个人被关进监狱三年，监狱长答应满足他们一个要求。

美国人爱抽雪茄，要了三箱雪茄。

法国人喜欢浪漫，要了一个美丽的女人相伴。

犹太人要的是一个能与外界联系的电话。

三年过后，第一个冲出来的是美国人，他的嘴巴、鼻孔插满雪茄。他大喊道："给我火、给我火。"原来他忘了要打火机。

第二个出来的是法国人，只见他怀里抱着一个小孩，美女手里牵着一个小孩子，肚子里还怀着第三个。

最后出来的是犹太人，只见他紧紧握住监狱长的手说："这三年来我每天与外界联系，我的生意不但没有停顿，反而增长了200%，为了表示感谢，我送你一辆劳斯莱斯。"

一、认识职业生涯

(一)职业

职业是参与社会分工，利用专门的知识和技能，创造物质财富和精神财富，获得合理报酬，满足物质生活、精神生活的工作[1]。职业的概念包含以下含义：职业是社会范围内人们所从事工作的分工，是个人价值观或兴趣所指向的活动，

---

①程社明.你的船，你的海——职业生涯规划[M].新华出版社,2007.

往往和能力相关，是有报酬的工作，需要专门的教育和培训，体现了一定的社会关系，处于特定的组织中并有着层级特征，在时间上有一定的延续性。从社会学观点看职业：职业首先是一种社会位置，这种位置是个人进入社会生产过程之后获得的，职业已经成为模式并与专门工作相关的人群有关系，职业同权力密切相连，包括垄断权和经济收益权，职业是国家授予的[①]。劳动者获得的社会角色，劳动者为社会承担一定的义务和责任，并获得相应的报酬。从国民经济活动所需要的人力资源角度来看，职业是有劳动能力的人为了生活而连续从事的活动，这种活动是相对稳定的、有报酬的、专门类别的工作而获得的劳动角色。职业不同于工作，它更多的是指一种事业。它意味着个人毕生应当为之而不懈奋斗的目标。因此，职业本身已经包含了职业精神和职业道德的内容。就职业一词的本义而论，至少包含了两个方面的含义：首先，职业体现了专业的分工，没有高度的分工，也就不会有现代意义上的职业观念；其次，职业体现了一种精神追求，职业发展的过程也是个人价值不断实现的过程。

（二）生涯

生涯，"生"即"活着"，"涯"即"边界"，指人们从事某种活动或职业的生活经历。美国职业生涯管理专家Super.D.E将生涯定义为"生涯是个人终其一生所扮演角色的整个过程，生涯的发展是以人为中心的"。通常意义上的生涯是生活中各种事件的演变方向和历程，包括人一生中的各种职业和生活角色，由此表现出个人独特的自我发展类型，它也是人自青春期至退休之后一连串的有报酬或无报酬职位的总和，甚至包含了副业、家庭和公民的角色，如教学生涯、艺术生涯等。

生涯概念包含了两层含义：

第一，生涯是一个过程，从我们出生到生命结束。

第二，生涯是一个人一生所扮演多个角色的综合结果，这些角色包括学生、休闲者、公民、工作者、配偶、父母及退休者等。

---

①吴国存,李新建.人力资源开发与管理概论[J].2001,12.

（三）职业生涯

何谓"职业生涯"？不同学者有不同的定义，沙特列（shartle）认为职业生涯是指一个人在工作生活中所经历的职业或职位的总称；麦克·法兰德（McFarland）认为职业生涯是一个人依据理想的长期目标形成的一系列工作选择，以及相关的教育或训练活动，是有计划的职业发展历程。韦伯斯特（Webster）认为职业生涯是个人一生职业、社会与人际关系的总称，即个人终身发展的历程；萨帕（Donald E.Super）认为职业生涯指一个人终生经历的所有职位的整体历程；台湾学者林幸台认为职业生涯包括个人一生中所从事的工作，以及其担任的职务、角色，同时也涉及其他非工作或非职业的活动，即个人生活中衣食住行娱乐各方面的活动与经验。笔者认为，职业生涯是一个人贯穿于个人整个生命周期的职业经历的组合。

职业生涯既包含客观存在部分，例如工作职位、工作职责、工作活动以及与工作相关的决策，也包括对工作相关事件的主观知觉，例如个人的态度、需要、价值观和期望等。

对于职业生涯，需要说明以下几点：

第一，职业生涯不仅仅是职业活动，而且包括与职业有关的行为和态度等内容。

第二，职业生涯是个动态过程，是一个人一生在职业岗位上所度过的与工作活动相关的连续经历，不论职位高低，不论成功与否，每个工作着的人都有自己的职业生涯。

第三，职业生涯是人最大的生涯，职业生涯对人的生涯影响也是最大的。我们评判别人的一个标志通常就是这个人是做什么工作的，工作做到了什么级别。因此，拥有成功的职业生涯，才可能实现完美的人生。

二、学习活动

画出我的生命线。

（一）活动目标

帮助你认识生涯的概念，了解过去生活中的事件对你的影响。

（二）活动内容

1.如图 1-1 所示，请你在白纸上面条直线，这条直线的长度代表了你生命的长度。思考一下，你期待自己活到多少岁。将直线的一端视为你生命的开始，写上"0"这个数字，另一端写上你期待可以活到的年龄。

2.在这条生命线中找到你现在的年龄点，并标记出来，写下你现在的年龄。

3.回顾你过往生命历程中发生的重大事件，先在直线上方写出 2—3 件对你有积极影响的事件，并在直线的相应位置上标明年龄和关键词，再在直线下方写出 2—3 件对你有消极影响的事件，并在直线的相应位置上标明年龄和关键词，一件事情为一个点。最后完成了你的坐标点后，把它们按照顺序连成曲线。

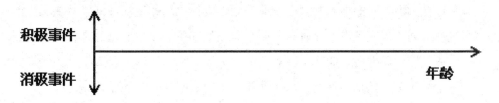

图 1-1 生命线

（三）讨论

思考一下这些事件对你的影响，它们是如何造就今天的你？

_____

（四）感悟

_____

三、职业生涯规划的主要内容

（一）职业生涯规划的含义

职业生涯规划是指个人根据对自身的主观因素和客观环境的分析，确立自己的职业发展目标，选择实现这一目标的职业，以及制订相应的工作、培训和教育计划，并按照一定的时间安排，采取必要的行动实施职业生涯目标的过程[①]。

_____

①马峥涛,司卫乐.大学生职业规划教程[M].北京:高等教育出版社,2013.

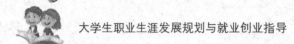

一个标准的职业生涯规划，一般应包括以下六方面的内容：

1.自我职业性格分析；

2.确定职业目标；

3.确定成功标准；

4.制订职业发展道路计划；

5.明确需要进行的培训和准备；

6.列出大概的时间安排。

（二）什么是大学生职业生涯规划

大学生职业生涯规划是指学生在大学期间进行系统的职业生涯规划的过程，它包括大学期间的学习规划、职业规划、爱情规划和生活规划。从狭义上的职业生涯规划的角度来看，此阶段主要是职业的准备期，主要目的是为未来的就业和事业发展做好准备。职业生涯规划的有无及好坏直接影响着大学生大学期间的学习生活质量，更直接影响其求职就业甚至未来职业生涯的成败。

大学是连接社会的桥梁和纽带，是工作前的知识储备阶段。因此在大学里面不仅要掌握专业的知识、技能，还要参加各种社会实践，学会人际交往能力，加强体育锻炼，加强自我管理的能力。俗话说"凡事预则立，不预则废"，首先要对自己的人生确立方向和目标。这个目标包括了长期目标、中期目标和短期目标。正确的职业生涯规划是一个人走向成功的指南针，在迷雾重重之下，依然能辨明方向，引领自己前行，避免误入歧途。所以，大学生在制订生涯规划时应遵守以下原则：

1.清晰性原则。规划的目标一定要清晰、明确，对自己来说这个目标是可以实现的，在每个阶段安排一定要具体可行。

2.挑战性原则。规划要在可行性的基础上具有一定的挑战性，要付出一定的努力才能实现，这样在完成目标后能获得较大的成就感，会激励自己朝着下一个目标努力。

3.可行性原则。规划要在对自我兴趣爱好、特长、自我性格、价值观和社会家庭背景充分了解的基础上，要有事实依据的去制订，切记不能不着边际地去做白日梦。

4.长期性原则。规划一定要从长远考虑，只有这样才能给人生设定一个大方向，使自己集中力量紧紧围绕这个方向去努力，最终取得成功。

5.适时性原则。规划是预测未来的行动，确定将来的目标，因此各项主要活动，何时实施何时完成，都应有时间和顺序上的妥善安排，以作为检查行为的依据。

6.适应性原则。对未来生涯目标的规划，可能会有诸多不可控的环境因素及人为因素，这就需要适当地做自我调整，计划要有弹性，以增加其可行性。

7.持续性原则。人生每个发展阶段都是连续的，因此生涯规划也要有持续性，不能中途阻断，每个阶段要衔接清楚。

第三节 职业成功与人生成功

【生涯案例】

比尔·拉福的成功之路

一个美国小伙子从小立志做一名优秀的商人，中学毕业后他考入麻省理工学院，没有去读贸易专业，而是选择了工科中最普通最基础的专业——机械专业。大学毕业后，这位小伙子没有马上投入商海，而是考入芝加哥大学，攻读为期三年的经济学硕士学位。让人出乎意料的是，获得硕士学位后，他还是没有从事商业活动，而是考了公务员。在政府部门工作了五年后，他辞职下海经商。又过了两年，他开办了自己的商贸公司。20年后，他的公司资产从最初的20万美元发展到2亿美元。这位小伙子就是美国知名企业家比尔·拉福。

1994年10月，比尔·拉福率团来中国进行商业考察，在北京长城饭店接受《中国青年报》记者采访时，他谈到他的成功应感激他父亲的指导，他们共同制订了一个重要的生涯规划，最终这个生涯设计方案使他功成名就。我们来看一下这个成功的简图：工科学习—工学学士—经济学学习—经济学硕士—政府部门工作—锻炼处世能力，建立广泛的人际关系—大公司工作—熟悉商务环境—开公司—事业成功。

可以看出比尔·拉福的职业生涯设计脉络清晰、步骤合理，充分考虑了自己的个人兴趣和个人素质，着重突出了职业技能的培养，这种生涯设计在他坚持不懈努力下，终于变为现实，这也是他成功的关键。

我们不可否认比尔·拉福具有很多得天独厚的优越条件，也不可否认他的成功和这些外在的条件有一定的关系，但是他的成功离不开他科学而严谨的职业规划。他能够清晰地知道自己将来要做什么，应该怎样去做，将来要达到什么样的结果，做出什么样的成就。这些他都为自己规划好了，并为之做出了很大的努力。这是很值得我们借鉴的和学习的。我们的人生必须要有目标，这样我们才会生活得有规律，才不会感到迷茫，才会更有动力为实现人生目标而努力。因此，我们每个人都应该要尽早规划好自己今后的人生，并尽最大的努力去完成它，去为自己的目标而拼搏。

成功的人生需要正确规划，作为一名大学生，一个好的职业生涯规划便是人生成功的起点。

一、如何看待成功

(一)什么是成功?

什么是成功? 这是个老话题了。成功学家卡尔博士认为"成功意味着许多美好积极的事物"。台湾著名的散文家林清玄曾说过"今天比昨天更慈悲、更智慧、更懂爱与宽容，就是一种成功。如果每天都成功，连在一起就是一个成功的人生。不管你从哪里来，要去到哪里，人生不过就是这样，追求成为一个更好的、更具有精神和灵气的自己。"

每个人对成功的认识也都不同。有的人认为有钱、有房、有车、有幸福的家庭，就是成功；有的人则认为成功是你做了一件你想做的事并做好，它就是成功；有的人认为成功意味着享有好的住宅、假期、旅行、新奇的事物、经济保障，以及使自己的小孩也能享有最优厚的条件；有人认为成功意味能够获得赞美，拥有领导权，并且在职业与社交圈中赢得别人的尊崇；有的人认为成功意味着自由，免于各种烦恼、恐惧、挫折与失败的自由；有的人认为成功意味着自重，能追求生命中更大的快乐和满足，为社会作更多的贡献。的确，每个人对成功有着不同的理解，但是究其本质，成功是什么呢？成功就是逐步实现价值和理想，以达到预期的目标。首先，必须要有一个预期的目标。其次，这个预期的目标必须要达成。只要我们做的事情是积极的、正能量的，不管大事小事，通过详细的规划和合理的安排，并且通过努力做成了，那就算成功了。不要把成功看得太遥远，也不要把成功看得太容易，成功需要努力和付出。

成功其实包含两方面的含义：

一是社会承认了个人的价值，并赋予个人相应的酬劳，如金钱、地位、房屋、尊重等。

二是自己承认自己的价值，从而充满自信感、充实感和幸福感。但是人们往往忽略了成功的后一种含义，认为只有被社会承认被他人尊重时，才算真正的成功；只有被鲜花和掌声环绕时，才算真正意义上的成功。而自我认为的成功，不仅没有意义，还有狂妄自大的嫌疑。

【生涯案例】

什么是成功

我们从小就生活在一个以"自谦""自律"为荣的环境中，许多人生箴言如"出头的椽子先烂""鞭打快牛"等，更无时不在暗示我们要压抑自我。尽管这些观念有时可能只是一种自我保护的策略，但是若长期被这些观念影响，人就会像被磨去棱角的鹅卵石，失去个性，失去自我，不再对生活怀有憧憬，最终碌碌无为地度过一生。

人们常说期望什么便得到什么，期望平庸，就得到平庸；期望伟大，就有可能真的伟大。公交战线的标兵李素丽上中学时的梦想是当一名播音员，在实际工作中却当了一名公共汽车售票员。按照常人的理解，她的梦想破灭了，可能会带着挫败感平庸地度过一生。但她没有这样，即使在售票员的岗位上，仍然用播音员的标准要求自己，字正腔圆地报站名，兢兢业业地为顾客服务，在平凡的岗位上创造了不平凡的业绩。在一次学习李素丽的活动中，一群演员、歌唱家、播音员登上李素丽服务的车组进行观摩，有人问她："还想当播音员吗？"李素丽自豪地说她本来就是播音员——汽车上的播音员。她的这种自豪感肯定不是在她当上标兵、评上劳模之后才有的，而是她一贯的心态。正是由于她心中不灭的期望和自豪感，使她数年如一日地坚持高标准服务乘客，最终受到众多乘客发出由衷的感激和赞扬。她这种不灭的期望和自豪感以及由此产生的坚定决心，为售票员树立了新榜样。

人就像一部汽车，而期望就像汽车的变速器，而心中的怀疑、自卑、愤恨、失败感等消极的想法就像汽车发动机里的锈斑和污垢，只有在清除这些污垢并挂上高速挡时，人生这部汽车才能快速地奔向成功。而一个对自己期望很低并且很自卑的人就好像一辆只有低速挡且冒着黑烟的老爷车，无法快速奔跑。"沉舟侧畔千帆过，病树前头万木春"，现代社会是一个人才济济、充满竞争的社会，只有自信并敢于行动的人才能抓住成功的机会。美国哈佛大学约翰·科特在一项关于美国成功企业家的调查中，研究了数百个成功的案例后，发现成功人士都有一个共同特征，那就是有很高的自我评价，认为自己的行为代表正确的方向，同时他们还有很强的自信心和进取精神。

当然，在生活中也有另外一面，那就是任何人都会遇到不如意的事，每个人都难免产生烦恼、悲哀、内疚、失望等情绪。面临失败，有人会不断提醒自己是个失败者，从而战战兢兢地等待下一次失败，而失败也常会再次降临到这些人身上。失败有时也是人们自找的，原因是这些人已经在心中对自己的能力发生了怀疑，放弃了努力，坐等失败的来临。成功人士也有失败的时候，但是面临失败他们决不放弃，决不把失败当作判死刑，他们会对自己说："这不像是我干的，我会干得更好！"他们会从失败中找到积极的一面，如"留得青山在，不怕没柴烧"。他们会通过积极的行动弥补过失，转移自己的消极情绪。通过这些行动，他们不仅再次具有了较高的自我评价，同时又为现实中的成功做好了准备。对于他们来说，失败是成功之母。

"人贵有自知之明"，其潜在含义常常是要人们多看看自己的缺点，不要自满等。但一些专挑缺点的"自知"并没有什么积极意义，它只让人明白什么是要避免的，但不能告诉自己什么是要发展的。要知道"君子一日三省吾身"，现代人虽然很难达到古代君子的内省标准，但在生活中也要不断地进行自我评价。自我评价的方向和内容对人产生很大的影响，若只看自己的缺点，就好像千百遍地听人说"你这不行，你那不行，不准干这，不准干那……"，但从来不知道自己哪儿行，不知道要干什么，这会令人非常绝望。然而，如果自我评价的方向是正向的、自我肯定的，个体不仅会由此产生积极的情感体验，同时将有可能发展出好的行为，产生良好的结果。

正如英国作家萨克雷的名言一样："生活是一面镜子，你对它笑，它就对你笑；你对它哭，它也会对你哭。"成功的到来也正如一副对联所言："说你行你就行，不行也行；说不行就不行，行也不行。"这副对联应该有一个画龙点睛的横批，那就是我们今天的话题"自我评价"——你认为你行，你就能行；你认为你不行，那就真的不行。

二、怎么成功

成功也可说是一种感觉，一种积极的感觉，它是每个人达到预期目标后一种自信的状态和一种满足的感觉。虽然我们每个人对于成功的定义是各不相同的，但能成功的方法只有一个，那就是必须付出常人所不能付出的努力！

成功就是达成所设定的目标。成功，对很多人来说，也许遥不可及。怎样成功，其实并没有什么秘诀，首先应该有坚定的决心，没有决心，就算有兴趣，也不会成功。其次还要有冷静的头脑，一时的冲动或者急于求成往往是阻止成功的因素之一。爱因斯坦有一个公式：$A=x+y+z$。其中 A 代表成功，x 代表艰苦努力，y 代表方法正确，z 代表少说废话。由此可见，成功是需要冷静思考和科学布局。

（一）通向成功的七个习惯

习惯一：积极主动地面对问题。

习惯二：谋定而后动。

习惯三：分清主次，要务优先。

习惯四：双赢思维。

习惯五：有倾听才有沟通。

习惯六：协同合作。

习惯七：与时俱进努力创新。

(二)成功人士的七个思维习惯

习惯一：每件事的发生，皆有其原因，皆有利于我。

习惯二：没有失败，只有结果，过去并不代表未来。

习惯三：每个人都有无限的潜力。

习惯四：我是 100%负责任的人。

习惯五：我热爱自己的工作。

习惯六：每天进步一点点。

习惯七：立即行动，全力以赴，坚持到底。

三、人们为什么追求成功

人为什么活着？

人是永远不能满足的动物。

人的需求由低级向高级层次推进。

人都有开发潜能实现自我价值的愿望。

实现较高层次的需求需要有较高的知识、能力和素养。

(一)马斯洛的需求层次理论

马斯洛需求层次理论是人本主义科学的理论之一，1943 年由美国心理学家亚伯拉罕·马斯洛在论文《人类激励理论》中所提出。文中将人类需求像阶梯一样从低到高按层次分为 5 种，分别是生理需求（Physiological needs）、安全需求（Safety needs）、爱和归属感（Love and belonging）、尊重（Esteem）和自我实现（Self-actualization）①。

马斯洛把人的需求分成 5 个由低到高的层次（如图 1-2 所示）：

①Huitt W.Educational psychology interactive:Maslow′s hierarchy of needs[J].2007.

图1-2　马斯洛的需求层次理论简图

第一层次是生理的需求，生理的需求是人生最基本的需求，可简要概括为五个字：衣、食、住、行、性。

第二层次是安全的需求，希望在晚年老有所养、病有所医，希望在失业以后有人照顾和救助，希望自己的财富能得到保护，不会无缘无故地失去。

第三层次是社交或情感的需求，不但有温馨的亲情、甜蜜的爱情，而且有真挚的友情、邻里情、同事情、同乡情。在社交中建立感情，在感情中得到慰藉。

第四层次的需求是尊重，就是我们通常讲的让别人看得起自己。

第五层次的需求是自我实现，就是能够实现自我的价值，有成功感、成就感。

马斯洛的需求层次理论告诉我们：

1.每个人都希望实现较高层次的需求，最终能够实现自我价值的最大化，达到人生的完美状态。

2.人有实现高层次需求的愿望是好的，但不是随心所欲就能够实现的。

3.实现人生较高层次的需求，必须有较多的知识、较强的能力、较高的素质。具体见图1-3：

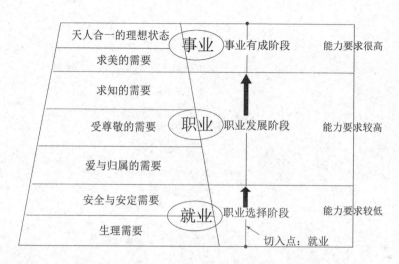

图 1-3　知识能力素质与职位、需求满足的关系

4.知识、能力与素质

（1）知识：人类在实践中认识客观世界（包括人类自身）的成果，知识是信息的沉淀。

（2）能力："做事的本领"，运用知识与技能解决问题的比较稳定的个人特性。

（3）素质：知识与能力的抽象，"把学的知识忘光了留下的东西就是素质"。

（二）成功人生的基本要素

1.职业成功——事业有成。

2.完美的感情生活。

3.健康的身体。

4.良好的人际关系。

人为什么活着？是为了追求更大的尊重和自由！

第四节　大学学习与职业发展

【生涯案例】

我的大学生活

小 A 同学："大学生活很是灰色，我自己也没什么爱好，觉得60分和90分的成绩没什么区别，所以学习没什么动力，但想起未来的发展，又会常感到迷茫和焦虑。"

小 B 同学："看似对未来发展有些想法，但又犹豫不决，甚至对达到目标缺乏信心。"

小 C 同学："近来我的心情很郁闷，心情好时我会偶尔去上课，只要老师不点名，反正考前突击一番都能过关；寝室乱一些也无所谓，反正我一个人也收拾不了；时不时地通宵上网，在游戏中放松放松，早上、下午睡睡懒觉，反正只要运气不是太差，老师就不会发现……

有时我也特别恐慌——我上大学就是用父母的血汗钱和自己的宝贵青春换取一张文凭吗？这样下去，我以后如何成家立业？哪有资格去谈什么报答父母、报效祖国！

谁也无法告诉我大学毕业后将会怎样，一切都是未知数。苦恼、彷徨、无助的感觉时时萦绕在我的心头，谁能告诉我怎样改变这种现状？"

通过以上案例，我们可以看出，这三位同学在进入大学后，或对未来发展方向不明确，或期望过高，心理落差很大，缺乏自我规划、自我统筹、自我安排的习惯和意识。而这不是个案，我们身边很多同学要么对未来没有想法，希望自己在大四时再解决所有问题，一天天堆积焦虑，要么整天忙碌，却如无头苍蝇，不知力往何处使。还有一些同学看似对未来发展有些想法，但又不能确定，甚至对完成目标缺乏信心。

大学是人生的关键阶段，同学们终于放下了高考的重担，开始追逐自己的理想，可以随意安排生活和学习，自由支配所有属于自己的时间。可是现实往往没有想象中那么美好，新的环境、新的学习方式和生活方式需要大学生自我调整。

而在这一阶段,家长和老师"管"得少了,那就迫使大学生必须提高自我约束力、自我管理能力和自我控制力。有一部分自我管控力差的同学觉得自己好不容易结束了寒窗苦读,抛弃了高考压力的束缚,彻底放纵自己,不思进取,时间一长,就会感到茫然和困惑,不知所行。

其实我们都知道,大学阶段是一个人一生中最后一次系统性地接受教育,最后一次能够全心巩固自己的知识基础,最后一次可以将大段时间用于学习,也可能是最后一次拥有较高的可塑性、集中精力充实自我的成长历程,也是最后一次能在相对宽容的且可以置身其中学习为人处世之道的理想环境。可是美好的大学生活是转瞬即逝的,如何使大学生活充实而有意义,这是每个刚刚踏入大学校门的大学生应该思考的问题。现代社会,多元化发展,不读书是不行的,可是只知道读书也是不行的。只有掌握各种知识,了解各种技能,提高自身的综合素质、综合能力,才有可能在新的机遇与挑战中获得成功。而目前的就业压力大是不争的事实,将来如何使自己在众多的求职者中脱颖而出,如何度过大学生活,都是大学生首要思考的问题。同学们,给自己定个目标吧!目标就像黑暗海面上的一盏明灯,指引你勇敢航行在人生之路上。

什么样的选择和行动决定着拥有什么样的收获和什么样的人生。

一、学习活动

教师让同学思考以下几个问题,小组成员互相提问回答,时间为 10 分钟,之后让每个小组成员代表分享自己的答案。

问题一:上大学是为了顺利就业?

问题二:上大学是为了以后有更好的前途?

问题三:上大学是为了进入中上层社会?

问题四:到大学来做什么?

问题五:大学毕业以后想做一个什么样的人?

二、大学学习与职业发展

(一)大学是什么

大学是社会化的前奏,大学生需要经历身体自立—行动自立—心理自立—经济自立—社会自立的一个漫长的成长过程。大学是培养高素质人才的场所，大学是传承文化、研究高深学问的场所，大学是大学生学习知识与提高能力的场所。大学应该为社会提供教育与科研资源，大学教育正在从精英教育向普及型教育演变。大学具有岗前培训的功能，但不是岗前培训机构。

我国高等教育步入大众化时期，大学生不再全被社会视作"精英"。美国学者马丁·罗特认为：当一个国家适龄青年（18—25 岁）某一年进入高校毛入学率在 15%以内时，大学教育被称为精英型高等教育；在 15%~50%之间，则称之为大众化高等教育；在 50%以上，则称之为普及型高等教育。中国正在由 17%向 50%发展。我国高等教育从 1999 年开始持续扩招，2002 年我国适龄青年进入大学的毛入学率已经超过了 15%。由此可见，我国高等教育从 2002 年开始进入了大众化时期。

(二)大学与高中有何区别

"大学和高中相比似乎没有什么太大的区别，每天依旧是学习，每次考试后依旧是担心考试成绩……不同的是在大学里上网和睡觉的时间多了。"

——某新生

大学与高中的学习目标不同。

大学与高中的学习任务不同。

大学与高中的学习方式不同。

大学要树立终身学习的观念。

大学与高中学习和生活比较，见表 1-1；传统学习和终身学习的区别，见表 1-2：

表 1-1　高中和大学学习比较

比较项目		高中	大学	对大学生提出的要求
学习目标		考上大学	成为社会需要的优秀人才	掌握专门知识,培养专门能力,提高综合素质
学习自主性		学习自主性少,依靠教师安排多	自主学习范围大,课外学习由自己安排	要求学习、生活的自我管理能力强
课程	数量质量	少而浅	多而深	广泛学习,努力钻研
	时代性	粗浅的经典知识	深层的经典知识与现代学科前沿知识	不仅要掌握经典知识,还要了解专业领域内的最新知识
	选修课	极少	多	要求独立自主能力强
实践教学		少	较多	将专业知识运用到实践中转变为专业能力
学习方法		少(主要是课程)	多(课程、讲座等)	综合利用多种学习方式获取知识,培养能力
思维方式		模仿、记忆多,一般性理解多	深层次理解多,创造性学习多	要求创新意识、创新能力强

表 1-2　传统学习观与终身学习观的区别

比较项目	传统学习观	终身学习观
学习观念	活到老学到老是好品德	学到老才能活到老是一种生存本领
学习时间	幼儿、少年、青年	人生的各个阶段
教育目的	传授基础知识	培养学习和工作的能力
学习目的	获得文凭	发现和强化潜能,注重提高实际能力
向谁学习	学校里的老师	能者为师、先者为师、快者为师
学习方式	你教我学,你考我	提供方法,实践检验
学习工具	主要是书本	各种学习工具、媒体
学习内容	偏重自然科学、抽象知识	注重观念态度、文化修养、使用知识
考试内容	在教室做考卷上的题目	处处是考场、事事是考卷
成绩标准	考卷上的分数	事事都可能是考卷
文盲	不识字的人	不会继续学习的人

（三）为什么要上大学

1.上大学是为了顺利就业

当代社会就是知识经济的社会，谁掌握了新的知识，谁就领先于这个行业。每个用人单位招聘门槛越来越高，谁拥有掌握先进技术的人才，谁就占领行业的制高点。21世纪也是人才竞争的时代，我们必须在大学努力学习，掌握专业知识，加强实践学习，才有可能顺利敲开企业大门，拿到人生的第一份offer。

2.上大学是为了以后有更好的前途

科学巨匠牛顿曾说过"我之所以比别人看得更远，是因为站在巨人的肩上"。大学就像一座知识的宫殿，前人留下的知识"宝藏"，取之不尽，用之不竭。大学也为我们打开了一扇全新的天窗，让我们在不断学习与实践中磨砺人生、启迪智慧，最终实现自我价值。

3.上大学是为了满足更高层次的需求

马斯洛的需求层次理论告诉我们，每个人都希望实现较高层次的需求，最终能够实现自我价值的最大化，达到人生的完美状态。在当今社会，每个人的最终追求不仅仅是为满足生理需要和物质需求，还有得到爱和归属，得到别人的尊重，取得事业成功，实现自我价值。与之相匹配的就是对能力的要求，能力越高越容易实现事业成功和自我价值。那么，如何才能达到自己的理想目标呢？这就需要我们在大学阶段扎扎实实打好基础，一步一个脚印往前走。大学是我们通往成功之路的基石，能够满足我们更高层次的需求。

4.大学给我们一个新起点、一个大平台和一种精神

踏入大学，我们的人生就开始了一个新的起点。新的学习环境、新的生活环境、新的人际环境，充满希望和挑战。大学是一个非常难得的自我修炼场所，它为我们追求人生梦想搭建了一个大平台。大学里有老师和同学，他们不仅是我们成长中的最佳学习对象，和他们建立起来的良好的人际关系，也会成为我们以后职业发展中的重要资源——人脉。大学里有图书馆，它是知识的殿堂。懂得利用图书馆，是我们在大学里获取知识的重要途径。大学里有各种学生社团，它们是我们锻炼成长的又一舞台。大学最吸引人也为人称道的东西便是大学精神。我们

可以感受到每一个接受大学教育熏陶的人，往往比其他人具有更明确、更积极向上的理想信念和价值追求，比常人有更多的宽容之心，能客观地看待问题、分析问题，充满科学精神，讲求科学方法。

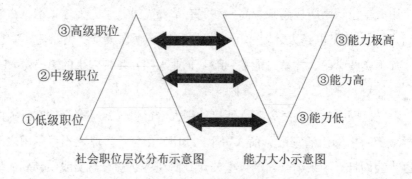

图1-4　社会职位与能力需求大小匹配示意图

（四）大学生涯究竟怎么度过

大学生涯是整个人生的重要阶段，是职业发展的准备期，是个人职业生涯的起步阶段。大学生涯的主要任务是：学会做人，能够正确处理各种人际关系；学会做事，有能力成为独立的社会人；学会做学问，培养终身学习的习惯。简单地说，任务主要有以下几方面：

第一，学习专业知识，培养学习能力。在大学里首先要学会自主学习、创新学习、科学学习、终身学习和全面学习，要从"学什么"到"学成什么"，从"要我学"到"我要学"，从"我会学"到"我学会"，从"我学好"到"我成才"。从之前被动学习到主动学习，抓住一切学习的机会。就像一位大学生所说："不要为自己选了一个好专业而自豪，重要的是你在这儿学到了什么东西。我从来不觉得自己的学校不好，因为大学是自己选择的。首先，课堂上不要埋怨老师讲得不好，因为你完全可以自己看懂，大学是培养独立学习能力的地方。其次，多学习专业方面的知识，以后肯定有用……"此外，在大学里还要学会搜集资料信息的能力，培养写作能力，提高英语口语水平，提高计算机能力，如熟练掌握基本办公软件等。

第二，增强人际交往的能力，建立有效的同学网。世上最坚固的关系有两种，第一是战友情，第二是同学情。大学同学及朋友，是一个人一生当中最宝贵的财富。无论你身在何地，他们都会像亲人一样给予你帮助与安慰，给你的事业带来助推。因此在大学就要培养良好的同学关系，增强自己的人际交往能力。

第三，保持自己的爱好，培养一个优势专长。由于有充足的可自由支配的时间，大学生可以去做自己感兴趣的事，也可以将自己的优长发挥到极致。由于在大学里，你会和一帮与你差不多优秀的或比你更优秀的或不如你优秀的人在一起，这时候你会发现自己并不是那么的出众，因为，比你优秀的人很多。当然，你也会知道自己并不是那么的无能，因为不如你的人也很多。在大学里，每个人不可一业不专，也不可只专一业。在大学培养自己的优势专长，比如打篮球、练书法、小制作、小发明、演讲、绘画等，让自己全面发展。

第四，增长见识。大学将来自五湖四海的人聚集在一起。农村来的人，见识了大城市的风采；城市的人通过农村的孩子，了解到各地不一样的人文风情。知识的互鉴，人文的互融，将使大学生的视野更开阔，心胸更开阔，未来的路也更开阔。

第五，多读书，读好书。高尔基曾经说过："书籍是人类进步的阶梯。"虽然时间的长河已经流淌了上百年，但这句话所表达的力量丝毫没有减弱。古人云："书中自有黄金屋，书中自有颜如玉。"可见，古人对读书的情有独钟。其实，对于任何人而言，读书最大的好处在于它让我们从中获得自己想要的知识和体验生活的乐趣。哲学为人们提供方法，启迪智慧，读史学可以明鉴，艺术可以激发想象力和创造力。有些同学认为读书太辛苦，考上大学就进了人生的保险箱，于是将书本扔在一边，整天沉迷于网络游戏。然而，在魔兽世界中练到80级所花费的时间，你可以从广州乘车去北京3次，也可以通读中国四大名著一遍，也可以每天多睡3小时、跑12趟马拉松、做48顿晚饭、给母亲写500封信、学会一门外语、完成一门大学课程。想想有多可怕，当你沉迷于网络游戏时，你人生最宝贵的青春也在悄悄流逝。

第六，培养独立思考的能力。在大学生活里，首先要学会独立思考，不能再人云亦云；学会对各种事情作出自己的判断，如果不懂、不明白，可以去图书馆或在网上了解相关的知识。渐渐地，你就不再迷信权威，明白事物多面性，学会理智地去对待一件事，变得更加理性。

第七，形成专业修养。每个大学生都有自己的专业，因专业的属性不同学习专业人的思维方式和人文素养也不同。如果能认真地汲取本专业的知识营养，你将获得其他人难以得到的专业精神、专业能力、专业实践。

第八，促进个人气质的变化。气质是由内而外自然散发出来的，学是学不来的。大学充当了气质培训所与气质初步养成机构的角色，它让一个人在谈吐、衣着与沟通能力上有所提高。

第九，提升你的教育水平。大学不仅使一个人的思想观念和做事能力发生变化，而且会使这个人的孩子甚至孩子的孩子受到影响，一个有文化的父母可以带给孩子更大的帮助。

第十，获得学历文凭。一个人的文凭高，并不代表他就能获得高的成就，也代表不了一个人素养的高低。但是，当一个大学生初次就业时，他的文凭大致可以决定他在哪一个层次的哪一个范围内工作，所以，在大学获得一张文凭也很重要。

第十一，学会做人，学会做事。在做人方面，要学做一个品德高尚、诚实、积极主动、有责任心、有团队精神、有自立意识和规划意识的人。学会做事是指脑、心、手并用，理论联系实际，培养专业技能、实践能力。通常一个人会做事，我们会说他的 IQ 很高，那一个人会做人，说明他的 EQ 高。当一个人既有很高的 IQ，也有高 EQ 时，他才可能走向成功。

大学毕业时的求职材料不仅仅是产品说明书和获得面试机会的推销册、通行证，更是毕业生大学三年或四年学习、生活、工作经历的写照。上大学不仅仅是为了打一份工，更是为了谋一份职业，并最终实现事业有成，大学期间的是非成败与日后的职业发展、人生成败息息相关。大学生的首要任务是学习知识，再者是发展能力，其次是提高素质。

学习活动一：

我的生活角色是什么？

1.写出你自己目前所扮演的全部角色，然后按照时间、精力投入的大小画一个饼图。

2.如果你的生活正朝着你梦想的方式演变，那么，请把你理想的角色分配画一个饼图。

3.对照现实的饼图（图1-5）和理想的饼图（图1-6），看看有什么因素妨碍了你实现理想，或者你准备做什么可以让你的理想尽可能实现。

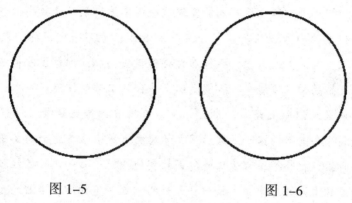

图1-5   图1-6

学习活动二：

请对自己在大学度过的时间做一次盘点。

_____

_____

【生涯案例】

大学生活应该怎样度过①

作为一名大学生，我们为什么找不到工作？我一直在反思这个问题。这不仅仅是一个社会问题，还有我们自身的原因。可是很少有大学生能够正视这点，或者思考关键点在哪里。

上大学的时候，每个人都应该知道，自己究竟要做什么。可是又有多少大学生有自己的学业计划呢？

_____

①佚名.大学生活该怎么度过[J].成才之路,2007(30):85-86.

专业

没有垃圾专业，只有做得不够好的学生。大学是一种文化与精神凝聚的场所，很多学生只学到了皮毛并没有学到内涵。专业不是你能学到什么，而是你有没有学会、怎么学到东西。

专业的价值在于你能往脑袋里装多少东西。很多学生认为自己分数高就是专业扎实。但是进入单位后，他们发现这个根本没有用！分数高代表你的考试技能高，不代表你的专业扎实。高分不一定低能，也不一定高能。两者没有必然联系。有很多人没上过大学，照样在大公司里任高职，你敢说他们不专业？他们同样拥有较高的学习技能——能够迅速上手任何工作的技能。

为什么我们要上大学？在大学里，有很强的专业背景。在接触本专业的同时，学到每个老师的东西，然后用大学里先进或者准先进的设备进行预演。当你实习的时候，把整个工程运作的方式扎实地熟记于心……你已经踏进专业的一脚了。如果从上网的时间中，抽出一点时间浏览一下你所在专业的动向，你又往专业前沿前进了一小步。最后，花些时间看些为人处世的书，多和同学交流，适当参加些活动……等到面试的时候，你就知道我说的一切的威力了。用1982年的知识构建起的扎实知识体系，加上1992年学校的设备操练，加上2002年大学的教育学习，加上2006年对整个行业的熟悉程度，你觉得这意味着什么？你的表现将会让任何一个招聘者大吃一惊。他们不签你签谁？这才叫专业！

我们有这样追求过专业精神吗？所以找不到工作，所以还要在人才市场跑来跑去！现在工作不努力，将来努力找工作！当你沉迷于网络游戏时，当你在QQ上聊天的时候，当你陷入玄幻小说不能自拔的时候，当你准备把自己变成职业影评人的时候，当你麻将扑克满天飞的时候，当你每天烟酒伺候卧谈会开半夜的时候，当你把每天泡图书馆的孩子叫白痴变态的时候，当你每天在街上闲逛的时候，请你看看自己的未来，未来会让你曾经所有的享受变成折磨。

大学生不是什么天之骄子。你要摆正自己的位置，你要像上班一样要求自己，才能在就业大潮中脱颖而出！

社团

外国大学的社团当然锻炼人，组织活动、拉赞助、协调人际关系，有时甚至还要选择项目维持社团运作，完整的一个公司模式。中国大学的社团也不是一无是处。你可以在社团中提升沟通力，而且社团更像一个微型的社会，你该怎么周旋？你该怎么适应？期间你要学会怎么正视别人的白眼儿，学会怎么调节好自己的利益和别人之间的关系。

创业

所谓创业，绝对不是让你在大学里开一个自己的小公司倒买倒卖，这样还不如去玩大航海时代划算。我同学是山东的，当时济南坐车 0.7 元一次，上车投 1 元，就不找零钱。他们就到车站换零钱，一元换 0.9 元，乘客省 0.2 元，他们赚 0.1 元，这就是创业——找到自己力所能及的工作去赚钱，知道怎么创造价值！很多人在学校附近开酒吧或者音像店，这都是好办法，但是这需要很大的魄力。运作这个小店的过程，就是你学习的过程。些许的专业知识，加上优秀的策划能力，你将来一定前程似锦。记住，用人单位看的不是你做过什么，而是看你在这个工作中做得深不深入！你说你在 IBM 实习过，在微软实习过，但是你做了什么？端茶倒水？还不如告诉他，我自己开过摊，卖羊肉串，知道怎么上货最便宜，知道怎么招揽生意，知道怎么处理羊肉客人爱吃。

你把时间都用在网吧，或者用在电视前，等回过头来，又往死了骂中国的企业，说不知道千里马在哪里……我是企业的领导，我找这些一无是处还心比天高的大学生才是真傻呢！

硬件

英语六级证怎么说呢，算一线城市的户口。你怎么活下去还是看你的真本事。口语、写作是重中之重。金山词霸或许在你翻译的时候能帮你一把，可是口语交流你总不能捧个文曲星吧？抱怨的时间多看看剑桥的商务英语，有用，谁看谁知道。

专业是立身之本。在企业中，过硬的专业素质是你的立身之本。你有知识才能有发展，就算转行，将来也将有很大的优势。

还是那句话，专业的人不是头脑里有多少知识的人，而是手头工作的专业与自己所学专业不符合的人，能不能很快上手，能不能很快有自己的见解。

软件

心态很多大学生过分追求起薪，而且不屑底层的工作。谁都希望高年薪+高福利。拜托，那叫精英……100个大学生中有几个能到那境界！心平气和地做好手头的工作，你必然会有收获的。态度决定一切！

从底层干起！回到人民群众中来！你要熟悉整个工厂的运作，你要熟悉你产品的流程，你要爱你的产品……这些不是假大空！你有能力，一定会上去的。你可以不相信我，但是你要相信老板的智商。人家干企业的脑袋不聪明能盈利吗？

知识不是专业。知识涉猎不一定专，但一定要广！多看看其他方面的书，金融、财会、进出口、税务、法律等，为以后做一些积累，以后的用处会更大！会少交许多学费！

思维务必培养自己多方面的能力，包括管理能力、亲和力、察言观色能力、公关能力等，要成为综合素质的高手，则前途无量！技术以外的技能才是更重要的本事！从古到今，从国内到国外，一律如此！

人脉——多交朋友！不要只和你一样的人交往，认为有共同语言，其实更重要的是和其他类型的人交往，了解他们的经历、思维习惯、爱好，学习他们处理问题的模式，了解社会各个角落的现象和问题，这是你以后发展的巨大本钱。

修身——要学会善于推销自己！不仅要能干，还要能说、能写，善于利用一切机会推销自己，树立自己的品牌形象。要创造条件让别人了解自己，不然老板怎么知道你能干？外面的投资人怎么相信你？

【生涯案例】

泰国小柱子拴住大象的故事

一根小小的柱子，一截细细的链子，拴得住一头千斤重的大象，这不荒谬吗？可这荒谬的现象在印度和泰国随处可见。小象出生在马戏团中，它的父母也都是马戏团中的老演员。小象很淘气，总想到处跑动，于是工作人员在它腿上拴上一条细铁链，铁链另一头系在铁杆上。小象对这根铁链很不习惯，它用力去挣，挣不脱，无奈的它只好在铁链范围内活动。过了几天，小象又试着想挣脱铁链，可是还没成功，它只好闷闷不乐地老实下来。一次又一次，小象总也挣不脱这根铁链。慢慢地，它不再去试了，习惯被铁链拴着了。再看看其他的象也是一样嘛，好像本来就应该是这个样子。

小象一天天长大了，以它此时的力气，挣断那根小铁链简直不费吹灰之力，可是它从来也想不到这样做。它认为那根链子对它来说，牢不可破。这个强烈的心理暗示早已深深地植入它的记忆中了。

20 次可以养成一般的习惯，90 次养成相对稳定的习惯，360 次养成终身难改的习惯。

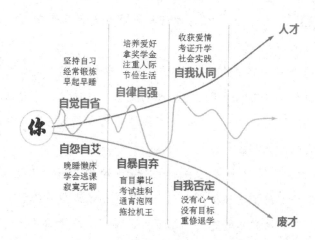

图 1-7　大学自律与成才曲线图

【生涯案例】

当一个人有高飞的冲动时，再也不能满足在地上爬行！当飞翔的欲望消失时，翅膀也会成为累赘！当激情与理想共舞时，凡人也能够成为英雄！

吕植：神奇生物在哪里①

"每次要上保护生物学的时候，我都有一种要去霍格沃茨的小木屋听海格讲地精和火螃蟹的感觉。虽然吕植老师和海格一点也不像，然而这门课的确有着让

————————

①李舒扬,金昊玥,李丽莹,王清.北大青年[J].2018,7.

我这个逃课大户一次都不想逃课的魅力。"谈及吕植教授的"保护生物学"这门课，有选课同学在 BBS 上写下了这样的评价。事实上，吕植有多重身份，作为北京大学生命科学学院教授、山水自然保护中心创始人、北京大学自然保护与社会发展研究中心主任、中国女科技工作者协会副会长等，她活动的空间绝不囿于炉火温热的"小木屋"，而是延伸至屋外那广阔的自然天地。

为了看见

1965 年，吕植出生于甘肃兰州。时逢"文革"上山下乡运动，童年的她跟着父母到农场干校的田间地头去劳作，获得了与自然初步接触的机会。改革开放初期，家里装上了电视机，吕植着迷于九寸屏幕里的神奇世界，尤其喜爱英国电视剧《达尔文》。达尔文的自然观察经历和物种起源学说都为吕植的世界开启了一扇新的大门。

她开始阅读《达尔文的航行日记》，里面介绍典型的生物案例，如地雀的起源、分化、隔离，以及它和生理、地理的关系。吕植惊叹于自然界千奇百怪的现象和生物学精细的逻辑网络，相比之下，城市的钢筋水泥显得黯然失色。她下定决心，将来的自己也要去自然界"看不一样的东西"。

1981 年，吕植进入北京大学，稀里糊涂地跟着同学选择了生物化学专业，进来以后却发现实验室里的微观研究离自己最初的设想差距很远。到大二时，吕植参加了潘文石教授带队的野外考察项目，时时萦绕于心的"自然"情结更加强烈。潘文石从事熊猫研究，闲暇时经常说起以往考察发生的趣事，队员们听得惊叹不已，一个个笑说要改行去研究动物。只有吕植认真起来，她意识到这是一次难得的机会，萌生了正式转专业到动物学系的念头。

在科技兴国的浪潮下，生物化学属于热门学科，动物学则是老派的传统科目。许多人不理解吕植的想法，而开明的父母则让吕植自己作决定，只是提醒她自己承担选择的后果，一心要到野外去的吕植满口答应下来。1985 年本科毕业以后，她成为潘文石门下的一名研究生。

旁人一带而过的"好奇"，在吕植心中成为"执念"，她从此踏上这条少有人走的路。

荒野行旅

走向自然的吕植，足迹遍及四川、青海、西藏等地。她在每一个地方扎根，深入了解地方的生态保护现状。

最初，吕植跟随潘文石进入秦岭南坡，第一次看见了野生大熊猫，切身体验到了南北交界带的神奇景观。而后团队转战四川，深入研究熊猫生活的方方面面，同时与熊猫建立了亲密关系。吕植是过敏性体质，担心皮肤被划破感染，可熊猫却"总是想摸我的脸"。这些温暖的小故事成了考察过程中的"礼物"和"赏赐"。

1995 年起，吕植开始"往青藏高原跑"。高原之上，没有固定居所，吕植和队员们每到一个地方只能支起临时帐篷休息，这是真正意义上的风餐露宿。物资全部需要自备，马队、车队加在一起组成了一个庞大的队伍。

有一次他们在羌塘无人区考察，当年雨水成灾，徒步时荒漠基本变成了沼泽。在恶劣环境下，人身体的劳累还在其次，最为棘手的困难是陷车，车子挖了陷，陷了挖。由于经常需要把车从沙土中挖出来，吕植最后练得胳膊强壮到可以搬起石头。

团队一天只能走 7 公里，而若按这个速度步行，食物便难以补给。一行人不得不放弃了卡车，选择从无人区徒步出来。无人区没有物资供给，团队需要背着食物、帐篷和烧火用的汽油。由于事发突然，没有提前规划，团队内部对于是走是留、取道何方常常有不同意见，这极大地考验着团队的协作能力。一个星期以后，吕植才终于和队友们走出了无人区。

考察来到尚未通公路的西藏南部县城莫洛托，吕植的团队徒步翻越了整座高山，而南边就是印度前一次打仗的边境线。在自然与人为的双重危险中，考察队仍坚持进行了将近两个月的考察活动。

2006 年起，吕植把工作焦点放在了三江源。根据前期调查积累的经验，她倡导建立三江源生态文明特区，通过生态补偿的机制，使牧民与动物达成互利共赢的和谐关系。

近几年，吕植去云南边境处的一片林子考察，举目看到蓝蓝的一大片，那是拉祜族的神山，树还是原始的常绿阔叶林。她决定让这样的风景一直留存下去。2016 年，因在中国西南山地开展的保护生物多样性工作，吕植荣膺"生物多样性热点英雄"称号。

山水科学

正如达尔文的笔记里写的，野外考察的工作免不了枯燥的重复，好在吕植有足够的心理准备，并且不断尝试学科之间、学术与实践之间的互动。作为生态学研究者，她是国内最早使用分子方法了解熊猫种群遗传状况的人之一。不同学科之间的对话、碰撞，也深化了她对世界的认识。

科研之外，吕植做的事情很"杂"：到各地开会，与政府交涉，同地方居民交流……她坚持做自认为有价值的事情，而没有局限在学者身份的框框中。2007 年，吕植和同事一起成立了民间环境保护组织——山水自然保护中心（下文简称"山水"）。2008 年，她又立足北大，创立了北京大学自然保护与社会发展研究中心（下文简称"北大自然与社会中心"）。

一个学科，集合社会；一栋楼，汇聚山水。"山水"与北大自然与社会中心的办公地点设在一处，方便了双方消息互通。"山水"的数据搜集可以补充北大自然与社会中心的科研需求，北大自然与社会中心的研究成果又可以在"山水"的实践中获得现实转化。

在有神山信仰传统的藏区奔波多年以后，吕植有感于地方牧民自发的生态保护精神，创造性地提出"公民科学家"的设想。她希望将公民在自然中的观察内容汇集起来，补充数据库的信息，以便弥补中国生物多样性数据匮乏的现状。为此，"山水"开发了自然观察 APP 等平台，自然爱好者可以把他们收集到的数据发布出来；举办自然观察节，在特定日期组织公民组队观察物种，并由专业人士对他们的观察记录打分，以此鼓励公众参与自然保护。

2017 年，"北大自然与社会中心"和"山水"共同发布了一份反映中国生物多样性的报告，报告中使用的数据来自专业科学家和公民科学家的共同调查，有力地推动了信息公开化的进程。

让知识有用

"保护生物学"是一门面向全校本科生开设的通选课。课堂上，吕植常常与学生们分享自己的考察和科研经历，谈到四川就提大熊猫，谈到三江源就讲雪豹。这些处在食物链顶端的旗舰物种能吸引听众的兴趣，而在实际的保护工作中，它们生活得好就意味着整个生态系统的良好运转。

期末考试时，最后一道题吕植会问同学们对课堂印象最深刻的是什么。令吕植感到欣慰的是，不少同学认识到保护工作的复杂性。保护不仅仅是生物学的研究范畴，更涉及大量人的问题，这就要求各行各业的人都参与到保护工作中去。

对公众价值观的反拨是保护生物学的开课初衷。保护不是想当然地盲目行动，在半干旱地区种树只会加剧干旱，一些地方大面积种植人造林为的可能只是经济利益。归结起来，保护的关键就在于如何实现人与自然的共存。

保护生物学广泛的外延也给了研究该学科的人更多的选择可能。在保护生物学学科内部，学生之间课题的差异大到相当于其他实验室课题组和课题组的差异。抱着"让年轻人做大事情，我做小事情"的心态，吕植近年来常把野外实地考察的工作直接交给学生，她自己则退居二线。在博士研究生罗玫看来，吕植所做的往往是"非她不可"的事情。考虑起问题来，她通常能站在较高的位置上，发现学生们发现不了的问题，关注到什么值得做，从而在报告总结阶段给予学生有益的指导。

科研中，吕植要求学生做出真正有用的成果，明白"为什么做这个"，一步步逼近事实的真相，发现问题就立马着手解决。她还强调研究成果的大众意义，反对单纯为了区分学术圈内外的人而制造语言障碍。研讨会上有学生用全英文做展示，吕植提出质疑："为什么不用中文？"英文对演讲者而言方便，但会给听者造成障碍。这也与保护生物学的应用性有关，研究成果不是为了在专业期刊上发表，而是为了给不同背景的人展示，为了在不同地域实际操作。

回顾过去二十余年的工作，吕植将个人生活与自然观察所得结合起来，无意中模仿了少年时代偶像达尔文的轨迹。过去的她在收获正面反馈之后不断向前探索，如今则在给予学生鼓励的过程中找寻到合适自己的位置。"要让年轻人去锻炼，去成长，去摸爬滚打，像我们年轻的时候一样。我把一些知识、经验和教训跟他们讲，可能更有用。"

人物简介：吕植，甘肃兰州人，1965年出生，1981年开始就读于北京大学生物学系；1985年考入北京大学生命科学院动物学专业，师从著名的大熊猫研究专家潘文石教授攻读硕士和博士学位。1992年在美国国立卫生研究院（NIH）做博士后研究。1995年任北大生命科学院环境生物学与生态学系副教授，兼任美国史密森学会（Smithsonian Institute）NOAHS中心兼职科学家，世界自然基金会（WWF）中国物种保护区负责人，知名NGO山水自然保护中心发起人，北京大学自然保护与社会发展研究中心主任、保护生物学学科带头人、博士生导师，亚太世界遗产培训与研究中心主任①。

早年，她主要从事大熊猫研究和保护，有人称她是与野生大熊猫最亲近的人，媒体称其为中国的"珍妮·古道尔"。1995年以来，吕植教授一直参与自然保护的实践示范，力图在科学与实践之间建立桥梁，2007年她和同事一起成立了山水自然保护中心，专注于在中国西部乡村示范人与自然和谐相处。她所领导的研究项目包括中国西南山地的大熊猫以及青藏高原的野生动物种群，如雪豹、棕熊、普氏原羚等的保护。她曾被评为全球十五位杰出的保护工作者之一，荣膺生物多样性热点英雄称号②。

【生涯案例】

二作、职业、事业的区别

工作、职业、事业有什么区别？工作是用来谋生的；职业不仅可以解决谋生的问题，还可以解决未来发展的问题；事业则不仅仅可以解决谋生的问题和发展的问题，还要求具备各种责任，对家庭的责任，对事业伙伴的责任，对员工的责任，对社会的责任，对国家和人民的责任。

每个人最初涉足社会都是从找工作开始的，因为人首先要解决生存问题，安

---

①北京大学自然与社会研究中心执行主任吕植简介.人民网.[引用日期2013-06-15]。
②北大新闻网《北大人物》2017,9。

全问题等。这符合马斯洛需求层次理论。工作可以在任何一个出卖自己的劳动力即能获得报酬的地方找到。在这过程中，上班族比较关心的是：上班途中的路离家近一点，上班时所做的事情少一点，上班后所拿的工资多一点。只要做到能养家糊口就算完成任务，没有其他需求，没有长短期的规划，没有定期的自我反省等。

在解决了生存问题之后，人需要考虑的是未来发展的问题，这个时候的工作或者职业更注重发展和是否能够为未来准备更多的问题。职业是一个行业，比如教师、工人、技术工程师，这个时候可以在不同的企业，但是这些企业或许是类似的或者是同行业的企业。这个阶段需要解决的问题是人自身更高层次的需求，比如别人的尊重、一定程度上的社会认可和自我价值的实现。在这过程中，职业人需要考虑的是职业是否符合自己的性格、气质、能力、意识、价值观、爱好和专业等个人资源需求。在寻找工作时，他会不管路途有多遥远，不管上班事情有多少，也不管工资收入有多少，只要适合他的就会去干。他考虑的是长期职业发展，也许目前收入不高，但是一旦职业得到了发展，应该讲薪资不成问题。

事业并不是所有的人都乐意去努力或者所有的人都能实现的。很多人都常说我们要拥有自己的事业，其实是个很高层次的概念。事业是一个人可以一辈子为之所奋斗的，终其一生去为之努力的。它是解决人类最高层次的需求，是社会认可和自我价值的真正实现。在这个过程中，他会不管路途有多遥远，不管上班事情有多难，也不管工资收入有多少，只要他喜欢，就会去从事。它是由职业人自己确定的人生目标和理想，并不惜一切代价为之奋斗，一生也不放弃。

大多数人都是在从工作到职业，或者从职业到事业的道路上奔忙。无论处在哪个位置或层次，即便是白手创业阶段，只要努力拼搏，最终定能成功！

【生涯案例】

李开复给大学生的第四封信：大学四年应是这样度过

今天，我回复了"开复学生网"开通以来的第一千个问题。关掉电脑后，始终有一封学生来信萦绕在我的脑海里，挥之不去。

开复老师：

我就要毕业了。回头看自己所谓的大学生活，我想哭，不是因为离别，而是因为什么都没学到。我不知，简历该怎么写，若是以往我会让它空白。最大的收获也许是……对什么都没有的忍耐和适应……

这封来信道出了不少大三、大四学生的心声。大学期间，有许多学生放任自己、虚度光阴，还有许多学生始终找不到正确的学习方向。当他们被第一次补考通知唤醒时，当他们收到第一封来自应聘企业的婉拒信时，这些学生才惊讶地发现，自己的前途是那么渺茫，一切努力似乎都为时已晚……

这"第四封信"是写给那些希望早些从懵懂中清醒过来的大学生，那些从未贪睡并希望把握自己的前途和命运的大学生以及那些即将迈进大学门槛的未来大学生们的。在这封信中，我想对所有同学说：

大学是人一生中最为关键的阶段。从入学的第一天起，你就应当对大学四年有一个正确的认识和规划。为了在学习中享受到最大的快乐，为了在毕业时找到自己最喜爱的工作，每一个刚进入大学校园的人都应当掌握七项学习：学习自修之道、基础知识、实践贯通、兴趣培养、积极主动、掌控时间、为人处世。只要做好了这七点，大学生临到毕业时的最大收获就绝不会是"对什么都没有的忍耐和适应"，而应当是"对什么都可以有的自信和渴望"。只要做好了这七点，你就能成为一个有潜力、有思想、有价值、有前途的快乐的毕业生。

大学：人生的关键

大学是人生的关键阶段。这是因为，进入大学是你终于放下高考的重担，第一次开始追逐自己的理想、兴趣。这是你离开家庭生活，第一次独立参与团体和社会生活。这是你不再单纯地学习或背诵书本上的理论知识，第一次有机会在学习理论的同时亲身实践。这是你第一次不再由父母安排生活和学习中的一切，而是有足够的自由处置生活和学习中遇到的各类问题，支配所有属于自己的时间。

大学是人生的关键阶段。这是因为，它是你一生中最后一次有机会系统性地接受教育，是你最后一次能够全心建立你的知识基础，是你最后一次可以将大段时间用于学习的人生阶段，还可能是你最后一次可以拥有较高的可塑性、集中精力充实自我的成长历程。这也许是你最后一次能在相对宽容的、可以置身其中学习为人处世之道的理想环境。

大学是人生的关键阶段。在这个阶段里，所有大学生都应当认真把握每一个"第一次"，让它们成为未来人生道路的基石。在这个阶段里，所有大学生也要珍惜每一个"最后一次"，不要让自己在不远的将来追悔莫及。在大学四年里，大家应该努力为自己编织生活梦想，明确奋斗方向，奠定事业基础。

自修之道：从举一反三到无师自通

记得我在哥伦比亚大学任助教时，曾有位中国学生的家长向我抱怨说："你们大学里到底在教些什么？我孩子读完了大二计算机系，居然连 VisiCalc 都不会用。"

我当时回答道："电脑的发展日新月异。我们不能保证大学里所教的任何一项技术在五年以后仍然管用，我们也不能保证学生可以学会每一种技术和工具。我们能保证的是，你的孩子将学会思考并掌握学习的方法。这样，无论 5 年以后出现什么样的新技术或新工具，你的孩子都能游刃有余。"

她接着问："学最新的软件不是教育，那教育的本质究竟是什么呢？"

我回答说："如果我们将学过的东西忘得一干二净时，最后剩下来的东西就是教育的本质了。"

我当时说的这句话来自教育家 B.F.Skinner 的名言。所谓"剩下来的东西"，其实就是自学的能力，也就是举一反三或无师自通的能力。大学不是"职业培训班"，而是一个让学生适应社会、适应不同工作岗位的平台。在大学期间，学习专业知识固然重要，但更重要的还是要学习独立思考的方法，培养举一反三的能力，只有这样，大学毕业生才能适应瞬息万变的未来世界。我认识的不少在中国读完大学来美国念研究生的朋友。他们认为来美国后，不论是学习、工作还是生活，他们最缺乏的是独立思考的能力，因为在国内时他们很少独立思考和独立决策。

上中学时，老师会一次又一次重复每一课里的关键内容。但进了大学以后，老师只会充当引路人的角色，学生必须自主地学习、探索和实践。走上工作岗位后，自学能力就显得更为重要了。微软公司曾做过一个统计：在每一名微软员工所掌握的知识内容里，只有大约 10% 是员工在过去的学习和工作中积累得到的，其他知识都是在加入微软后重新学习的。这一数据充分表明，一个缺乏自学能力的人是难以在微软这样的现代企业中立足的。

自学能力必须在大学期间开始培养。许多同学总是抱怨老师教得不好，懂得不多，学校的课程安排也不合理。我通常会劝这些学生说："与其诅咒黑暗，不如点亮蜡烛。"大学生不应该只会跟在老师的身后亦步亦趋，而应当主动走在老师的前面。例如，大学老师在一个课时里通常要涵盖课本中几十页的信息内容，仅仅通过课堂听讲是无法把所有知识学通、学透的。最好的学习方法是在老师讲课之前就把课本中的相关问题琢磨清楚，然后在课堂上对照老师的讲解弥补自己在理解和认识上的不足。

中学生在学习知识时更多的是追求"记住"知识，而大学生就应当要求自己"理解"知识并善于提出问题。对每一个知识点，都应当多问几个"为什么"。一旦真正理解了理论和方法的来龙去脉，大家就能举一反三地学习其他知识，解决其他问题，甚至达到无师自通的境界。

事实上，很多问题都有不同的思路或观察角度。在学习知识或解决问题时，不要总是死守一种思维模式，不要让自己成为课本和经验的奴隶。只有在学习中敢于创新，善于从全新的角度出发思考问题，学生潜在的思考能力、创造能力和学习能力才能被真正激发出来。

《礼记·学记》上讲："独学而无友，则孤陋而寡闻"。也就是说，大学生应当充分利用学校里的人才资源，从各种渠道吸收知识和方法。如果遇到好的老师，你可以主动向他们请教，或者请他们推荐一些课外的参考读物。除了资深的教授以外，大学中的青年教师、博士生、硕士生乃至自己的同班同学都是最好的知识来源和学习伙伴。每个人对问题的理解和认识都不尽相同，只有互帮互学，大家才能共同进步。

有些同学曾告诉我说，他们很羡慕我在读书时能有一位获得过图灵奖的大师传道授业。其实，虽然我非常推崇我的老师，但他在大学期间并没有教给我多少专业知识。他只是给我指明了大方向，给我分享他的经验，给我提供研究的资源，并教我做人的方法。他没有时间也没有必要指导我学习具体的专业知识。我在大学期间积累的专业知识都是通过自学获得的。刚入门时，我曾多次红着脸向我的师兄请教最基本的知识内容，开会讨论时我曾问过不少肤浅的问题，课余时间我还主动与同学探讨、切磋。"三人行必有我师"，大学生的周围到处是良师益友。只要珍惜这些难得的机会，大胆发问，经常切磋，我们就能学到最有用的知识和方法。

大学生应该充分利用图书馆和互联网，培养独立学习和研究的本领，为适应今后的工作或进一步的深造作准备。首先，除了学习老师规定的课程以外，大学生一定要学会查找书籍和文献，以便接触更广泛的知识和研究成果。例如，当我们在一门课上发现了自己感兴趣的课题，就应当积极去图书馆查阅相关文献，了解这个课题的来龙去脉和目前的研究动态。熟练和充分地使用图书馆资源，这是大学生特别是那些有志于科学研究的大学生的必备技能之一。读书时，应尽量多读一些英文原版教材。有些原版教材写得深入浅出，附有大量实例，比中文教材还适于自学。其次，在书本之外，互联网也是一个巨大的资源库，大学生们可以借助搜索引擎在网上查找各类信息。"开复学生网"开通半年以来，我发现很多同学其实并没有很好地掌握互联网的搜索技巧，有时他们提出的问题只要在搜索引擎中简单检索一下，就能轻易找到答案。还有些同学很容易相信网上的谣言，而不会利用搜索引擎自己查考、求证。除了搜索引擎以外，网上还有许多网站如大学生必备网和社区也是很好的学习园地。

自学时，不要因为达到了学校的要求就沾沾自喜，也不要认为自己在大学里功课好就足够了。在21世纪的今天，人才已经变成了一个国际化的概念。当你对自己的成绩感到满意时，我建议你开始自学一些国际一流大学的课程。例如，美国麻省理工学院（MIT）的开放式课程已经在网上无偿发布出来，大家不妨去看看MIT的网上课程，做做MIT的网上试题。当你可以自如地掌握MIT课程时，你就可以更加自信地面对国际化的挑战了。

总之，善于举一反三，学会无师自通，这是大学四年中你可以送给自己的最好的礼物。

基础知识：数学、英语、计算机、互联网

我曾经说过，中国学生的一大优势是扎实的基础知识，如数学、物理等。但是，最近几年，同学们在目睹了很多速成的例子（如丁磊、陈天桥等）之后，也迫切希望能驶上成功的快车道。这渐渐形成了一种追求速成的浮躁风气。有许多大学生梦想在毕业后就立即能做"经理""老板"，还有许多大学生入学时直接选择了"管理"专业，因为他们认为从这样的专业毕业后马上就可以成为企业的管理者。可不少学生进入了管理专业后，才发现自己对本专业的学习毫无兴趣。其实，管理专业和其他专业一样，都是传授基础知识和基本方法的专业，没有哪个专业可以保证学生在毕业时就能走上领导岗位。无论同学们所学的是哪个专业，大学毕业才是个人事业的真正开始。想做企业领导或想做管理工作的同学也必须从基层做起，必须首先在人品方面学会做人，在学业方面打好基础。

如果说大学是一个学习和进步的平台，那么，这个平台的地基就是大学里的基础课程。在大学期间，同学们一定要学好基础知识，其中包括数学、英语、计算机和互联网的使用，以及本专业要求的基础课程（如商学院的财务、经济等课程）。在科技发展日新月异的今天，应用领域里很多看似高深的技术在几年后就会被新的技术或工具取代。只有对基础知识的学习才可以受用终身。另一方面，如果没有打下好的基础，大学生们也很难真正理解高深的应用技术。最后，中国的许多大学，教授对基础课程也比对最新技术有更丰富的教学经验。

数学是理工科学生必备的基础。很多学生在高中时认为数学是最难学的，到了大学里，一旦发现本专业对数学的要求不高，就会彻底放松对数学知识的学习，而且他们看不出数学知识有什么现实的应用或就业前景。但大家不要忘记，绝大多数理工科专业的知识体系都建立在数学的基石之上。例如，要想学好计算机工程专业，那至少要把离散数学（包括集合论、图论、数理逻辑等）、线性代数、概率统计和数学分析学好，要想进一步攻读计算机科学专业的硕士或博士学位，可能还需要更高的数学素养。同时，数学也是人类几千年积累的智慧结晶，学习数学知识可以培养和训练人的思维能力。通过对几何的学习，我们可以学会用演绎、推理来求证和思考的方法，通过学习概率统计，我们可以知道该如何避

免钻进思维的死胡同，该如何让自己面前的机会最大化。所以，大家一定要用心把数学学好，不能敷衍了事。学习数学也不能仅仅局限于选修多门数学课程，而是要知道自己为什么学习数学，要从学习数学的过程中掌握认知和思考的方法。

21世纪中最重要的沟通工具就是英语。有些同学在大学里只为了考过四级、六级而学习英语，有的同学仅仅把英语当作一种求职必备的技能来学习，甚至还有人认为学习和使用英语等于崇洋媚外。其实，学习英语的根本目的是为了掌握一种重要的学习和沟通工具。在未来的几十年里，世界上最全面的新闻内容、最先进的思想和最高深的技术，以及大多数知识分子间的交流都将用英语进行。因此，除非你甘心做一个与国际脱节的人，不将英语学习当一回事。在软件行业里，不但编程语言是以英语为基础设计出来的，最重要的教材、论文、参考资料、用户手册等资源也大多是用英语写就的。学英语绝不等于崇洋媚外。中国正在走向世界，中国需要学习西方的先进思想和先进科学技术，学好英语才是真正的爱国。

很多中国留学生的英语考试成绩不错，四级、六级、托福考试也得高分，但是留学美国后上课时很难听懂课程内容，和外国同学交流时就更加困难。我们该如何学好英语呢？既然英语是最重要的沟通工具，那么，最重要的学习方法就是尽量与实践结合起来，不能只"学"不"用"，更不能只靠背诵的方式学习英语。读书时，大家尽量阅读原版的专业教材（如果英语不够好，可以先从中英对照的教材看起），并适当地阅读一些自己感兴趣的专业论文，这可以同时提高英语和相关专业的知识水平。其次，提高英语听说能力的最好方法是直接与那些以英语为母语的外国人对话。现在有很多在中国学习和工作的外国人，他们中的不少人为了学中文，很愿意与中国学生对话、交流，这是很好的学习机会。此外，大家不要把学英语当作一件苦差事，完全可以用有趣的方法学习英语。例如，可以多看一些名人的对话或演讲，多看一些小说、戏剧甚至漫画。初学者可以找英文原版的教学节目和录像来学习，有一定基础的则应该看英文电视或电影。看一部英文电影时，最好先在有字幕的时候看一遍，同时查考生词、熟悉句式，然后在不加字幕的情况下再看一遍，仅靠耳朵去听。听英文广播也是很好的练习英文听力的方法，大家每天最好能抽出半小时到一小时的时间收听广播并尽量理解其中的内容，有必要的话还可以录下来反复收听。在互联网上也有许多互动式的英语学习网站，大家可以在网站上用游戏、自我测试、双语阅读等方式提升英语水平。总之，勇于实践、持之以恒是学习英语的必由之路。

信息时代已经到来，大学生在信息科学与信息技术方面的素养也已成为他们进入社会的必备基础之一。虽然不是每个大学生都需要懂得计算机原理和编程知识，但所有大学生都应能熟练地使用计算机、互联网、办公软件和搜索引擎，都应能熟练地在网上浏览信息和查找专业知识。在 21 世纪里，使用计算机和网络就像使用纸和笔一样是人人必备的基本功。不学好计算机，你就无法快捷全面地获得自己需要的知识或信息。

最后，每个特定的专业也有它自己的基础课程。以计算机专业为例，许多大学生只热衷于学习最新的语言、技术、平台、标准和工具，因为很多公司在招聘时都会要求这些方面的基础或经验。这些新技术虽然应该学习，但计算机基础课程的学习更为重要，因为语言和平台的发展日新月异，但只要学好基础课程（如数据结构、算法、编译原理、计算机原理、数据库原理等）就可以万变不离其宗。有位同学生动地把这些基础课程比拟为计算机专业的内功，而把新的语言、技术、平台、标准和工具比拟为外功。那些只懂得追求时髦的学生最终只知道些招式的皮毛，而没有内功的积累，他们是不可能成为真正的高手的。

虽然我一向鼓励大家追寻自己的兴趣，但在这里仍需强调，生活中有些事情即便不感兴趣也是必须要做的。例如，打好基础，学好数学、英语和计算机的使用就是这一类必须做的事情。如果你对数学、英语和计算机有兴趣，那你是幸运儿，可以享受学习的乐趣；但就算你没有兴趣，你也必须把这些基础打好。打基础是苦功夫，不愿吃苦是不能修得正果的。

实践贯通："做过的才真正明白"

上高中时，许多学生会向老师提出"为什么？有什么用？"的问题，通常，老师给出的答案都是"不准问"。进入大学后，这些问题的答案应该是"不准不问"。在大学里，同学们应该懂得每一个学科的知识、理论、方法与具体的实践、应用如何结合起来，尤其是工科的学生更是如此。

有一句关于实践的谚语是这样说的："我听到的会忘掉，我看到的能记住，我做过的才真正明白。"

无论学习何种专业、何种课程，如果能在学习中努力实践，做到融会贯通，我们就可以更深入地理解知识体系，可以牢牢地记住学过的知识。因此，我建议同学们多选些与实践相关的专业课。实践时，最好是几个同学合作，这样，既可经过实践理解专业知识，也可以学会如何与人合作，培养团队精神。如果有机会在老师手下做些实际的项目，或者走出校门打工，只要不影响课业，这些做法都是值得鼓励的。外出打工或做项目时，不要只看重薪酬待遇（除非生活上确实有困难），有时候，即使待遇不满意，但有许多培训和实践的机会，我们也值得一试。

以计算机专业为例，实践经验对于软件开发来说更是必不可少的。微软公司希望应聘程序员的大学毕业生最好有十万行的编程经验。理由很简单：实践性的技术要在实践中提高。计算机归根结底是一门实践的学问，不动手是永远也学不会的。因此，最重要的不是在笔试中考高分，而是实践能力。但是，在与中国学生的交流过程中，我很惊讶地发现，中国某些学校计算机系的学生到了大三还不会编程。这些大学里的教学方法和课程的确需要更新。如果你不巧是在这样的学校中就读，那你就应该从打工、自学或上网的过程中寻求学习和实践的机会。

培养兴趣：开阔视野，立定志向

孔子说："知之者不如好之者，好之者不如乐之者。"我在"给中国学生的第三封信"中曾深入论述了快乐和兴趣是一个人成功的关键。如果你对某个领域充满激情，你就有可能在该领域中发挥自己所有的潜力，甚至为它而废寝忘食。这时候，你已经不是为了成功而学习，而是为了"享受"而学习了。在"第三封信"中，我也曾谈到我自己是如何在大学期间放弃了我不感兴趣的法律专业而进入我所热爱的计算机专业学习的。

有些同学问我，如何像我一样能找到自己的兴趣呢？我觉得，首先要客观地

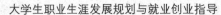
评估和寻找自己的兴趣所在，不要把社会、家人或朋友认可和看重的事当作自己的爱好；不要以为有趣的事就是自己的兴趣所在，而是要亲身体验它并用自己的头脑做出判断；不要以为有兴趣的事情就可以成为自己的职业，例如，喜欢玩网络游戏并不代表你会喜欢或有能力开发网络游戏；不要以为有兴趣就意味着自己有这方面的天赋。不过，你可以尽量寻找天赋和兴趣的最佳结合点，例如，如果你对数学有天赋但又喜欢计算机专业，那么你完全可以做计算机理论方面的研究工作。

最好的寻找兴趣点的方法是开拓自己的视野，接触众多的领域。唯有接触你才能尝试，唯有尝试你才能找到自己的最爱。而大学正是这样一个可以让你接触并尝试众多领域的独一无二的场所。因此，大学生应当更好地把握在校时间，充分利用学校的资源，通过使用图书馆资源、旁听课程、搜索网络、听讲座、打工、参加社团活动、与朋友交流、使用电子邮件和电子论坛等不同方式接触更多的领域、更多的工作类型和更多的专家学者。当年，如果我只是乖乖地到法律系上课，而不去尝试旁听计算机系的课程，我就不会去计算机中心打工，也不去找计算机系的助教切磋，就更不会发现自己对计算机的浓厚兴趣。

通过开阔视野和接触尝试，如果你发现了自己真正的兴趣爱好，这时就可以去尝试转系的可能性、尝试课外学习、选修或旁听相关课程，你也可以去找一些打工或假期实习的机会，进一步理解相关行业的工作性质，或者，努力去考自己感兴趣专业的研究生，重新进行一次专业选择。其实，本科读什么专业并不能完全决定毕业后的工作方向，正如我所强调的那样，大学期间的学习过程培养的是你的学习能力，只要具备了这种能力，即使从事的是全新的工作，你也能在边做边学的过程中获取足够的知识和经验。

除了"选你所爱"，大家也不妨试试"爱你所选"。有些同学后悔自己在入学时选错了专业，以至于对所学的专业缺乏兴趣，没有学习动力；有些同学则因为追寻兴趣而"走火入魔"，毕业后才发现荒废了本专业的课程；另一些同学因为在学习上遇到了困难或对本专业抱有偏见，就以兴趣为借口，不愿意面对自己的专业。这些做法都是不正确的。在大学中，转系可能并不容易，所以，大家首先应尽力试着把本专业读好，并在学习过程中逐渐培养自己对本专业的兴趣。此外，一个专业里可能有很多不同的领域，也许你对专业里的某一个领域会有兴趣。现在，有很多专业发展了交叉学科，两个专业的结合往往是新的增长点。因此，只要多接触、多尝试，你也许就会碰到自己真正感兴趣的方向。"数字笔"的发明人王坚博士在微软亚洲研究院负责用户界面的研究，可是谁又能想到他从本科到博士所学的都是心理学专业，而用户界面又正是计算机和心理学专业的最佳结合点。另一方面，就算你毕业后要从事其他的行业，你依然可以把自己的专业读好，这同样能成为你在新行业中的优势。例如，有一位同学不喜欢读工科，想毕业后进入服务业发展，我就建议他先把工科读好，将来可以在服务业中以精通技术作为自己的特长。

人生的路很长，每个人都可以有很多不同的兴趣爱好。在追寻兴趣之外，更重要的是要找寻自己终生不变的志向。有一本书的作者曾访问了几百个成功者，哪件事是他们今天已经懂得，但在年轻时留下了遗憾的事情。在受访者的回答中，最多的一种是："希望在年轻时就有前辈告诉我、鼓励我去追寻自己的理想和志向。"相比之下，兴趣固然关键，但志向更为重要。例如：我的志向是"使影响力最大化"，多年以来，我有许多兴趣爱好，如语音识别、对弈软件、多媒体、管理学、满足用户的需求、演讲和写作、帮助中国学生等等。兴趣可以改变，但我的志向是始终不渝的。因此，大家不必把某种兴趣当作自己最后的目标，也不必把任何一种兴趣的发展道路完全切断。在志向的指引下，不同的兴趣完全可以平行发展，实在必要时再作出最佳的抉择。志向就像罗盘，兴趣就像风帆，两者相辅相成、缺一不可，它们可以让你驶向理想的港湾。

积极主动：果断负责，创造机遇

创立"开复学生网"时，我的初衷是"帮助学生帮助自己"。但让我很惊讶的是，更多的学生希望我直接帮他们作决定，甚至仅在简短的几句自我介绍后就直接对我说："只有你能告诉我，我该怎么做吗？"难道一个陌生人会比你更知道自己该怎么做吗？我慢慢认识到，这种被动的思维方式是从小在中国的教育环境中培养出来的。被动的人总是习惯性地认为他们现在的境况是他人和环境造成的，如果别人不指点，环境不改变，自己就只有消极地生活下去。持有这种态度的人，事业还没有开始，自己就已经被击败，我从来没见过这样消极的人可以取得持续的成功。

从大学的第一天开始，你就必须从被动转向主动，你必须成为自己未来的主人，你必须积极地管理自己的学业和将来的事业，理由很简单——因为没有人比你更在乎你自己的工作与生活。"让大学生活对自己有价值"是你的责任。许多同学到了大四才开始做人生和职业规划，而一个主动的学生应该从进入大学时就开始规划自己的未来。

积极主动的第一步是要有积极的态度。大家可以用我在"第三封信"里推荐的方法，积极规划自己的人生目标，追寻兴趣并尝试新的知识和领域。纳粹德国某集中营的一位幸存者维克托·弗兰克尔曾说过："在任何特定的环境中，人们还有一种最后的自由，就是选择自己的态度。"

积极主动的第二步是对自己的一切负责，勇敢面对人生。不要将不确定的或者困难的事情一味搁置起来。比如说，有些同学认为英语重要，但学校不考试就不学英语。有些同学觉得自己需要参加社团磨炼人际关系，但是因为害羞就不积极报名。但是，我们必须认识到，不去解决也是一种解决，不作决定也是一个决定，这样的解决和决定将使你面前的机会丧失殆尽。对于这种消极、胆怯的作风，你终有一天会付出代价的。

积极主动的第三步是要做好充分的准备，事事用心，事事尽力，不要等机遇上门，要把握住机遇，创造机遇。中国科技大学校长朱清时院士在大三时被分配到青海做铸造工人，但他不像其他同学那样放弃学习，整天打扑克、喝酒。他依然终日钻研数理化和英语。六年后，中国科学院要在青海做一个重要的项目，这时朱校长就脱颖而出，开始了他辉煌的事业。很多人可能说他运气好，被分配到缺乏人才的青海，才有这机会。但是，如果他没有努力学习，也无法抓住这个机遇。所以，做好充分的准备，当机遇来临时，你才能抓住它。

积极主动的第四步是"以终为始"，积极地规划大学四年。任何规划都将成为你某个阶段的终点，也将成为你下一个阶段的起点，而你的志向和兴趣将为你提供方向和动力。如果不知道自己的志向和兴趣，你应该马上做一个发掘志向和兴趣的计划；如果不知道毕业后要做什么，你应该马上制订一个尝试新领域的计划；如果不知道自己最欠缺什么，你应该马上写一份简历，找你的老师、朋友打分，或自己审阅，看看哪里需要改进；如果毕业后想出国读博士，你应该想想如何让自己在申请出国前有具体的研究经验和学术论文；如果毕业后想进入某个公司工作，你应该收集该公司的招聘广告，以便和你自己的履历对比，看自己还欠缺哪些经验。只要认真制订、管理、评估和调整自己的人生规划，你就会离你自己的目标越来越近。

掌控时间：事分轻重缓急，人应自控自觉

除了积极主动的态度，大学生还要学会安排自己的时间，管理自己的事务。一位同学是这么描述大学生活的：

"大学和高中相比似乎没有什么太大的区别，每天依旧是学习，每次考试后依旧是担心考试成绩……不同的只是大学里上网的时间和睡觉的时间多了很多，压力也小了很多。"

这位同学并不明白，"时间多了很多"正是大学与高中之间巨大的差别。时间多了，就需要自己安排时间、计划时间、管理时间、安排时间，除了做一个时间表外，更重要的是"事分轻重缓急"。在《高效能人士的七个习惯》一书中，作者史蒂芬·柯维提出，"重要事"和"紧急事"的差别是人们浪费时间的最大理由之一。因为人的惯性是先做最紧急的事，但这么做会导致一些重要的事被荒废掉。例如，我认为这篇文章里谈到的各种学习都是"重要的"，但它们不见得都是老师布置的必修课业，采纳我的建议的同学们依然会因为考试、交作业等紧急的事情而荒废了打好基础、学习做人等重要的事情。因此，每天管理时间的一种好方法是，早上确定今天要做的紧急事和重要事，睡前回顾一下，这一天有没有做到两者的平衡。

每个人都有许多"紧急事"和"重要事"，想把每件事都做到最好是不切实

际的。我建议大家把"必须做的事"和"尽量做的事"分开。必须做的事要做到最好，但尽量做的事尽力而为即可。建议大家用良好的态度和宽广的胸怀接受那些你暂时不能改变的事情，多关注那些你能够改变的事情。此外，还要注意生物钟的运行规律，按时作息，劳逸结合，这样才能在学习时有最好的状态。

大学四年是最容易迷失方向的时期。大学生必须有自控的能力，让自己交些好朋友，学些好习惯，不要沉迷于对自己无益的习惯（如网络游戏）里。一位积极、主动的中国学生在"开复学生网"上劝告其他同学："不要玩游戏，至少不要玩网络游戏。我所认识的专业水平比较高的大学朋友中没有一个玩网络游戏的。沉迷于网络游戏是对于现实的逃避，是不愿面对自己不足的一面。我认为，要脱离网络游戏，就得珍惜自己宝贵的大学时间，找到自己感兴趣的方向，做一些有意义并能给自己带来满足感的事情。"

为人处事：培养友情，参与群体

很多大学生入校时都是第一次离开父母，离开自己生长的环境。进入校园开始集体生活后，如何与同学、朋友以及社团的同事相处就成为大学生学习内容的一部分。大学是大家最后一次可以在相对宽松的环境中学习、培养、训练如何与人相处的机会。在未来，人们在社会里、在工作中与人相处的能力会变得越来越重要，甚至超过了工作本身。所以，大学生要好好把握机会，培养自己的交流意识和团队精神。

"人际交往能力不够强，人际圈子不够广，但又没有什么特长可以引起大家的注意，在社团里也不知道怎么和其他人有效地建立联系。"这是一些大学生在人际交往方面经常遇到的困惑。对于如何在大学期间提高人际交往能力，我的建议是：

第一，以诚待人，以责人之心责己，以恕己之心恕人。对别人要抱着诚挚、宽容的胸襟，对自己要怀着自我批评、有过必改的态度。与人交往时，你怎样对待别人，别人也会怎样对待你。这就好比照镜子一样，你自己的表情和态度，可以从他人对你流露出的表情和态度中一览无遗。你若以诚待人，别人也会以诚待你。你若敌视别人，别人也会敌视你。最真挚的友情和最难解的仇恨都是由这种"反射"原理逐步造成的。因此，当你想修正别人时，你应该先修正自己。你想别人怎么对你，你就应该怎么对人。你想他人理解你，你就要首先理解他人。

第二，培养真正的友情。如果能做到第一点，很多大学时的朋友就会成为你一辈子的知己。在一起求学和寻求自身发展的道路上，这样的友谊弥足珍贵。交朋友时，不要只去找与你性情相近或只会附和你的人做朋友。好朋友有很多种：乐观的朋友、智慧的朋友、脚踏实地的朋友、幽默风趣的朋友、激励你上进的朋友、提升你能力的朋友、帮你了解自己的朋友、对你说实话的朋友等。此外，大学时谈恋爱也可以教你如何照顾别人，增进同情心和自控力，但恋爱这件事要随缘，不必为了谈恋爱而谈恋爱。

第三，学习团队精神和沟通能力。社团是微观的社会，参与社团是步入社会前最好的磨炼。在社团中，可以培养团队合作的能力和领导才能，也可以发挥你的专业特长。但更重要的是，你要做一个诚心诚意的服务者和志愿者，或在担任学生工作时主动扮演同学和老师之间沟通桥梁的角色，并以此锻炼自己的沟通能力，为同学和老师服务。这样的学习过程也不会很轻松，挫折是肯定有的，但是不要灰心，大学社团里的人际交往是一种不用"付学费"的学习，犯了错误也可以重头来过。

第四，从周围的人身上学习。在班级里、社团中，多观察周围的同学，特别是那些你觉得交往能力和沟通能力特别强的同学，看他们是如何与人相处的。比如，看他们如何处理交往中的冲突、如何说服他人和影响他人、如何发挥自己的合作和协调能力、如何表达对他人的尊重和真诚、如何表示赞许或反对，如何在不冒犯他人的情况下充分展示个性等。通过观察和模仿，你渐渐地会发现，自己的人际交往能力会有意想不到的改进。在学校里，每一个朋友都可以成为你的良师，他们的热心、幽默、机智、博学、正直、沟通、礼貌等品德都可以成为你的学习对象。同时那些你不喜欢的人和事也可以为你敲响警钟，警告你千万不要做那样的人和事。当然，你也应当慷慨地帮助每一个朋友，试着做他们的良师和模范。

第五，提高自身修养和人格魅力。如果觉得没有特长、没有爱好可能会成为自己人际交往能力提高的一个障碍，那么，你可以有意识地去选择和培养一些兴趣爱好。共同的兴趣和爱好也是你与朋友建立深厚感情的途径之一。很多在事业上有所建树的人都不是只会闭门苦读的书呆子，他们大多都有自己的兴趣和爱好。我在微软亚洲研究院的同事中就有绘画、桥牌和体育运动方面的高手。业余爱好不仅是人际交往的一种方式，还可以让大家发掘出自己在读书以外的潜能。例如，体育锻炼既可以发挥你的运动潜能，也可以培养你的团队合作精神。如果真的没有什么兴趣爱好，那么，多读些好书丰富自己的知识也可以改进自己的人际交往能力，因为没有什么比智慧和渊博更能体现一个人的人格魅力了。

所以，学会与人相处，这也是大学中的一门"必修课"。

对大学生们的期望

踏入大学校门时，你还是一个忙碌的、青涩的、被动的、为分数读书的、被家庭保护着的中学毕业生。

就读大学时，你应当掌握七项学习，学好自修之道、基础知识、实践贯通、兴趣培养、积极主动、掌控时间、为人处世。

经过大学四年，你会从思考中确立自我，从学习中寻求真理，从独立中体验自主，从计划中把握时间，从交流中锻炼表达，从交友中品味成熟，从实践中赢得价值，从兴趣中攫取快乐，从追求中获得力量。

离开大学时，只要做到了这些，你最大的收获将是"对什么都可以拥有的自信和渴望"。你就能成为一个有潜力、有思想、有价值、有前途的中国未来的主人翁。

所以，我认为大学四年应是这样度过。

第二章　自我分析和职业选择

正所谓"知人者智，自知者明"，"知己知彼，百战不殆"，一个人职业的成功是建立在对自我有深刻和准确了解的基础上的，在此基础上选择一条更适合自己的职业发展道路，那你的职业生涯势必如顺风行舟一往无前。本章主要告诉大学生如何了解自己的兴趣、性格、技能和价值观，以便作出正确的选择，合理规划自己的职业生涯。

【故事导读】

曾经有一只小地鼠，不断地寻找自己是谁。起初，它很羡慕松鼠可以爬在高高的树枝上，看到远处的风景，因此，它便跟着松鼠学爬树。但不管它怎么努力，总是没有办法像松鼠一样爬得又快又高，好几次摔跤，还差点跌断腿。

但后来它又跟小狗学赛跑，还没跑多远，就累得要命。甚至最后它又跟夜莺学唱歌，但是它一开口，动物就会都跑光。它很难过，觉得自己是森林王国里最没用的动物，只好挖个洞躲起来。

直到有一天，浣熊妈妈家里失火了，但是浣熊宝宝因逃生不及被困在屋里。由于火势太大，没人可以靠近救援。就在千钧一发之际，小地鼠发现自己挖的洞离浣熊妈妈家不远，灵机一动，就挖地洞穿透浣熊家的地板，救出了浣熊宝宝。从浣熊妈妈感激的眼神中，小地鼠发现了自己的价值，也找到了自己。

看完这则小故事，不妨问问自己，有没有出现过小地鼠这样的情形呢？事实上，在现实生活中，我们的不快乐常常源于对别人的羡慕、对自己的抱怨，总幻想自己要是有某明星漂亮就好了，要是像马云那么有钱就好了，从而盲目羡慕、妄自菲薄。这主要源于我们对自己不了解。我们常说，世界上没有完全相同的两片树叶，也理解个体差异是这个世界的基本特征，我就是我，不是别人，这注定了我的生活方式是这个世界上独一无二的。所以，没有两个人可以过完全相同的生活。既然如此，我们与其去羡慕别人，还不如像小地鼠一样去寻找最适合自己的生活方式。

　　职业生涯规划自我探索的四大要素是职业兴趣、职业性格、职业价值观、职业能力。其中职业兴趣是探索"最喜欢做什么"的问题，职业性格是探索"适合做什么"的问题，职业价值观是探索"最看重什么"的问题，职业技能是探索"最擅长做什么"的问题。

第一节　职业兴趣分析

【案例导读】

案例一

　　A.和很多高三学生一样，他在填报志愿的时候没有明确的意向，听说律师收入高，就选择了"法学"专业。

　　在大学期间，他既不喜欢也不讨厌这个专业。听到周围的人对"法学"专业前景褒贬不一，他陷入"我的选择正确吗"这样的困惑。

　　B.从小到大，他喜欢很多事物，学过舞蹈、围棋、跆拳道、书法、集邮，还组建了一个小乐队。

　　可是，在面对职业选择时，他却不知道自己真正感兴趣的是什么。

　　C.从小有一个作家梦，他在中学阶段曾在网络上连载小说。

　　可是父母和老师认为学习理科或工科更有前途，在学校和家庭的压力下，他选择了电气工程专业。

　　现在他一看到专业书就头疼，怎么努力也学不好，对自己的未来没有信心。

　　从案例可以看出，这三位同学的兴趣与自己所学专业或多或少存在不匹配的问题，其中 A 兴趣模糊，B 兴趣过于广泛，C 兴趣与专业不符。这种例子在大学生中比比皆是。那么，如何了解自己的兴趣，将自己的兴趣和职业联系在一起，充分发挥自己的潜能，取得事业的成功呢？

美国一些心理学家曾对哈佛大学 MBA 毕业班的学生做过一次调查。他们的问题是：你们就快毕业了，在即将进入职场的时候你们根据什么来选择工作？结果，有七成的人回答说，根据所学的专业来选择职业，有三成的人说，他们会根据自己的兴趣来选择自己的职业。五年后，心理学家再对他们进行调查，发现其中最为成功、最出色的人都是当初说要根据自己兴趣去选择工作的学生。

爱因斯坦曾说："兴趣是最好的老师。"兴趣能够使人激发无限的潜能，让人积极主动地寻找答案。兴趣还能够激活思考，在很多时候，兴趣对一个人的成长与成功有着神奇的内驱动作用，能巧妙地变无效为有效，变低效为高效。兴趣就是学习的方向，工作和梦想的动力源泉。曾有人做过研究，如果你从事的是自己感兴趣的事业，则能发挥你全部才能的 80%~90%，且能长时间保持高效率而不感到疲劳，而如果你对自己的事业没有兴趣，则只能发挥你全部才能的 20%~30%。

一、什么是职业兴趣

《论语·雍也》记载着先贤孔子的话："知之者不如好之者，好之者不如乐之者。"兴趣是人们力求认识某种事物或从事某种活动的心理倾向，这种心理倾向常常表现出积极态度和正向的情绪反应。当人的兴趣对象指向职业活动时，就形成了人的职业兴趣。职业兴趣是喜欢且持久的一种取向，是了解一个人职业和教育行为有用的工具。职业兴趣对个人的职业活动有着重要的作用。史蒂夫·乔布斯曾说过："找到你挚爱的工作，那么，太阳还没升起时，你就迫不及待地去做你热爱的工作了。"可见兴趣给人的工作活动带来的精神动力有多重要。

【案例导读】

案例二

李开复进入哥伦比亚大学填写的志愿是政治科学，但是，上了几门课之后，李开复就发现自己对这个专业毫无兴趣，学习成绩也只是中游。但是，他发现他在选修的计算机课上有着惊人的天赋，每晚他都期盼着去电脑教室，每晚都过得特别快乐，往往一不注意就是一个通宵。这让李开复深深体会到那句话："You are good at what you love, you love what you are good at"（兴趣就是天赋，天赋就是兴趣）。后来，他发现他像发疯一样爱上了这门学科。因此，在大学二年级时，他自己做出了一个惊人的决定——转系！这意味着他将从一个全美排名第三的专业转到一个毫无名气可言的专业。但是，他听从了内心的选择，还是选择了计算机专业。转系之后，李开复的成绩立刻有了非常明显的变化，以前他的成绩单上不是 B 就是 C，而转系之后，即使是全系公认的最难的"可计算性和形式语言"这门课，李开复都可以拿到 100 分，这在全系是唯一一个满分。

这次转系对李开复个人来说是一个决定性的转折，甚至对整个 IT 行业或者整个人类社会来说都是一次重要的转折。多年以后，李开复说："若不是那天的决定，今天我就不会拥有在计算机领域所取得的成就，而很可能只是在美国某个小镇上做一个既不成功又不快乐的律师。可见，追寻自己的兴趣是一件多么重要的事情。

著名记者霍布斯曾经说过："兴趣就是当你想到的时候，无论身在何处，无论年龄多大，你很快就从床上弹起，因为你迫不及待地想去做你爱做的、你深信的、你有能力做的工作。这工作比你个人伟大、神圣，你迫不及待地要跳进它怀里。"李开复当时就处在这样一种状态之中，由于对计算机专业充满了向往和热情，他感到一种向前的力量在指引着自己放弃政治科学专业，跳到计算机科学专业的怀里。

二、职业兴趣的作用

(一) 兴趣是职业生涯选择的重要依据

兴趣有一种强大的精神力量，兴趣可以驱使你积极主动地参与寻找与此相关的职业，并作出选择。一个人如果能根据自己的兴趣爱好去选择职业生涯，他的主动性会得到充分发挥。即使困难重重，也绝不会灰心丧气，依然会想尽一切办法、百折不挠地去客服重重困难。即使再苦再累，也总能找到乐趣，废寝忘食、忘我地投身到工作中去。因此可以说"兴趣是一切力量的源泉"。

(二) 兴趣可以增强对职业生涯的适应性

职业兴趣理论认为，同一类型的人与同一类型的职业相互结合，才能达到适应状态。而"人"一生中面临着许多职业选择，如果兴趣能和自己的职业相结合，那会很好地适应职业，并在自己工作的岗位做出一番成就。

（三）兴趣可以提高工作效率，是保证职业稳定、职场成功的重要因素

我们在工作中是不是总能遇到这样的事，当你对某件事情非常感兴趣时，即使这个事情再枯燥无味，在你眼里它也会变得丰富多彩、趣味无穷。它让你全身心地投入其中，甚至忘了吃饭，忘了睡觉，而且能调动你的全部精力，以高度的注意力、明锐的观察和丰富的思维去解决遇到的问题，快节奏、高效率地完成自己的工作。对某一职业有浓厚的兴趣，也是改革创新、发明创造的"孵化器"。在工作中喜欢钻研新的技术方法、新的手段，就会出成果，并得到上司的赏识、同事的敬佩，最终走向成功，实现自我价值。

【生涯案例】

兴趣≠职业兴趣

某大学计算机专业的学生小A，在高中时就对计算机很感兴趣。小A第一次接触电脑后，就对父母百般央求，终于在高一下学期小A有了自己的电脑。开始时，小A只是按照一些计算机书上的指导，尝试着安装程序，琢磨着常见软件的使用方法。慢慢地，他开始摸索着自己组装电脑，维修故障了。再后来经常出入电脑市场的他，熟知各种硬件的性能、常见故障。同学中谁想买电脑了，往往都会叫上小A做参谋。计算机课上，小A更是个活跃分子，经常扮演助教的角色。如何用word排版，怎样用Flash制作动画等，每次遇到这些问题，小A就眉飞色舞地讲开了。当然，校级、市级、省级的计算机比赛自然少不了他。就这样，高考填报志愿时，小A毫不犹豫地报了计算机专业。亲朋好友也都认为小A学计算机一定错不了。

可是，令人大失所望的是，小A竟然在大学第一学期开始就有专业课不及格。到了大二，虽然小A努力挣扎，但亮红灯的科目更多了。连连受挫的小A对自己的专业已经没什么兴趣了。按理说，凭着小A对计算机的兴趣及自身的聪明才智，再加上他的努力，不应有此结果啊。怀着种种疑惑，父母让小A找到了学校的职业指导老师进行咨询，指导老师为小A安排了一次职业兴趣测评后，又对小A的学习情况进行了详细了解。原来，小A喜欢亲自动手操作，空间判断能力强，愿意完成具体明确的任务，而对那些需要高度的逻辑思维能力，

以抽象的数学为基础的程序编写等软件类课程则没有什么兴趣。因此，小 A 适合的是与硬件有关的维护等职业。

分析：其实生活中的兴趣并不能完全等价于职业兴趣。比如热衷于打网络游戏，并不意味着能成为开发、设计游戏的高手。只有当个人的性格特点、爱好等可以在外部职业世界中找到能够相互融通的领域时，兴趣才能发展为职业兴趣。

1.霍兰德的职业兴趣理论类型

约翰·霍兰德（John Holland）是美国约翰霍普金斯大学心理学教授。他于1959 年提出了具有广泛社会影响的职业兴趣理论。他认为某一类型的职业通常会吸引具有相同人格特质的人，这种人格特质反映在职业上，就是职业兴趣。

大多数人的职业兴趣可以归纳为六种类型：实用型（R）、研究型（I）、艺术型（A）、社会型（S）、企业型（E）和事务型（C）。个人的职业兴趣往往是多方面的，因此通常用代表三种兴趣类型的代码来标示一个人的职业兴趣，称为"霍兰德代码"，如 AIR 为建筑师、EAS 为律师、CRI 为会计。

霍兰德的类型理论提供了一个重要的生涯辅导理念：把个人特质和适合这种特质的工作联合起来。生涯辅导（简单说就是职业辅导）强调生涯探索，对自我能力、兴趣、价值以及工作世界的探索，霍兰德巧妙地拉近了自我与工作世界的距离。借助霍兰德代码的协助，当事人能迅速地、有系统地且有所依据地在一个特定的职业群里进行探索活动，见表 2-1。

表 2-1 霍兰德职业兴趣类型对照表

类型	喜欢的活动	重视	职业环境要求	典型职业
实用型 R	用工具、机器制造或修理东西，愿意从事实物性的工作、体力活动，喜欢户外活动或操作机器，不善言辞，不喜交际，不喜欢在办公室工作。	具体实际的事物，诚实，有常识。	使用手工或机械技能对物体、工具、机器、动物等进行操作，与"事物"工作的能力比与"人"打交道的能力更为重要。	园艺师、木匠、机械修理工、工程师、军官、外科医生、足球教练员、技术员、测绘员、绘图员、农业工作者等。

续表

类型	喜欢的活动	重视	职业环境要求	典型职业
研究型 I	喜欢探索和理解事物，学习研究那些需要分析、思考的抽象问题，喜欢阅读和讨论有关科学性的论题，喜欢独立工作，对未知问题的挑战充满兴趣。	知识，学习，成就，独立。	有分析研究问题、运用复杂和抽象的思考创造性地解决问题的能力，谨慎缜密，能运用智慧独立地工作，有一定的写作能力。	自然科学和社会科学方面的研究人员、专家、生物学家、化学家、心理学家、工程设计师、大学教授等。
艺术型 A	喜欢自我表达，喜欢文学、音乐、艺术和表演等具有创造性、变化性的工作，重视作品的原创性和创意。	有创意的想法，自我表达，自由，美。	有创造力和对情感的表现能力，以非传统的方式来表现自己，相当自由、开放。	主要指各类艺术创作者，如作家、编辑、音乐家、摄影师、厨师、漫画家、导演、室内装潢设计师等。
社会型 S	喜欢与人合作，热情关心他人的幸福，愿意帮助别人成长或解决困难，为他人提供服务。	服务社会与他人，公正，理解，平等，理想。	有人际交往能力，有教导、医治、帮助他人等方面的技能，对他人表现出精神上的关爱，愿意担负社会责任。	主要指各种直接为他人服务的工作，如教师、社会工作者、牧师、心理咨询师、护士等。
企业型 E	喜欢领导和支配别人，通过领导、劝说他人或推销自己的观念、产品而达到个人或组织的目标，希望成就一番事业。	经济和社会地位上的成功，忠诚，有冒险精神、责任感。	有说服他人或支配他人的能力，敢于承担风险，目标导向。	律师、政治运动领袖、行政人员、营销商、市场部经理、电视制片人、保险代理等。
事务型 C	喜欢固定的、有秩序的工作或活动，希望确切地知道工作的要求和标准，愿意在一个大的机构中处于从属地位，对文字、数据和事物进行细致有序的系统处理，以达到特定的标准。	准确，有条理、节俭、盈利。	文书技巧，组织能力，听取并遵从指示的能力，能够按时完成工作并达到严格的标准，有组织，有计划。	文字编辑、会计、银行家、簿记员、办事员、税务员和计算机操作员等。

2.职业环境类型

20 世纪 70 年代早期，考虑到个体行为的解释与预测应结合其所处环境的特点，霍兰德将职业环境分为六种模式。霍兰德认为，人们倾向于寻找和选择那种能发挥他们的能力且能实现其自身价值的职业环境。当个人选择与自己职业兴趣相一致的职业环境时，更容易作出满意的职业决策和职业投入，进而使职业更稳定，反之，则会导致决策困难或不满意决策。

霍兰德认为：同一种职业群体内的人有相似的人格特质，因此对情境和问题会有类似的反应，从而产生特定的职业氛围即职业环境，它具有特定的价值观念、态度倾向和行为模式。因此，工作环境也可以分为六种类型，其名称及性质与兴趣类型的分类一致，如表 2-1 所示。具体职业通常也采用上述三个字母代码的方式来描述其工作性质和职业氛围。为了鉴别不同职业的代码，霍兰德及其同事做了一项非常庞大的研究——1959 年出版了《霍兰德职业代码字典》(Holland Career Inder)，为 12000 个职业提供了霍兰德职业代码。

霍兰德职业环境类型解释三个基本问题 (Holland，1997)：

第一，何种个人和环境特征会带来满意的职业抉择、工作投入以及职业成功？同样，何种特征导致决策困难、不满的抉择，或者缺乏成就？

第二，何种环境特征会导致一个人一生当中工作类型和水平变化的稳定性？

第三，帮助人们解决职业问题最有效的方法是什么？

3.霍兰德六角形模型

霍兰德提出了六角型模型（如图 2-1）来解释六种职业类型之间的三种关系：相邻关系，如现实性型与研究型；相隔关系，如现实型与企业型的关系、研究型与社会型的关系；相对关系，如艺术型和传统型的关系。

同一种职业吸引具有相同经验和人格的人，职业选择是人格特质在职业中的体现。在六角型模型上任何两种类型之间的距离越近，其职业环境及职业兴趣的相似程度就越高。如现实型和研究型在六角形模型中是相邻的类型，他们的相似性也最高，这两种类型的人都比其他类型的人更喜欢与物打交道，只是他们打交道的方式不同而已。而如艺术型和传统型的关系处于相对的位置，这就意味着其相似性最低，艺术型喜欢概念性的东西，传统型喜欢与资料打交道。研究型和社会型则具有中等程度的相似性。六角形模型也可以表明六种人格特质类型之间的一致性。六角形模型可以帮助我们对人格特质类型与职业环境类型之间的适配性进行评估。例如，一个社会型人格特质占主导地位的人在一个社会型职业环境中工作会感到更加舒畅，但如果让他去一个现实型的工作环境中工作，他可能就会感到不舒服，因为这两种类型具有不同的特点。因此在现实生活中，人们要尽量选择与自我兴趣类型匹配的职业环境，这样可以最好地发挥个人的潜能。

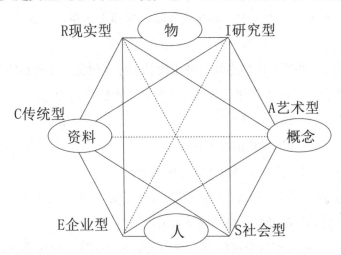

图2-1　霍兰德人格六角形模型

三、生涯小测试

【课堂活动】

霍兰德兴趣岛探索

假如有机会让你免费到以下六个岛屿旅游，不用考虑其他因素，你最想去的是哪个？请按照喜欢程度选出3个。

R 自然原始的岛屿。岛上自然生态保护得很好，有各种野生动物。居民以手工见长，自己种植花果蔬菜、修缮房屋、打造器物、制作工具，喜欢户外运动。

I 深思冥想的岛屿。有多处天文馆、科技博览馆及图书馆。居民喜好观察、学习、崇尚和追求真知，常有机会和来自各地的哲学家、科学家、心理学家等交换心得。

A 美丽浪漫的岛屿。到处是美术馆、音乐厅、街头雕塑和街边艺人，弥漫着浓厚的艺术文化气息。居民保留了传统的舞蹈、音乐与绘画，许多文艺界的朋友都喜欢来这里找寻灵感。

S 友善亲切的岛屿。居民个性温和、友善且乐于助人，社区自成一个密切互动的服务网络，人们重视互助合作，重视教育，关怀他人，充满人文气息。

E 显赫富庶的岛屿。居民善于企业经营和贸易，能言善道。经济高度发展，处处是高级饭店、俱乐部、高尔夫球场。来往者多是企业家、经理人、政治家、律师等。

C 现代、井然有序的岛屿。岛上建筑十分现代化，是进步的都市形态，以完善的户政管理、地政管理、金融管理见长。岛民个性冷静保守，处事有条不紊，善于组织规划，细心高效。

（1）你选择的岛屿依次是什么？

（2）按自己第一选择的岛屿分组就座。

（3）跟选择同一岛屿的人交流一下，自己为什么选择这个岛屿，看看大家有什么共同的兴趣爱好，将其归纳为关键词。

（4）根据大家的交流给自己的小组命名并选取一个标志物，在大白纸上制作一张本小组的宣传图。

（5）每个小组请一位同学用 3 分钟时间展示自己小组的图，并在全班介绍一下自己小组成员的共同特点。

说明：六个岛屿代表着六种典型的职业兴趣类型，其中，第一个是主要兴趣，第二、三个是辅助兴趣。依次记下答案，并将结果与表 2-1 中的类型进行比较，分析自己的兴趣特点，将得出自己最有兴趣的前三个类型。

四、自我练习

探索自己的兴趣类型

请阅读表 2-1，在符合自己情况的语句下划线，并思考日常生活中有哪些与之相符的事情使自己作出这样的判断。按照优先顺序选出你认为最符合自己情况的三种类型，这可能就是你的兴趣类型。

完成附录二的职业兴趣测试，找出自己的霍兰德代码。

为了鉴别不同的职业代码，霍兰德及其同事于1996年出版了《霍兰德代码字典》（Holland career index），为12000多个工作提供了霍兰德代码。书末的附录中提供了霍兰德编写的《人格职业兴趣测验表》和《霍兰德职业索引》。需要注意的是，该职业索引是未经本土化的版本，因此在职业名称和职业对应的霍兰德代码上可能与我国国情有所偏差。

【生涯案例】

兴趣是最好的老师

兴趣是对未来职业生涯的一种准备，是个人选择职业的重要依据，也是一个人奋斗的主要源泉之一。当你对某个领域感兴趣时，你会在走路、上课或洗澡时都对它念念不忘，你就可能为它废寝忘食，连睡觉时想起一个主意，都会跳起来。这时候，你已经不是为了成功而工作，而是为了"享受"而工作了。毫无疑问，你将会得到成功。相反，如果做自己没有兴趣的事情只会事倍功半，最终一事无成。即便你靠着资质或才华可以把它做好，也绝对没有释放出所有的潜力。那么，我们该如何发掘培养自己的兴趣呢？

首先要找到自己的兴趣点在哪里，寻找兴趣点的办法则是开拓自己的视野，接触众多的领域。唯有接触你才能尝试，唯有尝试你才能找到自己的最爱。比如大学生可以通过使用图书馆资源、旁听课程、搜索网络、听讲座、打工、参加社团活动、与朋友交流、使用电子邮件和电子论坛等不同方式接触更多的领域、更多的工作类型和更多的专家学者。李开复如果不去旁听计算机系的课程，就不会去计算机中心打工，也不会去找计算机系的助教切磋，就更不会发现自己对计算机的浓厚兴趣。年轻人寻找自己兴趣点的时候要注意下面几点：不要把社会、家人或朋友看重的事当作自己的兴趣，不要以为有趣的事就是自己的兴趣所在，不要以为有兴趣的事情就可以成为自己未来的职业，不要以为对某一方面有兴趣就意味着有这方面的天赋。

其次是要努力培养自己的兴趣。兴趣的确很重要，若把所有的精力投入到追

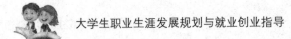

寻兴趣中去却是致命的。比如，有些大学生入学后发现自己对所学的专业提不起任何兴趣，于是就走火入魔地四处追寻自己的兴趣，毕业后才发现专业荒废了，兴趣也没找到。其实兴趣是可以培养的，只要你对所学专业不间断地保持好奇心，并进行深入研究，也许你就会发现，其实这是一个很不错的专业。且一个专业内可能会有很多不同的领域，你不可能对所有的领域都不感兴趣。另一方面，就算毕业后要从事其他的行业，你依然可以把自己的专业读好，它同样能成为你从事新行业的优势。假如你学的是工科，毕业后却想从事服务业，你把工科学好后，就可以在服务业中以精通技术作为自己的特长。最后，立定终生不变的志向。人生是一条很长、很多彩的路，每个人都可以有很多不同的兴趣，但你不可能把精力投入到所有的兴趣之中，你一定要从众多兴趣中找寻自己终生不变的志向，这是比兴趣更为重要的事。例如，李开复的志向是"使影响力最大化"，多年以来，他有很多兴趣，如政治法律、语音识别、对弈软件、多媒体、研究到开发的转换、管理学、满足用户的需求、演讲和写作、帮助中国学生等，他的兴趣在不断地转变，志向却是始终不渝的。志向就像罗盘，兴趣就像风帆，这两者相辅相成，当它们形成合力时，就可以带领你驶向理想的港湾。

美国一所中学在入学考试时曾出过这么一道题：比尔·盖茨的办公桌上有5个带锁的抽屉，分别贴着财富、兴趣、幸福、荣誉、成功5个标签。比尔·盖茨总是只带一把钥匙，而把其他四把锁在抽屉里，请问比尔·盖茨带的是哪一把钥匙？老师告诉学生，这道题没有标准答案，每个人可根据自己的理解自由回答，但是老师有权根据他的观念给一个分数。一位刚移民到美国的学生，看到这个题目后，不知道如何作答交了白卷。而他的同桌认为盖茨带的是财富抽屉上的钥匙，其他的钥匙都锁在这只抽屉里。结果老师在这道9分的题上给了移民学生5分，而给了同桌1分。老师认为，他没答一个字，至少说明他是诚实的，凭这一点应该给一半以上的分数。对这道题目，比尔·盖茨本人是这样答的："在你最感兴趣的事物上，隐藏着你人生的秘密。"

财富、兴趣、幸福、荣誉和成功几乎是每个人都想追求的，但兴趣是最好的老师，当你必须作出唯一选择的时候，不妨多考虑一下自己的兴趣。因为在自己感兴趣的领域，更容易做出瞩目的成就。相反，如果忽视了兴趣，努力得越多，就可能离成功越远。人生只有一次，不应浪费在没有快乐、没有成就感的领域。虽然改变会付出很多代价，但做一个没有激情的工作将付出更大的代价。

第二节　自我性格分析

【案例导读】

五个同学五个样

　　小强寝室里一共五个人，来自祖国的大江南北。他们住到一起还不到一个月，彼此都还不是很了解。

　　身高一米八二，穿着一身的运动名牌的男孩叫小健，此时，正拿着一瓶可口可乐狂喝猛饮。他来自东北，是个地地道道的东北汉子，骨子里流淌着悍勇好斗的血液，对各项体育赛事都相当狂热。

　　长发过耳、戴着耳机的男孩叫大乐，他正旁若无人地哼着周杰伦的歌曲，哼哼唧唧的声音惹火了平时不怎么说话的上海本地人小侬。此人一向精明过人，最不喜欢的就是有人侵犯到他的利益。他从被窝里探出头来大骂："叽叽歪歪地烦死了，还让不让人睡觉了！"

　　大乐特别喜欢音乐，常觉得音乐能给他力量。但这人天生胆小怕事，所以面对上海本地人的那种天生的优越感，大乐怯生生地不敢分辩。旁边的小健看不下去了，就冲小侬嚷道："吼啥吼！再说了，现在也没到就寝时间，人家唱歌碍着你啥了！"

　　小侬这人好面子，就和小健吵了起来，两人大有动手之势。正在看书的和事佬小勇，看着局势越来越紧张，只得放下手中的书，推了推眼镜，慢条斯理地说："大家都是文化人，别动手啊，别伤了和气！"

　　大家的情绪都比较激动，将小勇的话也只当耳旁风。看着形势越来越严峻，身为寝室舍长的小强当然不能袖手旁观，站出来横挡在两人中间，强行制止。在小强的调解下，大乐只好向小侬道歉，这场风波总算平息了。

几天后，学校社团开始招新了！小健想都没想，就报名参加了令许多人望而却步的柔道社团，他觉得在那里才能练出男人的魅力。大乐比较内向，只有音乐才能让他寻找到自我，所以，他毫不犹豫地报名参加了吉他社。小侬整天就爱和人辩论，沉浸于怎么算计别人才能让自己不吃亏，因此，他参加了法律社团。小勇则选择了无人问津的中国古典文学史社，研究他的中庸之道和老庄哲学去了。而小强则因为出色的组织和领导能力顺利地进了校学生会。

一、性格的定义

性格决定命运，这是人们常说的一句话。性格为什么会有如此巨大的力量呢？性格是人对现实的稳定态度和习惯化行为方式的总和，表现为个体独特的心理特征。性格是在社会生活中逐渐形成的，同时也受个体的生物因素影响。它是一种与社会关系最密切的人格特征，在性格中包含有许多社会道德含义。性格表现了人们对现实和周围环境的态度，并表现在他的行为举止中。性格主要体现在对自己、对别人、对事物的态度和所采取的言行上。性格主要包括如下四类：

（一）对现实和自己的态度的特征，如诚实或虚伪、谦逊或骄傲等。

（二）意志特征，如勇敢或怯懦、果断或优柔寡断等。

（三）情绪特征，如热情或冷漠、开朗或抑郁等。

（四）情绪的理智特征，如思维敏捷而逻辑性强或思维迟缓而没有逻辑性等。

在职业指导理论上，性格类型是人与职业是否匹配的重要研究内容之一。了解自己是什么样的性格，更合适从事什么样的职业，对我们大学生来说是很有必要的。

二、活动

左右手写名字

请拿出一张白纸，分别用左手和右手写下你的名字，并谈谈写字时的感受。

_____

_____

【案例导读】

从习惯动作看性格

每个人都有很多不同的习惯动作，这些动作可以从侧面反映出他的性格，下面就介绍一下心理学家研究出的"从习惯动作看性格"。

1.摇头晃脑

日常生活中常见有人摇头或点头以示自己对某事某物的看法，这种人特别自信，甚至有点唯我独尊。他们在社交场合很会表现自己，对事业一往无前的精神常受人赞叹。

2.边说边笑

他们大都性格开朗，给人非常轻松愉快的感觉，对生活要求从不苛刻，注意"知足常乐"富有人情味。感情专一，对友情亲情特别珍惜。人缘较好，喜欢平静的生活。

3.掰手指关节

这种人习惯把手指掰得咯咯直响。他们通常精力旺盛，非常健谈，喜欢钻"牛角尖"。对事业、对环境比较挑剔，如果是他喜欢干的事，会不计任何代价。

4.腿脚抖动

这类人总是喜欢用脚或脚尖使整个腿部抖动。最明显的表现是自私，很少考虑别人，凡事从利己出发，对别人很吝啬，对自己却很大方。但是很善于思考，能经常提出一些意想不到的问题。

5.拍打头部

这个动作多数时候的意义是表示懊悔和自我谴责。这种人不太注重感情，而且对人苛刻，但对事业有一种开拓进取的精神。他们一般心直口快，为人真诚，富有同情心，愿意帮助别人，但守不住秘密。

6.摆弄事物

有这种习惯的人多数是女性，而且一般都比较内向，不轻易使感情外露。他们的另一个特点是做事认真踏实，但凡有座谈会、晚会或舞会，人们都散了，但最后收拾打扫会场的总是他们。

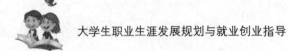

7.耸肩摊手

习惯于这种动作的人，常常是摊开双手，耸耸肩膀，表示自己无所谓的样子。他们大都为人热情，而且诚实，富有想象力，会创造生活，也会享受生活，他们追求的最大幸福是生活在和睦、舒畅的环境中。

8.摸嘴捏鼻

习惯于摸嘴捏鼻的人，大都喜欢捉弄别人，却又不"敢作敢当"，爱哗众取宠。这种人最终是被别人支配的人，别人要他做什么，他就可能做什么，购物时常拿不定主意。

三、性格与职业的关系

职业和人格的最佳匹配使我们成为更高效的工作者，因此我们可以每天都去干自己喜欢的工作和喜欢的事情。

【生涯案例】

《西游记》中的四种人物性格

1.孙悟空——力量型代表

具有力量型性格的人在工作生活上总是显得很有活力，富于冒险精神，充满信心，他们意志坚决、果断，一旦认准了目标就绝不会轻易放弃。他们还是天生的工作狂，设定目标后，就迅速行动且全身心投入到工作中。同时力量型性格的人善于管理，能纵观全局、知人善任，能合理地委派工作，寻求最实际、最适合解决问题的人。但是他们有很强的控制欲，固执地认为自己总是对的，不能容忍别人的缺点，不会主动道歉，霸道，控制欲强，骄傲而自负，自以为是，人际关系处理不佳。在《西游记》人物性格中，孙悟空是力量型性格的典型，他是在团队中执行能力强，富于创新精神，能够推进团队的人物。

2.猪八戒——活泼型代表

活泼型性格的人热情、奔放、豪迈、幽默、健谈、能言善辩，他们富于浪漫主义情怀，善于与人交际，惹人喜爱的个性使大家自然而然地喜欢与之交往。但他们通常容易以自我为中心，情绪化，总是叽叽喳喳说个不停，记忆力不好，经常丢三落四，变化无常。在西游记人物性格中，猪八戒是活泼型性格的代表，他是团队中的开心果，让团队有活力，给大家带来快乐，在团队中起着一种催化剂、调节者的作用。活泼型性格的人可以在看似枯燥的工作中寻觅到自己的快乐，给团队带来活力。

3.唐玄奘——完美型代表

完美型性格的人与活泼型性格的人形成两个极端，他们不会像活泼型的人一样情感外露。相反，他们深思熟虑、善于分析，对自己和别人都有着很高的要求，注重生活细节，追求完美。但是他们通常让人觉得阴沉，没有活力，消极，很容易受到伤害，没有安全感也缺乏幽默感，总是给身边的人造成很大的压力。在西游记的人物性格中，唐玄奘是完美型性格的典型，他是团队中的领导者，是团队凝聚力和号召力的核心。这一性格的人执着于自己选择的事业，能够切实地做好规划，有目标有方向，是一个团队的核心。

4.沙僧——和平型代表

和平型性格的人善良、忠厚、随和、镇静，善于分析，富有韧性，坦然自若，对任何事情都有耐心；他们很细心，做任何事情都面面俱到，不会让别人感到被冷落；他们不喜欢张扬，不爱唠叨，其他性格的人都愿意找和平型的人做朋友。但是他们容易墨守成规，不喜欢改变，没有主见，多愁善感，优柔寡断，懒惰，不会对身边的人说"不"；他们不喜欢行动，不善于争取机会，缺乏自信心。沙僧是和平型性格的典型，是团队中最忠诚的一个，能够协调团队中的冲突，维护团队荣誉。

四、性格探索工具——MBTI

(一)迈尔斯–布里格斯 MBTI

MBTI 是一种迫选型、自我报告式的性格评估测试，用以衡量和描述人们在获取信息、作出决策、对待生活等方面的心理活动规律和性格类型。由美国的心理学家凯瑟琳·库克·布里格斯（Katherine Cook Briggs）和她的女儿伊莎贝尔·布里格斯·迈尔斯（Isabel Briggs Myers）以瑞士著名的精神分析学家荣格①（Carl Gustav Jung）划分的8种类型为基础，加以扩展，编撰了《迈尔斯－布里格斯类型指标》（MBTI）。MBTI形成四个维度，这四个维度分别是：

第一个维度——能量获得途径：外向（E），内向（I）；

第二个维度——注意力的指向：感觉（S），直觉（N）；

第三个维度——决策判断方式：思考（T），情感（F）；

第四个维度——采取行动方式：判断（J），知觉（P）。

这四个维度就是四把标尺，每个人的性格都会落在标尺的某个点上，这个点靠近哪个端点，就意味着这个人有哪方面的偏好。通过对照四个维度的描述，人们或许已经识别出自己在每个维度上的偏好，取每个维度上偏好类型的代表字母，即可以由四个字母构成自己的性格类型。如ISFJ，即内倾感觉情感判断型；如ENFP，即外倾直觉情感知觉型。

经过了长达50多年的研究和发展，MBTI已经成为当今全球最为著名和权威的性格测试，主要应用于职业发展、职业咨询、团队建议、婚姻教育等方面，是目前国际上应用较广的人才甄别工具。如何判断自己是哪种类型的呢？下面几个小活动可能会帮助到你。

性格理解活动一

有一个你很期待的毕业十年的同学聚会，你会……

A：到时间一个人去　　　　　　　　　B：约好同学一起去

A：立即找到曾经的同学熟人　　　　　B：与很多人搭讪，新认识不少人

A：面对曾经的初恋默默关注　　　　　B：走上前开始叙旧

A：没过多久就感觉无聊，想回去　　　B：一直精力充沛，直到结束

A：到家后感觉疲惫，到头就睡着了　　B：依然意犹未尽，兴奋不已

---

①荣格（Carl Gustav Jung，1875—1961），瑞士著名的哲学家、心理学家和精神分析医师、分析心理学的创立者。早年曾与弗洛伊德合作，被弗洛伊德任命为第一届国际精神分析学会的主席，后来由于两人观点不同而分裂。与弗洛伊德相比，荣格更强调人的精神有崇高的抱负，反对弗洛伊德的自然主义倾向。

分析：如果选 A 的选项明显少于选 B 的选项，从能量获得的途径来看，属于外向型性格（E），反之则为内向型性格（I）。

表2-2　从能量获得的途径分析外向（E）和内向（I）型性格表达方式

外向（E）	内向（I）
热情洋溢	冷静，谨慎
生机勃勃，善于表达	稳重，不愿意主动表达
听、说、想同时进行	先听，后想，再说
易于被人了解，愿分享个人信息	注意隐私，只与少数人分享个人信息
反应迅速，喜欢快节奏	思考之后再反应，喜欢慢节奏
喜欢人多的场合	喜欢独自消磨时间
关注问题的广度	关注问题的深度
能量来自与外界的互相作用	能量来自内心的思考与推理

性格理解活动二

1.请对"森林"这一概念加以描述。

2.请对"海洋"这一概念下定义。

分析：如果你对森林的描述是类似于"森林是以木本植物为主体的生物群落""具有丰富的物种、复杂的结构、多种多样的功能""乔木、植物、动物、微生物和土壤……"，如果你对"海洋"的描述为"有很多水和大量生物组成……"，这种基于事实、经验的描述，属于感觉型。喜欢明确、可测量的事物，关注事物的细节、细致，尊重现实、现在，对事物的理解是基于看到、听到以及闻到的，注重享受现在。

如果你对森林的描述是类似于"人类文化的摇篮、大自然的美化装饰师、生命的资源、金色的宝库、绿色宝库、天然氧气、地球之肺、天然空调""森林就像地球的绿色的海洋，森林像……"，如果你对"海洋"的描述倾向于"宽广、深远……"，这种基于想象、灵感的描述，属于直觉型。关注事物的风格、方向，对事物的理解尊重自己的第六感，喜欢随意的、变化的，关注将来，讨厌常规的和连续的工作。

表 2-3　从注意力的指向分析感觉（S）和直觉（N）性格表达方式

感觉(S)	直觉(N)
关注事实存在	关注事物背后的意义
谈话目标清楚,方式直接	谈话目标宏观,方式复杂
崇尚现实主义与常识	崇尚想象力和新事物
喜欢运用和琢磨已有的技能	喜欢学习新技能,但掌握后容易厌倦
留心细节、现在	关注总体、未来
对身体敏感	精力集中于自己的思想
以客观现实为依据	习惯比喻、推理与暗示

性格理解活动三

想象一下：你是一个篮球队的队长，必须选择一名队员作为"年度篮球先生"，最后有两个候选人 A 和 B，那么你倾向于谁？

A 是一个明星队员，虽然他还是一个低年级学生，但是他为球队赢得了许多分数，并使得全队获得年度金奖。虽然说 A 是天生的运动健将，但他还是非常努力地打好每场比赛。因此，出于公平起见，选择必须根据赛场表现来作出，否则，一旦出现偏袒，那么会开一个不好的先例。当然了，相信所有的人都会毫无异议地同意 A 获得这个荣誉。

B 虽然不是最佳的球手，但是他付出了超出常人的努力去练球，总是拿出150%的努力打好每场比赛。每一场比赛他都热情高涨，并且很好地鼓动其他战友共同努力。而且 B 是高年级的，因为家境问题，高中毕业后就得找工作，而不能进入大学学习。所以，这次可能是他唯一一次能获得这个荣誉的机会，奖金还可能使他有机会继续读书。

你的选择是 A，那就是思考（T）型，选 B，那就为情感型（F）。

表 2-4 从决策判断方式分析思考 (T) 和情感 (F) 型性格表达方式

思考(T)	情感(F)
行为冷静,公事公办	行为温和,注重社交细节
崇尚公正、公平,有统一标准	关注情感与和睦,看到规则的例外
易发现别人的缺点,很少赞扬	易于理解别人,习惯赞美
受获得成就欲望的驱使	受被人理解的驱使
坚定、自信	犹豫、情绪化
遵照客观逻辑推理	关心行动给他人带来的影响
人际关系不敏感	尽量避免争论和矛盾

性格理解活动四

这门课程,要求第八周交一篇论文开题报告,你将会……

如果你知道任务后,立刻给自己做一份计划,按照计划完成自己的论文写作,经常会比老师要求的日期提前完成,这种属于判断型。这类人喜欢随时控制时间和事情的进展,具有明确的目标和计划,做事条理清晰,能够快速判断、决定,喜欢确定的目标。

如果你知道任务后,心里想"反正还有几天""到时候做也能来得及",最后到了交报告的前一天甚至到晚上才开始动手做这份报告,这种通常为知觉型。这类人喜欢随遇而安,享受不断体验的过程,能够确定基本的方向,做事灵活多变,喜欢开放的环境,容易被环境所影响。

表 2-5 从采取行动方式分析判断 (J) 和知觉 (P) 型性格表达方式

判断(J)	知觉(P)
正式,严肃,保守,谨慎	随意,自然,开放,灵活
有工作原则,先工作再玩	有玩的原则,先玩再工作
习惯做决定,做完决定后感到快乐	不愿做决定,因有选择的余地而快乐
确立目标并按时完成	有新情况便改变目标
急于完成工作,注重结果	喜欢开始一项工作,注重过程
遵守制度、规则与组织	常常感觉到被束缚
通过完成任务获得满足	通过着手新事物获得满足

请根据性格理解活动一至四的内容，分析判断自己的 MBTI 性格类型，将它写下来：

我的 MBTI 类型

能量倾向：_____

接收信息：_____

处理信息：_____

行动方式：_____

性格活动分享：

_____

你的 MBTI 类型是什么？

_____

你的 MBTI 指向的职业有哪些？

_____

你如何看待这一结果？

_____

（二）MBTI 十六种人格类型分析

以各个维度的字母表示类型，四个维度在每个人身上会有不同的比重，不同的比重会导致不同的表现，关键在于各个维度上的人均指数和相对指数的大小。四个维度，两两组合，共有十六种性格类型，你必然属于其中的一种。MBTI 可以帮助我们认清自己，在我们的职业发展、兴趣提升、人生规划、社交和家庭关系的完善中起到很好的指导作用。MBTI 十六种人格类型如图 2-2 所示：

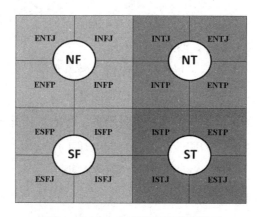

图 2-2　MBTI 十六种人格类型图示

ESTJ："事务料理家"。

特点：讲求实际，注重现实，注重事实，果断作出实际可行的决定，安排计划和组织人员完成工作，尽可能以最有效的方法达到目的，注意日常工作的细节，有清晰的逻辑标准，会以强硬的态度去执行计划。

职业倾向：管理者、行政管理、执法者，即能够运用对现实的逻辑和组织完成任务的职业。

性格关键词：完美，管理，效率，控制。

ESFJ："我能为您做些什么？"

特点：有爱心、尽责、合作。渴望有和谐的环境，而且有决心营造这样的环境，喜欢与别人共事，忠诚，渴望别人赞赏和欣赏自己所做的贡献。

职业倾向：教育、健康护理、宗教，即能够运用个人关怀为他人提供服务的职业。

性格关键词：开朗，友好，率真，重情。

ISTJ："从容不迫地做好自己的工作"。

特点：沉静、认真、善始善终，得到别人信赖而取得成功，做事讲求实际，以做事有次序、有条理为乐，重视传统和忠诚。

职业倾向：管理者、执政管理、执法者、会计，即能够利用自己的经验和对细节的注意完成任务的职业。

性格关键词：平实，谨慎，严肃，可靠。

ISFJ："我会忠于自己的责任和义务"。

特点：沉静、友善，有责任感和谨慎，做事贯彻始终，忠诚、替人着想、细心，努力创造一个有秩序、和谐的工作和家居环境。

职业倾向：教育、健康护理、宗教服务，即能够让此类性格的人运用自己的经验和亲和力帮助别人的职业（协调、辅助性工作）。

性格关键词：归属，踏实，责任，献身精神。

ESTP："让我们忙起来吧"。

特点：有弹性，容忍，讲求实际，专注即时效益，对理论和概念上的解释感到不耐烦，希望行动解决问题，专注于此时此地，喜欢主动与人打交道，喜欢物质享受的生活方式，能够通过实践达到最佳效果。

职业倾向：市场营销、商业、司法、应用技术，即能够让此类性格的人利用行动关注必要细节的职业。

性格关键词：冲动，好奇，冒险，不拘小节。

ESFP："别担心，高兴一点"。

特点：外向、友善、包容，热爱生命，喜欢物质享受，喜欢与别人共事，在工作上善于运用常识、注意现实的情况使工作富趣味性，易接受新朋友和适应新环境，与别人一起学习新技术可以达到最佳效果。

职业倾向：健康护理、教导、教练、儿童保育、熟练工种，即能够让此类性格的人用外向的天性和热情去帮助那些有实际需要的人们的职业。

性格关键词：热情，大度，随意，乐观。

ISTP："用我所具备的，做到最好"。

特点：容忍、有弹性，是冷静的观察者，但当有问题出现，便迅速行动，找出实际问题的重心及可行的解决办法；重视事情的前因后果，能够以理性原则把事实组织起来，重视效率。

职业倾向：熟练工种、技术领域、农业、执法者、军人，即能够让其动手操作、分析数据或事情的职业。

性格关键词：直接，诚实，实用主义。

ISFP："思想起着决定作用"。

特点：沉静、友善、敏感和仁慈，喜欢有自己的空间，做事能把握自己，忠于自己所重视的人，不喜欢争论和冲突，不会强迫别人接受自己的意见和价值观。

职业倾向：健康护理、商业、执法者，即能够让其运用友善、专注于细节的相关服务的职业。

性格关键词：温和，敏感，谦逊，耐心。

ENTJ："一切顺利，因为我一手掌握"。

特点：坦率、果断，乐于作为领导者，很容易看到不合逻辑和缺乏效率的程序和政策，喜欢有长远计划，有一套制定的目标，博学多闻，能够及时提出自己的主张。

职业倾向：管理者、领导者，即能够让其运用实际分析、战略计划和组织完成任务的职业。

性格关键词：信任，尊敬，坦率，领导力。

ENTP："天生的企业家"。

特点：思维敏捷，能激励他人，警觉性高，善于发言，能随机应变地应付新的问题，善于洞察别人；对日常例行事物感到厌倦，甚少用同一方法处理同一事情。

职业倾向：科学家、管理者、艺术家，即能够让其有机会不断承担新挑战的工作。

性格关键词：自信，机智，感染力。

INTJ："能力＋独立＝完美"。

特点：具有创造精神，有冲劲去实践自己的理念和达到目标；能很快掌握事情发展规律，想出长远的发展方向，一旦承诺便会有条理地开展工作，有怀疑精神，独立自主，有高水准的工作表现。

职业倾向：科学和科技领域、计算机、法律，即能够让其运用智力创造和技术知识去构思、分析和完成任务的职业。

性格关键词：敏锐观察，新颖独到，入木三分。

INTP："聪颖机智地解决问题的人"。

特点：对任何感兴趣的事物都要探索一个合理的解释，喜欢理念思维多于社交活动；沉着、满足、有弹性、适应力强，对感兴趣的事很专注；有怀疑精神，有时喜欢批评，善于分析。

职业倾向：科学或技术领域，即能够让其基于自己的专业技术知识独立、客观分析问题的职业。

性格关键词：抽象，复杂，独立，创造性。

ENFJ："公共关系专家"。

特点：温情、有同情心、反应敏捷和有责任感，高度关注别人的情绪、需要和动机，能够看到每个人的潜质；社交活跃，在一组人当中能够顾及别人，有启发人的领导才能。

职业倾向：宗教、艺术、教育，即能够让其帮助别人在情感、智力和精神上有所成长的职业。

性格关键词：关系和谐，热情演说，精力充沛。

ENFP："天底下没有不可能的事情"。

特点：热情而热心，富于想象力，认为生活是充满可能性，能够很快找出事件和资料之间的关联性，而且有信心依照自己所看到的模式去做；乐于欣赏和支持别人，即兴而富有弹性，市场信赖自己的临场表现和流畅的语言能力。

职业倾向：咨询服务、教育、宗教、艺术，即能够让其利用创造和交流去帮助和促进他人成长的职业。

性格关键词：自由，率性，爱好广泛，忠诚

INFJ："促使事情正面转化的催化剂"。

性格关键词：理解力，同情心，精神领袖。

INFP："大智若愚的人"。

特点：理想主义者，忠于自己的价值观及自己所重视的人；有好奇心，快速判断事情的可能与否；适应力强，有弹性，往往能包容与自己价值观没有抵触的所有人。

职业倾向：咨询服务、写作、艺术，即能够让其运用创造集中表现其价值观的职业。

性格关键词：爱好艺术，宽容。

(三)对性格的理解

1.每种性格类型本身没有优劣之分。

2.了解自己的性格类型，让我们能够更好地扬长避短。

3.了解他人的性格类型，促进我们更好地达成一致。

4.重要的在于理解和完善，而非改变和对抗。

5.对你性格类型的最终判定者，就是你自己。

6.你可以通过性格类型来理解和原谅自己，但是不能以此作为逃避现实的借口。

7.性格中的态度和行为倾向可以发生改变，但那是一个"能量消耗"的过程。

MBTI性格类型测试问卷（中文2003年微缩版）

注意事项：

1.请在心态平和及时间充足的情况下开始答题。

2.每道题目均有两个答案：A和B。请仔细阅读题目，按照与你性格相符的程度分别给A和B赋予一个分数，并使一组中的两个分数之和为5。最后，请在问卷后的答题纸相应的方格内填上相应的分数。

3.请注意，题目的答案无对错之分，你不需要考虑哪个答案"应该"更好，而且不要在任何问题上思考太久，而是应该凭你的第一反应作出选择。

4.如果你觉得在不同的情境里，两个答案或许都能反映你的倾向，请选择一个对于你的行为方式来说最自然、最顺畅和最从容的答案。

例子：你参与社交聚会时会怎么做？

A.总是能认识新朋友。　（4）

B.只跟几个亲密挚友待在一起。　（1）

很明显，你参与社交聚会有时能认识新朋友，有时又会只跟几个亲密挚友待在一起。在以上的例子中，我们给总是能认识新朋友打了 4 分，而给只跟几个亲密挚友待在一起打了 1 分。当然，在你看来，也可能是 3+2 或者 5+0，也可以是其他的组合。

请在以下范围内一一对应地选择你对以下项目的赋值：

最小————————————————————————最大

1.当你遇到新朋友时，你会怎样做？

A.说话的时间与聆听的时间相若。（　）

B.聆听的时间会比说话的时间多。（　）

2.下列哪一种是你的一般生活取向？

A.只管做吧。（　）

B.找出多种不同选择。（　）

3.你喜欢自己的哪种性格？

A.冷静而理性。（　）

B.热情而体谅。（　）

4.下列你擅长什么？

A.在有需要时间时同时协调进行多项工作。（　）

B.专注在某一项工作上，直至把它完成为止。（　）

5.参与社交聚会时，你会怎么做？

A.总是能认识新朋友。（　）

B.只跟几个亲密挚友待在一起。（　）

6.当你尝试了解某些事情时，一般你会怎么做？

A.先要了解细节。（　）

B.先了解整体情况，细节容后再谈。

7.你对下列哪方面较感兴趣？（　）

A.知道别人的想法。（　）

B.知道别人的感受。（　）

8.你较喜欢下列哪个工作？

A.能让你迅速和即时做出反应。（　）

B.能让你定下目标，然后逐步达成目标的工作。（　）

下列哪一种说法较适合你？

9.A.当我与友人玩尽兴后，我会感到精力充沛，并会继续追求这种欢娱。（　）

B.当我与友人玩尽兴后，我会感到疲累，觉得需要一些空间。（　）

10.A.我较有兴趣知道别人的经历，例如他们做过什么？认识什么人？（　）

B.我较有兴趣知道别人的计划和梦想，例如他们会往哪里去？憧憬什么？
（　）

11.A.我擅长订出一些可行的计划。（　）

B.我擅长促成别人同意一些计划，并衷力合作。（　）

12.A.我会突然尝试做某些事，看看会有什么事情发生。（　）

B.我尝试做任何事前，都想事先知道可能有什么事情发生。（　）

13.A.我经常边说话边思考。（　）

B.我在说话前，通常会思考要说的话。（　）

14.A.四周的实际环境对我很重要，而且会影响我的感受。（　）

B.如果我喜欢做的事情，气氛对我而言并不是那么重要。（　）

15.A.我喜欢分析，心思缜密。（　）

B.我对人感兴趣，关心他们所发生的事。（　）

16.A.即使已列出计划，我也喜欢探讨其他新的方案。（　）

B.一旦制订出计划，我便希望能依计行事。（　）

17.A.认识我的人，一般都知道什么对我来说是重要的。（　）

B.除了我感觉亲近的人，我不会对人说出什么对我来说是重要的。（　）

18.A.如果我喜欢某种活动，我会经常进行这种运动。（　）

B.我一旦熟悉某种活动后，便希望转而尝试其他新的活动。（　）

19.A.当我作决定的时候，我更多地考虑正反两面的观点，并且会推理与求证。（　）

B.当我作决定的时候，我会更多地了解其他人的想法，并希望能够达成

共识。（ ）

20.A.当我专注做某件事情时，需要不时停下来休息。（ ）

　　B.当我专注做某件事情时，不希望受到任何干扰。（ ）

21.A.我独处太久，便会感到不安。（ ）

　　B.若没有足够的自处时间，我便会感到烦躁不安。（ ）

22.A.我对一些没有实际用途的意念不感兴趣。（ ）

　　B.我喜欢意念本身，并享受想象意念的过程。（ ）

23.A.当进行谈判时，我依靠自己的知识和技巧。（ ）

　　B.当进行谈判时，我会拉拢其他人至同一战线。（ ）

当你放假时，你多数会干什么？

24.A.随遇而安，做当时想做的事。（ ）

　　B.为想做的事情做出时间表。（ ）

25.A.花多些时间与别人共度。（ ）

　　B.花多些时间自己阅读、散步或者发呆幻想。（ ）

26.A.返回你喜欢的地方度假。（ ）

　　B.选择前往一些你从未到达的地方。（ ）

27.A.带着一些与工作或学校有关的事情。（ ）

　　B.处理一些对你重要的人际关系。（ ）

28.A.忘记平时发生的事情，专心享乐。（ ）

　　B.想着假期过后要准备的事情。（ ）

29.A.参观著名景点。（ ）

　　B.花时间逛博物馆和一些较为幽静的地方。（ ）

30.A.在喜欢的餐厅用膳。（ ）

　　B.尝试新的菜式。（ ）

下列哪个说法最能贴切形容你对自己的看法？

31.A.别人认为我会公正处事，并且尊重他人。（ ）

　　B.别人相信在他们有需要时，我会在他们身边。（ ）

32.A.随机应变。（　）

　　B.按照计划行事。（　）

33.A.坦率。（　）

　　B.深沉。（　）

34.A.留意事实。（　）

　　B.注重事实。（　）

35.A.知识广博。（　）

　　B.善解人意。（　）

36.A.容易适应转变。（　）

　　B.处事井井有条。（　）

37.A.爽朗。（　）

　　B.沉温。（　）

38.A.实事求是。（　）

　　B.富有想象力。（　）

39.A.喜欢询问实情。（　）

　　B.喜欢探索感受。（　）

40.A.不断接受新意见。（　）

　　B.着眼达成目标。（　）

41.A.率直。（　）

　　B.内敛。（　）

42.A.实事求是。（　）

　　B.目光远大。（　）

43.A.公正。（　）

　　B.宽容。（　）

你会倾向下列哪种做法？

44.A.暂时放下不愉快的事情，直至有心情时才处理。（　）

　　B.及时处理不愉快的事情，务求把它们抛诸脑后。（　）

45.A.自己的工作被欣赏，即使自己并不满意。（　）

　　B.创造一些有长远价值的东西，但不一定需要别人知道是自己做的。（　）

46.A.在自己有兴趣的范畴，积累丰富的经验。（　）

　　B.有各式各样不同的经验。（　）

下列哪一种较能表达你的看法？

47.A.感情用事的人容易犯错。（　）

　　B.逻辑思维会令人自以为是，因而容易犯错。（　）

48.A.犹豫不决必失败。（　）

　　B.三思而后行。（　）

MBTI　性格类型测试问卷（中文 2003 年微缩版）答题纸

请回过头去看一看您给每个问题所分配的分数，现在那些分数应该像下面所显示那样加在一起：

	A	B		A	B		A	B		A	B
1			2			3			4		
5			6			7			8		
9			10			11			12		
13			14			15			16		
17			18			19			20		
21			22			23			24		
25			26			27			28		
29			30			31			32		
33			34			35			36		
37			38			39			40		
41			42			43			44		
45			46			47			48		
SUM											
	E	I		S	N		T	F		J	P

现在，将每项总得分转移到下列各个空白处，也就是说，你们在纬度 E 名下

的总得分记在 E 后面的空白处，在纬度 I 名下的总得分记在 I 后面的空白处，如此类推。

总得分

E: _____	I: _____
S: _____	N: _____
T: _____	F: _____
J: _____	P: _____

以上 8 个偏好两两成对，也就是说，E 和 I、S 和 N、T 和 F、J 和 P 各自是一对组合。

在每一对组合中，比较该组合中偏好的得分孰高孰低，高的那个就是你的优势类型。比如说，E 得到 22 分，I 得到 13 分，E 就是优势类型；S 得到 19 分，N 得到 21 分，N 就是优势类型。如果同分的话，选择后面的那一组，即 I、N、F、P。对四对组合都做一比较后，您会得到一个由 4 个字母组成的优势类型，如 ENFP、ISTJ 等，把它写在下面的横线上。

问卷所揭示的优势类型是：_____

在幻灯片文稿中有对 4 个纬度 8 种偏好的详细描述，请在培训师讲解以后认真地自我评估一下，究竟哪种偏好的描述更接近你自己，然后把结果写在下面。

在 E 和 I 这个纬度上，我认为更接近我本性的是：_____

在 S 和 N 这个纬度上，我认为更接近我本性的是：_____

在 T 和 F 这个纬度上，我认为更接近我本性的是：_____

在 J 和 P 这个纬度上，我认为更接近我本性的是：_____

自我评价所揭示的优势类型是：_____

两者综合，我确定我的优势类型是：_____

第三节　自我探索——技能

通过本节学习，能够对自己的技能进行探索和分类，能使用至少三种途径来了解意向职业的技能要求，学会合理描述自己所具备的技能。

一、什么是技能

技能是人们通过后天学习和练习而获得的能力，通常表现为某种动作系统和动作方式，如阅读能力、人际交往能力、表达能力等。

技能、能力及潜能三者是有区别的，技能强调后天的学习和练习，而能力和潜能是指上天赋予每个人的特殊才能（潜能），如运动能力、音乐能力等。它是与生俱来的，但也有可能因未被开发而荒废。

在现实生活中，个人的能力水平往往是能力倾向和技能两方面的结果。比如：孙杨在第 13 届全运会男子 400 米的自由泳决赛上，以 3 分 41 秒 94 的成绩夺冠，赢得了他个人游泳生涯的第 100 块金牌，这既离不开他先天良好的个人身体素质，也离不开他后天勤奋刻苦的技能训练。

【自我练习】

请大家于 5 分钟内在纸上尽可能多地写下自己所拥有的能力，与其他同学分享，看看谁写得多，看看大家写的有什么不同，汇总大家写的答案，可以将他们分为几类？

二、技能的分类

由于对技能和能力缺乏足够了解，使我们对自己不能全面地认识，许多人往往不知道自己能干什么，不知道自己具备怎样的技能和能力，也不知道自己的目标，甚至觉得自己不如别人，从未分析过自己优于别人的能力。

而辛迪尼·梵和查理德·鲍尔斯（Sidney Fine&Richard Bolles）的技能分类则为我们提供了自我识别技能的理论和指导方法。他将技能分为三种类型：专业知识技能，可迁移技能，自我管理技能。通常人们比较容易想到自己的知识技能，但实际上后两种技能更为重要。

（一）专业知识技能

知识技能又称工作内容技能，是具体化、专业化地针对某一特定工作的基本技能，也就是一个人所掌握的知识需要经过专门的学习和训练，最后为工作内容服务。它的重要性常常被求职者夸大。一般用名词来表示，有几百种，如文学、会计、管理、农业、解剖学、声学、杂技、人类学、制陶术、工程学、地理、娱乐、建筑、高尔夫球、数学、城市、政府、艺术史、天文学金融、计算机、财务、历史、生物学、园艺、插花、植物学、外语、地理学、新闻业、商品、心理学等专业的技能都属于此范畴。专业知识技能的获得主要有：1.在校教育；2.业余辅导，自学相关课程；3.专业会议，讲座，研讨会；4.资格认证考试培训；5.岗前培训，在职教育；6.业余爱好，娱乐休闲，社团活动，家庭职责。

例如：大四时期我担任兼职工作，翻译了近百份英文和法文资料。在做这个工作的过程当中，不但进一步提高了自己的英文水平，还极大地锻炼了翻译水平。现在能翻译一般的英文原版资料。

（二）可迁移技能

可迁移技能又称为通用技能，是指那些并不因岗位更换而轻易丢失掉的技能，这是跨职业领域的通用技能，既可促使毕业生更快地适应新的岗位，又可以使其在生活的方方面面，特别是工作之外得到发展。它是用人单位最看重的部分。一般用动词来表示，比如复制、比较、计算、汇编、分析、调整、综合等。可迁移技能的获得主要有：1.参与实践，归纳总结；2.观察学习，模仿体会；3.专业训练；4.实习培训；5.业余爱好，娱乐休闲，社团活动，家庭职责。

【自我练习】

执行	照顾	巩固	指导	装配	维修	证明	交际	审核	计算	证明
建立	声称	编辑	建设	洞察	追随	制造	宣扬	分类	美化	调和
探测	膨胀	适应	制图	联系	发现	预见	管理	测量	演讲	预算
面对	发展	解释	管理	选择	控制	拆除	伪造	操纵	提问	拼写
购买	联结	发明	探索	装配	分类	烹调	展示	构成	调解	阅读
驾驶	计算	保存	诊断	表达	劝告	打扫	协调	证明	阐述	收集

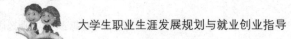

推理	激励	促进	领导	生产	分享	解决	攀登	培养	鼓励	测量
记忆	记录	建议	喂养	学习	编程	运送	分析	训练	纠正	绘制
给予	指导	招聘	总结	感受	搬运	提升	演出	预测	收集	联络
训练	统治	最小化	减少	监督	填充	倾听	校对	简化	申请	着色
咨询	驾驶	引导	修改	讲述	合成	融资	装载	保护	唱歌	评价
交流	计数	编辑	处理	教导	研究	系统	调整	定位	提供	绘图
安排	比较	创造	授受	收获	激发	回忆	列表	权衡	集中	设计
估计	评估	完成	决定	忍耐	识别	养育	描绘	趋向	协助	构成
代表	提高	执行	创造	找回	翻译	举例	观察	研究	测验	参加
领会	运送	娱乐	贸易	操作						

参考上面可迁移技能一些词汇，找出适合你的词汇，回答以下问题：

(1) 你都会做什么？

(2) 你参加过哪些社会实践？

(3) 请用5~10个动词来概述你的工作能力。

(4) 你觉得自己最突出的工作能力有哪些？

(5) 哪些能力使你能够胜任这项工作？

(三)自我管理技能

就是你所具有的特征和品质，用来帮助一个人更好地适应环境，是一个人最有价值的"资产"，是影响职业生涯成功与否的关键。一般用形容词或副词来表示，如富有同情心的、周到的、精力充沛的、轻松的、宽容的、勤奋工作的、喜欢挑战的、不甘落后的、热情的、有创新意识的、务实的、善于学习的、灵活的、自信的、记忆力好的、有亲和力的、耐心的、守时的、有条理的、敢于尝试的、进取心强的等。自我管理技能的获得主要有：1.通过榜样的力量，认同与练习；2.对事物观念的多元化理解；3.自我认知的不断提高；4.自我意志力的培养；5.丰富自我的精神生活，培养业余爱好，参与娱乐休闲项目，组织社团活动，承担家庭职责和义务。

【自我练习】

胆大的，勇敢的，冒险的

严肃的，冷静的，认真的，坚决的

随和的，放松的，随意的

坚持己见的，强调的，坚持的

精通的，娴熟的，内行的，熟练的

有效率的，省力的，省时的

平衡的，公平的，公正的，无私的

有能力的，熟练的，高效的

着重的，强调的，有力的，有把握的

有条理的，有效率的，勤勉的

有信心的，自信的，有把握的

热情的，热切的，热烈的

平静的，沉着的，不动摇的，镇定的

有勇气的，勇敢的，无畏的

慷慨的，乐善好施的，仁慈的

清楚的，明白的，明确的，确切的

好奇的，好问的，爱探究的

有秩序的，整洁的，训练有素的

交际的，随和的，亲切的

谨慎的，小心的，精明的

充满热情的，狂喜的，强烈的

有说服力的，令人信服的

反应灵敏的，活泼的，能接纳的

头脑开放的，接纳的，客观的

观察敏锐的，专注的，留心的

诚实的，真诚的，坦率的

大方的，慷慨的，无私的，乐善好施的

艺术的，美学的，优美的

攻击性强的，强有力的，好斗的

活跃的，活泼的，精力充沛的

有效的，多产的，有说服力的

健壮的，强壮的，肌肉发达的

聪明的，伶俐的，敏锐的，敏捷的

同情的，理解的，关心的

心胸开阔的，宽容的，开明的

志趣相投的，愉快的，融洽的

精力充沛的，活泼的，活跃的

正直的，直率的，坦率的，真诚的

常规的，传统的，认可的

进取的，冒险的，努力的

仔细的，谨慎的，小心的

有创造性的，新颖的，有创意的

富于表现力的，生动的，有力的

真诚的，诚恳的，可信的，诚挚的

慎重的，小心的，审慎的

独创的，创造性的，罕有的

稳定的，坚固的，稳固的，可靠的

拘谨的，矜持的，客气的

完全的，彻底的，全部的

精明的，机敏的，爱算计的，机警的

负责的，充分考虑的，成熟的

不动摇的，稳定的，不屈不挠的

好分析的，逻辑的，批判的

特意的，有目的的，故意的

能说会道的，善于表达的
忠诚的，真诚的，忠实的，坚定的
吃苦耐劳的，坚强的，坚忍不拔的
有远见的，明智的，有预见的
有条理的，系统的，整洁的

温和的，好心的，温柔的，有同情心的
公平的，无私的，无偏见的
小心翼翼的，精确的，完美主义的
健康的，精力充沛的，强壮的，健壮的
灵活的，适应性强的，易调教的

参考上面可迁移技能的一些词汇，找出适合你的词汇，回答以下问题，请用5个形容词来描述你的优点。

(1) 在老师眼里，你是一个什么样的学生？

(2) 你的同学通常怎么评价你？

(3) 通常你给人留下最深刻的印象会是什么？

(4) 你觉得自己身上最明显的特点是什么？

根据美国"全国大学与雇主协会"（National Association of Collegeand Employers)，21世纪雇主们最重视的11项技能将是：1.沟通能力；2.积极主动性；3.团队合作精神；4.领导能力；5.学习成绩；6.人际交往能力；7.适应能力；8.专业技术；9.诚实正直；10.工作道德；11.分析和解决问题的能力。我们可以看到1、4、6、7、11都属于可迁移技能，2、3、9、10都属于自我管理技能，而专业知识技能仅为5和8。

【阅读分享】

21世纪，什么技能最重要

2013年《新科学家》杂志最后一期发表的一篇文章说，美国、英国等一些发达国家都有人多次警告，本国将出现科技人才数量严重不足的危机，因此要大力加强STEM（科学、技术、工程与数学）教育。但是，也有一些学者反对这样的解决方案。

微软公司2012年发表报告说，到2020年，美国将需要120万个计算机类工作岗位，但美国2020年计算机专业的美国毕业生估计只会比2012年多4万人，可见缺口很大。但微软公司的报告并没有说，不拥有计算机专业学位就入不了行。

英国皇家学会会长 Paul　Nurse 也说，理学博士太多了，许多博士也就是在实验室里卖苦力而已。诺贝尔奖得主詹姆斯·沃森在 2010 年时注意到，很多训练有素的科研人员被动接受了难以获得充实感的工作，"我们培养出的人根本不想思考，只想有个工作"。他的结论是，"也许我们培养了过多的科学家"。

英国《新科学家》杂志的顾问 Michael Brooks 认为，解决方案不是培养更多的科技人员，而是要造就灵敏的头脑。

他在 2013 年间参与并组织了一场关于"中等教育的未来"的峰会，地处加拿大安大略省的 Perimeter 理论物理研究所和滑铁卢大学是峰会的共同主办单位。这两个单位的领导不约而同地认为，他们关注的不是 STEM 教育，而是让学生们能创造性地思考。

曾任洛克希德·马丁公司 CEO 的诺曼·奥古斯丁在《华尔街日报》发表文章说，他们公司 8 万名员工中，最棒的员工都是具备良好沟通技能与思维能力者。他说，他们多数员工都是优秀的工程师，但是在公司内晋级较快者所具有的明显特征是思路广阔、喜欢阅读、表达清晰。

因此说，高效进行信息处理、信息综合和信息传播的能力是未来所需的宝贵技能。事实上，这在过去也属于宝贵技能。例如，牛顿是大科学家，但他只要愿意，是非常善于沟通表达的，但大多数 STEM 毕业生没有这一强项。英国政府 2011 年发布的一项调查报告曾指出：雇主们普遍抱怨，STEM 毕业生缺乏沟通技能和组织技能，也缺乏时间管理能力和团队协作能力。

参与"中等教育的未来"峰会的专家们指出，为了培养能够全面思考问题的学生，就得摒弃过去那种考试和打分方式，转而研究如何对学生做项目的能力进行评估。与此同时，雇主和大学的选人标准也不能像过去那么死板。

不改变教育方式，进入 STEM 专业的也会逃跑。在美国，STEM 学生在大学期间就转专业的高达 44%，计算机专业和医学保健专业的"转向率"更高达 59.2%，而人文学科学生转专业的才是 30%。在这种情况下，STEM 招生人数再多，他们毕业后也只能成为技术密集产业的低端劳动力，且由于大量毕业生竞争低端岗位，其薪酬水平就比较低。

三、职业能力探索活动

我们使用 STAR 法撰写成就故事，来探索职业能力。所谓 STAR 法，即 Situation（面临的任务／目标）、Task（任务）、Action（采取的行动）和 Result（结果）四个英文单词的首字母组合。

用 STAR 法撰写成就故事，每个成就故事应包含以下要素：

Situation：你曾经面临过什么样的问题？

Task：你承担了什么任务或责任？

Action：你采取了什么样行动来解决问题？

Result：你的行动取得了什么样的有益结果？

【案例分析】

这学期，作为师范生的必要培训内容之一，我们的教学技能培训课要求学生在本学期当中必须自选题目并用 PPT 进行一次演示讲解。在此之前，我没有学过如何制作 PPT。我请同宿舍的一位同学用了大约 20 分钟的时间教我 PowerPoint 软件的基本使用方法，我自己又在学校的电脑机房琢磨了一下，并向机房的管理人员请教了几个不明白的问题。选定了要讲的题目以后，我上网搜索了相关的资料和图片，然后制作了十分钟课程的辅助教学 PPT。在课堂讲解演示中，由于我制作的 PPT 图片精美、文字与内容搭配得宜，我获得了 95 分的高分，并得到了老师和同学的称赞。

Situation：你曾经面临过什么样的问题？

我没有学过如何制作 PPT。

Task：你承担了什么任务或责任？

学校要求我们在学期当中必须自选题目并用 PPT 进行一次演示讲解。

Action：你采取了什么样行动来解决问题？

1.请同宿舍的一位同学用了大约 20 分钟的时间教我 PowerPoint 软件的基本使用方法。

2.自己在学校的电脑机房琢磨了一下，并向机房的管理人员请教了几个不明白的问题。

3.选定了我要讲的题目以后，我上网搜索了相关的资料和图片。

4.最后制作了 10 分钟课程的辅助教学 PPT。

Result：你的行动取得了什么样的有益结果？

在课堂讲解演示中，由于我制作的 PPT 图片精美、文字与内容搭配得宜，我获得了 95 分的高分，并得到了老师和同学的称赞。

总结提炼三大技能：

1.专业技能：PPT 制作。

2.可迁移技能：学习、求教、钻研、搜索、讲解、写作、坚持等。

3.自我管理技能：积极的、主动的、虚心的、努力的等。

第三章 职业环境探索

　　每个人都生活在一定的环境中，他的成长和发展与环境息息相关。大学生要想在未来的职业环境中取得成功，必须要分析自己所处的职业环境特点、职业环境的变化，同时具备相应的能力和素质，以应对环境的变化，做到人职匹配，才能在当今社会复杂多变的职业环境下避害趋利，作正确合理的选择，最终实现自己职业生涯规划的目标，取得职业的成功。总的来说，职业环境分析包括两大方面内容：职业外部环境分析和内部环境分析。本章节主要对这两部分内容进行阐述，同时告诉大家如何对职业信息进行获取和分析。

第一节 外部环境分析

【案例导入】

　　每年6月份左右，坦桑尼亚大草原的青草被逐渐消耗，食物变得越来越少。为了食物，草原上的动物会长途跋涉3000多公里，上演地球上最壮观的动物大迁徙场面。百万头的角马和数十万计的斑马、羚羊组成声势浩大的队伍，从坦桑尼亚的塞伦盖蒂保护区北上，终点是肯尼亚的马赛马拉国家公园，行程3000多公里。途中它们不仅要穿越狮子和豹子埋伏的草原，还要提防随时有可能出没的豺狗以及在狭窄的马拉河两畔聚集的鳄鱼，这些食肉动物随时会将它们撕成碎片。

　　当到达终点之后，由于气候的变化，短短两三个月之后，这200多万只食草野生动物组成的远征大军将再次不辞辛苦地追寻青草返回塞伦盖蒂。在这数以百万计的迁徙队伍中，还有40万在惊险旅途中诞生的小生命，只有30%的幸运者能够回到出发地。优胜劣汰、生生不息的自然法则在这里显得特别直观和生动。

一、社会环境分析

所谓社会环境分析，就是对我们所处的社会政治环境、经济环境、法治环境、科技环境、文化环境等宏观因素的分析。社会环境对我们职业生涯乃至人生发展都有重大影响，通过对社会大环境，包括国际、国内与所在地区三个层次的分析，了解和认清国际、国内和自己所在地区的政治、经济、科技、文化、法制建设、政策要求及发展方向，以更好地寻求各种发展机会。

总体来说，我们现在面临一个非常好的宏观环境，社会安定，政治稳定，经济发展迅速，并与全球一体化接轨，法制建设不断完善，文化繁荣自由，尖端技术、高新技术突飞猛进。因此，在这个大前提之下，我们需要特别注意的是职业环境的变化。

（一）社会经济发展对毕业生就业的影响

随着我国市场经济的不断发展，大学生就业正逐步向社会化、市场化和多元化趋势发展。就业的市场化使大学生就业与我国经济发展形势紧密相连。经济高速发展的年份，对毕业生的需求量较大，奥肯定律（Okun's law）表明，国内生产总值（GDP）每增长 1%，就业率相应增长 2%。相反，如果经济发展处于调整时期，就业形势就较为严重。另外大学生就业和国家经济结构与产业结构调整、区域经济发展状况也有着密切关系。因此，毕业生要对我国经济发展的总体态势有一个较全面的了解。

第一，要了解国家政治经济建设方针、任务和发展战略，了解产业的分类与结构以及经济社会的发展、产业结构的调整和变化趋势，了解职业的分类与结构以及该职业发展的趋势，使自己总揽全局，能够更好地把握自己，在国家建设的大背景下找到自己的正确位置。

第二，要了解毕业生供求趋势的变化，了解同行业内毕业的大学生有多少，这个行业能吸纳的毕业生有多少，用人单位的需求有多少，是供大于求还是供不应求，或者是供求平衡；了解哪些专业是属于热门专业，哪些是前景专业，哪些是相对比较冷门的专业，是选择专业对口的就业单位，还是跨专业就业，或者自主创业。

第三，如果毕业生在打算到某一地区就业，首先要了解这个地区的经济发展状况和生活环境，其中包括这个地区的自然环境、人文社科环境、城市发展水平、综合经济实力、辐射带动能力、对人才吸引力、信息交流能力、国际竞争能力、科技创新能力、交通通达能力、工资水平等各层面。

(二)国家就业政策对毕业生就业的影响

就业政策在就业过程中起到宏观调控和规范的作用，掌握相关的政策信息是高校毕业生求职所必须掌握的知识之一。国家的就业政策一般有《全国普通高等学校毕业生就业管理规定》《中华人民共和国劳动合同法》《中华人民共和国教育法》等相关法规和文件。各省、自治区和直辖市在遵循国家总的就业工作指导原则的基础上，都会根据本地方的实际情况制定出相应的规范性文件。有的省会城市还会对进入本地区的外省、市生源制定出一系列鼓励或限制性的措施。各个高校也会根据国家就业政策和本地方主管部门公布的就业文件，制定出适合本校毕业情况的就业实施办法和细则。

【知识点】

国家中心城市有哪些

国家中心城市，是指处于中国城镇体系最高位置的城镇层级。国家中心城市具有这五大功能：综合服务功能、产业集群功能、物流枢纽功能、开放高地功能和人文凝聚功能，肩负重要发展的职责。这样级别的城市要在全国具备引领、辐射、集散功能，涉及政治、经济、文化、对外交流等多方面的表现。在评选国家中心城市中，天津、重庆、沈阳、南京、武汉、成都、西安、杭州、青岛、郑州、厦门11座城市入围国家中心城市。

我国目前急需10类人才

据我国权威部门预测表明，随着我国经济与社会的发展及科学技术的进步，今后几年对专门人才的需求将有较大的变化。急需的人才和有前途的职业主要有以下10大类：

一、高新技术人才

以电子技术、生物工程、航天技术、海洋利用、新能源、新材料为代表的高新技术的兴起，是一批高科技人才研究、开发的结果。当代任何一个国家，要在高科技领域占据主导地位，必须拥有相当规模的杰出科学家，并使科学家队伍平均年龄尽量接近"最佳年龄区"。

据权威调查统计，重大科学发现的最佳年龄峰值为 37 岁，最佳年龄区为25-45 岁。可见高科技人才竞争的焦点是年轻科学家。目前，我国已实施"长江学者奖励计划"，其目的就是使中青年拔尖人才脱颖而出。

高等学校中与高新技术相关的专业有电子科学与技术、软件工程、海洋科学、海洋技术、材料物理、材料化学、高分子材料与工程、热能与动力工程、核工程与核技术、飞行器设计与工程、飞行器动力工程、飞行器制造工程、飞行器环境与生命保障工程等。

二、信息技术人才

信息积累和传播是人类文明进步的基础。在 Internet 跨洲连洋的今天，我们已经强烈地感受到信息时代的魅力，信息已成为人类最大的资源及财富。

信息服务业在中国已有 20 多年的发展历史，但人员数量并不多。近年来信息服务业的发展速度很快，20 世纪末全国信息服务企业有 8 万多家，110 多万人。到 2010 年，我国从事信息服务所需人员将达 700 万至 900 万人。到 2020年，我国将建成全球最大的信息服务网。

高等学校中与信息技术相关的专业有电子信息科学与技术、计算机科学与技术、微电子学、光信息科学与技术、电子信息工程、通信工程等。

三、机电一体化专业人才

机电一体化已成为当今世界机械工业技术和产品发展的主要趋向，也成为我国机械工业发展的必由之路。然而，我国现有的机械专业人员的知识结构与当今机械工业的发展极不相称。学机械专业的人对电子、自动控制技术懂得较少，学电子专业的人对机械专业知识掌握得也不多，不能将机械与电子进行有机地结合。在科学技术竞争激烈的 21 世纪，对我国机械行业 40 余万家企业而言，机电一体化专业人才就是保证其生存的"新鲜血液"。

高等学校中与机电一体化相关的专业有机械设计制造及其自动化、材料成型

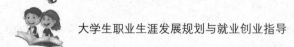

及控制工程、过程装备与控制工程、自动化、电气工程及其自动化等。

四、农业科技人才

用世界上 7% 的耕地，养活了占世界 22% 的人口，这是中国目前农业的现状。人口在增加，耕地却在减少，中国人将来吃什么，已是国内外普遍关心的一个重大问题。

为此，农业科学家们提出了发展我国农业的新思路，依靠现代科学技术，培养专业技术人才。因此，21 世纪所需的农业科技人才，不是几十万，而是几百万。所需人才的专业门类，不仅包括传统的农、林、畜、牧专业，而且还需大量的生物工程、海洋养殖耕作等现代化的新型专业。

与农业科技相关的专业和职业有农学、园艺、植物保护、茶学、草业科学、林学、森林资源保护与游憩、野生动物与自然保护区管理、动物科学、蚕学、动物医学、水产养殖学、海洋渔业科学与技术等。

五、环境保护技术人才

我国的环保产业一诞生，就成为经济舞台上的一支劲卒。在职业生涯规划与管理前，环保技术人才的严重不足，是该产业存在的主要问题之一。据权威统计，我国环保产业人员为 7 万余人，其中技术人员 4 万余人。在专业技术人员中，高级职称近 2000 人，中级职称 1 万余人。据有关部门的不完全统计，我国每年因污染造成的经济损失约 2000 亿元，占国民生产总值的 10%，长江上游每增加一个亿的产值，下游就要损失 10 个亿。由此可见，现有的环保技术人才难以适应国民经济的发展需要，我国急需大量的环保科技人才。

与环境保护技术相关的专业有环境科学、环境工程、生态学、园林、水土保持与荒漠化防治、农业资源与环境等。

六、生物工程研究与开发人才

21 世纪是生物学的世纪，遗传基因、克隆技术、生物芯片、基因药物、基因治疗，这些高科技、新发现的不断发展，使生物科学对社会和科学技术各个领域的影响日益加深，现代生物学已成为当之无愧的当代"中心科学"。

众所周知，生物技术是目前世界上最活跃、最令人鼓舞的前沿科学，在工业、农业、医学、环保领域都具有很大的经济前景。生物技术的发展不仅可以为人类提供新的产业，而且将为解决人类所面临的食物、能源和环境三大危机发挥重要作用。因此，近几十年来工业发达国家都在大力发展生物技术，培育、招揽生物技术人才。

与生物工程研究与开发相关的专业有生物科学、生物技术、生物信息学、生物信息技术、生物化学与分子生物学等。

七、国际经贸人才

在世界经济中，国际性的营销是企业生存的关键因素之一，要求经贸人员不仅具有日常生活所需的听、说、写、译的外语能力，还应懂得国际外贸知识、国际贸易谈判规章和国际经济法律、营销技术、基本的产品专业知识等。目前，我国的国际经贸人才在数量上严重不足，在业务和素质上符合国际贸易人才条件的为数也不多。在 21 世纪，随着信息社会的发展、地球村的出现、信息高速公路的建成，与国外的贸易往来将进一步增大。因此，大批量培育国际经贸人才已成为我国人才培育工作所面临的一项重要任务。

与国际经贸相关的专业有经济学、国际经济与贸易、财政学、职业生涯规划与管理金融学等。

八、律师人才

随着社会的发展、法制的健全，人们的法律意识不断增强，企业不但希望有出色的法律顾问帮助其挣得更多的利润，个人也十分需要私人律师来维护自己的合法权益。因此，社会对律师人才的需求也在不断增加。然而，我国当前律师人才十分缺乏，无论是数量还是质量都远远不能适应社会的需求。如果按每万人需要 1 名律师计算，我们十几亿人口就需要 100 多万名律师。因此，未来律师人才的就业前景十分可观。

市场经济的本质是法治经济，政治文明的核心是法治文明。依法治国，建设社会主义法治国家，是市场经济的必然要求，是治国安邦的基本方略。全面展开的法治实践需要先进成熟的法学理论的指导，法学学科具有广阔的发展空间和美好的发展前景，法学专门人才可在审判、检察、司法行政、律师、公安等部门工作，也可从事立法、法学教育、法学研究以及行政管理和公司、企业的法律顾问等工作。

九、保险业精算师

"精算师"称得上保险业的"精英"，是集数学家、统计学家、经济学家和投资学家于一身的保险业高级人才，不仅要具备保险业的专门知识，而且还要具有预测未来发展方向的能力。我国的保险法规定，经营保险公司必须聘用一名金融监管部门认可的精算师。而据中国保险学会介绍，目前在 14 亿中国人中却只有几百名严格意义上的精算师，这种状况显然无法适应我国保险业迅猛发展的需要。据预测，在未来几年内，我国精算师的市场需求量将不断提高。

保险专业精算师需要具备良好的数理基础、经济学基础和外语基础，掌握从事保险精算工作的基本理论和基本技能，并熟悉保险精算技术和经济活动定量分析。在国外保险公司中，精算师是所有业务，特别是产品设计的绝对核心，保险公司的每个部门几乎都有精算师参与工作。而我国保险市场正在起步阶段，国内消费者的投资理念与国外有很大差别，所以"洋"精算师对中国的市场环境不是很了解，并不适合中国国情。本土精算师熟悉国情了解市场，有助于开发适销对路的产品，国内的保险监督委员会、各大保险公司、高校、已获准开业的外资保险机构、合资保险机构①、社会保障部、民政部、财政部、银行系统等单位都对精算人才有较大兴趣。

十、物流专业管理人才

作为与能源、信息流并列的物流业，是继劳动力、物流资源之后的第三个利润的源泉。据有关人士预测，仅全球快递营业额，将从 1996 年的 350 亿美元发展到 2016 年的 2850 亿美元。我国加入 WTO 后，物流业将成为我国经济的重要组成部分。同时物流及相关企业面临的竞争压力剧增，在物流这个领域中，我国与发达国家的差距，不仅仅是资金、技术上的差距，更重要的是知识、观念和人才上的差距。例如，当前国内企业超过 1000 万家，而真正利用现代物流管理方

---

①百度百科。

法整合企业管理流程的不过万家。搞好物流，人才是关键。在上海去年首次颁布的人才开发专业目录中，现代物流人才已被列为急需引进的 13 类紧缺人才之一。近几年，既具有商科背景，又懂得物流管理的，并具有扎实的英语听、说、读、写能力的中高级物流专门人才迅速走俏，甚至出现"二三十万年薪，虚位以待物流人才"。今后三至五年，需要培养、引进大量的专业物流人才，因此物流专门人才的就业前景非常看好。包括物流系统化管理人才和物流企业经营管理人才、进出口贸易业务的专业操作人才、熟悉国内进出口市场业务的中介人才、电子商务物流人才和物流软件开发设计人才、商务谈判代表、外语人才等。

二、行业发展趋势分析

根据《美国新闻和世界报道》以及国内外职业发展趋势的调查，随着社会经济发展，行业结构也在不断地调整，未来社会对人才的需求将会发生重大的调整。每个人都处于这个行业变化调整的风口浪尖，作为大学生，一定要把握行业发展的趋势，在职业规划的道路上调整自己的目标行业，达到人职匹配。权威调查部门给出了未来世界的 22 个主导行业。①

（一）人工智能。人工智能是一门边缘学科，属于自然科学、社会科学、技术科学三项交叉学科。人工智能是一门极富挑战性的科学，涉及数学、神经生理学、心理学、计算机科学、信息论、控制论、不定性论、仿生学、社会结构学、科学发展观、哲学和认知科学等。可以设想，未来人工智能带来的科技产品，将会是人类智慧的"容器"。2017 年 12 月，人工智能入选"2017 年度中国媒体十大流行语"。②

（二）互联网服务行业。电商、网上零售业。增长速度飞快，可见势头强劲，锐不可当，互联网本身是一个大行业，覆盖金融、电商、视频、搜索、大数据、云计算等。

（三）金融分析行业。金融分析师 CFA，是具有优秀的金融理论知识经过专

---

①"互联网+"激活更多信息能源.中国物联网［引用日期 2015-07-01］。

②2017 年度中国媒体十大流行语："十九大""新时代"上榜.澎湃新闻［引用日期 2017-12-09］。

业认证的高级金融人才，涉及证券公司、基金管理公司、商业银行、保险公司等机构，这一类分析师社会需求量大，十分抢手。

（四）传媒行业。互联网飞速发展，新传媒也不断涌现，网络广告收入已经超过报纸广告，而且一直在持续增长。同时，随着三网融合的发展，传媒领域还有很大的扩展空间。

（五）手机行业。手机，是人们必不可少的工具，而且更新换代非常快，随着 5G 时代的到来，所有手机又需全部更新换代，中国手机用户量是全球最大的，市场需求巨大行业。

（六）"互联网 +"行业。"互联网 +"代表着一种新的经济形态，它指的是依托互联网信息技术实现互联网与传统产业的联合，以优化生产要素、更新业务体系、重构商业模式等途径来完成经济转型和升级。通俗地讲，它就是"互联网 + 各个传统行业"，但这并不是简单地将两者相加，而是利用信息通信技术以及互联网平台，让互联网与传统行业进行深度融合，创造新的发展生态。2015年 7 月 4 日，国务院印发《国务院关于积极推进"互联网 +"行动的指导意见》。2015 年 3 月 5 日在十二届全国人大三次会议上，李克强总理在政府工作报告中首次提出"互联网 +"行动计划。李克强在政府工作报告中提出，制订"互联网 +"行动计划，推动移动互联网、云计算、大数据、物联网等与现代制造业结合，促进电子商务、工业互联网和互联网金融（ITFIN）健康发展，引导互联网企业拓展国际市场。2016 年 5 月 31 日，教育部、国家语委在京发布《中国语言生活状况报告（2016）》，"互联网 +"入选。

（七）民用无人机行业。20 世纪 30 年代，英国费雷尔公司将一架"女王"双固定翼飞机改造成无人靶机，开启了无人机进入航空史的序幕。随着无人机技术逐渐成熟，制造成本和进入门槛降低，消费级无人机市场已经爆发，而民用无人机市场处于爆发前夜。未来无人机将应用于航拍摄影、电力巡检、新闻报道、保护野生动物、环境监测、快递送货、提供网络服务等。国内无人机市场一片欣欣向荣。业界专家表示，虽然国内的无人机产业发展仍处于起步阶段，但我国无人机企业这几年厚积薄发，迅速成长，已成为全行业的佼佼者。2015 年，美国

CES 消费电子展上的无人机展区中，中国企业占了一半。全球每卖出 10 架无人机，就有 7 架是中国制造。

（八）新能源应用行业。新能源指刚开始开发利用或正在积极研究、有待推广的能源，如太阳能、地热能、风能、海洋能、生物质能和核聚变能等。新能源产业是衡量一个国家和地区高新技术发展水平的重要依据，也是新一轮国际竞争的战略制高点，世界发达国家和地区都把发展新能源作为顺应科技潮流，推进产业结构调整的重要举措。加之，我国提出区域专业化、产业集聚化的方针，并大力规划、发展新能源产业，相继出台一系列扶持政策，使得新能源产业园区如雨后春笋般涌现。

（九）医学行业。寿命延长和精准治疗的指数式发展不断改善成效。预计，到 2020 年，医疗将完全可预测、可预防（基于预测风险）、个人化以及可参与医疗。人工智能通过深入挖掘医疗记录、设计治疗方案、加速医疗成像和药物研制，将彻底改变整个医疗。

（十）咨询业（包括心理咨询行业）。咨询业是对第三产业中以咨询服务为特点的行业的总称，因其具有高度的智力性，也被称为"智力服务业"，它的发展已成为衡量一个国家发展水平的重要标志之一。近几年，我国咨询业取得了较大成就，总体规模不断增大。咨询机构数量不断增长，市场化程度不断提高，咨询从业人员规模稳步提升，高学历者所占比重不断加大，专业化程度有所提高，咨询机构资产规模持续提升，咨询收入逐年上涨，社会效益日益凸显。①

（十一）私人个性化定制行业。在过去，只有高端商务人士才能享受私人定制服务，随着消费市场的成熟及产品的饱和，消费者对于个性化的消费需求正在日益升级，为了一些重要场合或者个人需求②，如对婚礼、服装、旅游以及护肤品等方面有需求的消费者会选择定制，这是私人定制客群在逐渐扩大的一个现象。业内人士认为，"私人定制"的背后，是一切以消费者为导向，个性化、智

---

① 张海龙.中国新能源发展研究[J].长春：吉林大学,2014,2.
② 陈燕燕.我国咨询业近几年发展态势分析[J].无线互联科技,2015(7):92-93.

能化、定制化的时代开始到来，它有利于推动供给侧结构性改革的持续深入，使产业转型与消费升级形成良性互动，互利共赢。

（十二）律师行业。律师职业有着较高的可期望值。在中国，律师这份职业令人羡慕，这也促使越来越多的毕业生在走出校门后选择了律师这份职业，律师的职业考核和管理也越来越规范，越来越多的法律人士为了维护法律界人士的合法权益而不断努力，这些也都预示着法律职业有着一个值得期待的未来。

（十三）农业。中国是世界上的农业大国，同时又是一个农业相对落后的国家。近年来中国农业发展的滞后也引起了国家的积极关注，给农民在政策、资金和技术上都投入了更多的支持，前景很好。

（十四）健康服务行业。主要指以健康检测评估、咨询服务、调理康复和保障促进等为主体的行业。随着"十三五"规划、"健康中国"战略的提出，医疗健康产业开始进入高速发展时期，《"健康中国2030"规划纲要》明确提出健康服务业总规模于2020年、2030年分别超过8万亿元和16万亿元。改变健康管理方式、创新就医方式，改善就医体验，重构购药方式，重构医患生态；提高医疗服务效率，提升医疗水平和健康管理能力，降低医疗费用，使患者享受安全、便利、优质的诊疗服务。医疗器械、养老服务、医药、电商和移动医疗等产业将迎来新的发展机遇。[1]

（十五）金融行业。金融业是一个传统行业，同时在我国也是一个发展中的行业，与我们的生活息息相关。首先社会各阶层各行业所有人，都需要资金融通，不论长期的或短期的资金需求，不论国内的或海外的现金需求，不论近期的或远期的资金需求，金融业都可以满足这些需要。而且随着中国金融业的开放、外资银行的进入和国内金融机制的改革，民营的金融机构、保险机构也会增加，金融业在我国具有很好的发展前景。期货的"世道"在变，期货的"江湖"也会变，"江湖"所需要的人才更会变。金融期货时代对人才的要求和吸引力开始急

---

①武文韬."互联网+"环境下医疗健康行业的现状与创新分析[J].经济研究导刊,2016（23）:20-22.

剧放大，近期期货公司大规模招兵买马就是例子。而为了备战不断推出的期货新业务，期货公司纷纷未雨绸缪，打响了招揽人才、储备人才、培养人才的战役。可以说，期货公司的人才和发展战略正在发生重大转变。

（十六）环保。环境保护产业是一项新兴产业，它是开展环境保护工作、实现可持续发展的技术支持与物质基础，是改善环境质量、保护人们身体健康和全面建设小康社会的重要手段，是扩大内需、吸纳就业人员和国民经济发展中新的增长点，是当代的一项朝阳产业，前景很好。

（十七）老年服务业。主要是养老院、老年保健、老年营养学等为老年人服务的行业。中国目前已经是老龄社会，未来老年人的数量会直线上升。未来年轻人需要照顾的老年人数量越来越多，年轻人唯有依靠社会化专业服务才能保证上一代的正常生活。当然，这个行业目前可投资的产品比较少，但是可以说是一个创业的好市场。

（十八）教育和培训行业。中国劳动人口基数巨大，劳动力技术技能培养的需求也是巨大的，这个行业的潜力从新东方火热上市就可以看出端倪。前景很好。

（十九）儿童教育。2016年1—8月份出生的幼儿，将在2019年9月迎来幼儿园入学，2016年出生儿童的幼儿园招生和报名工作已经提前部署，2016年新生人口红利对幼儿园教育市场的影响将从2018年具体开始体现，2019年之后体现得更为充分①。中国早教市场经历了迅速增长，数据显示，中国早教服务市场规模按收入计算从2011年1793亿元增长到2016年4716亿元，且还将持续扩大，预计到2021年达到9200亿，前景很好。

（二十）基因检测。2018年，美国有500多万人接受基因检测，达30亿美金的市场收益。在英国，基因检测已经在健康超市里出现，美英等发达国家基因检测就像体检一样普及。随着我国经济的快速发展，消费能力和健康保健意识愈加强烈，估计我国基因检测的人群在5%左右，每年基因检测量至少在300万人

---

① 李煜.制度变迁与教育不平等的产生机制[J].中国社会科学,2006(4).

次以上，并且逐年递增，前景很好。

（二十一）自动驾驶。中国现已成为全球最大的车辆及出行服务市场。2007年至2017年间，中国乘用车市场以每年16%的速度增长，在全球市场的份额也由2007年的9%增至2017年的30%。目前各项指标显示，自动驾驶在中国具有得天独厚的优势，与其他国家消费者相比，中国消费者正在考虑购买自动驾驶车辆，尤其是在高端市场，前景很好。

三、家庭环境

对大多数的人而言，社会化最主要的执行单位是家庭，特别是儿童时期的原生家庭，对以后的成长有着巨大的影响力。它是个体内化、社会规范或价值观、吸收文化信息的主要根源。一般而言，家庭环境可能对个体生涯造成影响力的因素有父母的社会经济地位等。社会学家相信父母的管教方式或人口特质对孩子的人格塑造具有决定性的影响。甚至父母的人口特质与子女未来取得地位的模式也有关系。布劳与邓肯是最早研究父母教育程度与职业如何影响子女教育及工作的学者，并建构了著名的"地位取得模式"（status attainment model）。该模式指出家庭背景的主要影响是："父亲的职业与教育程度影响子女的教育程度与第一份工作的取得；子女的教育程度及工作经验又共同决定其现在的职业取得"。布劳和邓肯的地位获得模型确立了以微观视角的家庭资源禀赋理论为主流的解释逻辑，即以家庭所拥有资源的多少来解释其子女的教育成就（见图3-1）。

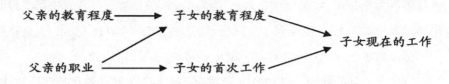

图3-1　布劳-邓肯模式

中国学者李煜等人关于家庭背景对子女教育获得的不同影响提出了三种模式，分别是文化再生产模式、资源转化模式和政策干预模式。

表 3-1　家庭背景影响子女教育获得的理想类型①

	文化再生产模式	资源转化模式	政策干预模式
特征	促进子女的学习表现,进而得到教育机会	资源优势转化成子女额外的教育机会	直接分配教育机会
机制	教育期望和激励、文化资本和人力资本	直接排斥和隐性排斥	政策干预
制度条件	遵循绩效原则	违背绩效原则	违背绩效原则
后果	教育不平等程度高	与社会分化程度正相关	教育不平等程度低
受益群体	高教育背景家庭	高阶层背景家庭	一般工农家庭

（一）文化再生产模式

文化再生产模式是指拥有较高文化教育背景的父母,其子女在教育机会上享有优势。于是,父辈的文化教育水平能在其子女身上得以继承和延续,从而完成家庭的文化再生产过程。实现文化再生产的机制主要有三个:教育期望、文化资本和人力资本。教育期望是指父母教育程度较高的家庭,其更重视教育,对子女有较高的教育期望,也愿意为此付出更多的代价。而子女也会潜移默化地接受这一观念,自我的教育期望和学习热情也较高。家庭教育背景作用的机制是来自父母和老师的鼓励、督促和影响。其中,父母的鼓励是孩子保持学习热情和取得较好学习表现的根本原因。

（二）资源转化模式

第二种模式是资源转化模式,它是相对于文化再生产而言的另一种理想类型。在该模式下,家庭将其社会经济资源转化为子女教育机会的优势,从而实现不平等的代际传递。长期研究表明,家庭社会经济地位对后代教育获得起着重要作用,这一点在广泛的国际比较研究中得到了验证。家庭社会经济资源主要指父辈的经济能力和拥有的权力与社会网络资源等。与家庭教育背景相比,它们是外在的、易变的,更容易受到社会制度和社会状况的影响。

---

①宋剑祥.国外职业性向理论研究与学派探析[J].Journal of Nanning Polytechnic,2015,20(1).

（三）政策干预模式

在研究社会主义国家教育分层时，学者们发现社会主义国家出于意识形态的考虑，对教育机会的分配进行了直接干预，不但采取低学费或免学费、普及基础教育等手段，而且使用配额的方式优先录取工农子弟。这些政策的共同特征是通过否定或部分否定"绩效原则"，采取照顾劣势群体的制度设计，来达到削弱家庭背景不平等传递的效果。

四、教育环境

（一）学校因素

用人单位在选择人才时，会考虑毕业学校的办学优势、特色以及综合实力。从我国高校的层次布局面言，目前高校可以分为四类：一是"985工程"学校，一期共34所，二期共4所，二是"211工程"学校，这类学校目前有90余所，它和上类高校可以说是中国高等教育的重要力量，它们中的绝大部分属于重点大学；三是本科院校（包括独立学院）；四是专科院校（职业技术学院）。从今年来的就业状况看，大学毕业生供需比、就业率，与学校所处层次、学校的社会影响有着很大的关系，我们可把这称为"学校效应"。与此同时，在同一层次学校中，也因办学特色、办学历史、人才培养等因素，而产生品牌的差异。举例来说，某些行业性特色鲜明的学校，在就业形势十分紧张的情况下，也保持90%以上的就业率，因为其专业设置符合社会要求，而且办学极具特色。

（二）专业因素

专业需求的冷热不均，在就业市场上已经被众人熟知。同一学校不同专业的毕业生，由于社会行业的发展不均衡，用人单位需求也有所不同，社会上对某些专业的需求较少，毕业生供大于求，而有些专业在社会上需求量很大，毕业的人数又有限，出现了供大于求的场面。但随着国家经济发展侧重点不同和产业结构的调整，"冷""热"门专业也会发生变化。例如，2013年，网上流传的就业前景好的专业为经济、金融、计算机科学与技术、网络工程、软件工程、机械工程、电子信息、土木工程、车辆工程、航空航天等。然而，数年之后，还是如此吗？那不一定，因为社会在变，就业环境在变，具体岗位需求在变，到了2018

年之后，以上排名变化为计算机工程、同声传译、水利、建筑工程、外语、电子信息工程、农林、汽车、外贸、证券、房地产、物流。客观地说，"同声传译"专业是以前被很多家长忽略的专业，但是，随着社会需求的变化，近年来，这一专业开始受到重视。

衡量某高校专业的需求情况，应采用以下公式：

$$某专业当年供需比 = \frac{当年该专业毕业学生数}{各用人单位对该专业毕业生的实际需求数}$$

很显然，要做到准确统计各个用人单位对该专业毕业学生的实际需求数，是十分困难的。需求比的绝对数没有太大的意义，相对数具有一定的参考价值。

(三)教育环境变迁

中国高等教育在过去的 20 年以惊人的速度发展。这种发展为相当广泛的学生群体开放并拓展了接受高等教育的机会。目前，中国已有 2000 多所普通高校，每年招收 600 多万学生。此外，中国还是国际留学生的第六大主要目的地国家。大体而言，我国教育的结构与环境有朝向普及、开放、多元化自主化转变的趋势，对个体提供了适应发展的教育机会与教育空间，无疑将奠立其生涯发展的基础。事实上，教育环境也会跟着大环境的变动而改变，多半受到国家政策发展的影响并且应社会需要而调整。因此，我们对自己的教育环境变化应有充分的认识，以免错失再学习或进修的机会或资源。

第二节　探索职业世界

【探索职业】

一、职业分类

职业分类是以工作性质的同一性为基本原则，对社会职业进行的系统划分与归类。所谓工作性质，即一种职业区别于另一种职业的根本属性，一般通过职业活动的对象、从业方式的不同予以体现。职业分类的目的是要将社会上纷繁复杂、数以万计的现行工作类型，划分成类系有别、规范统一、井然有序的层次或类别。对从事工作性质的同一性所做的技术性解释，要视具体的职业类别而定。而职业分类体系则通过职业代码、职业名称、职业定义、职业所包括的主要工作内容等，描述出每一个职业类别的内涵与外延。

二、职业环境认知方法

（一）按劳动者的劳动性质分类

1999 年 5 月，《中华人民共和国职业分类大典》正式颁布，这是我国第一部对职业进行科学分类的权威性文献。1999 年版《中华人民共和国职业分类大典》将我国的职业归为 8 类。2005 年 12 月 12 日，又首发了《中华人民共和国职业分类大典（2005 增补本)》，共收录了 77 个新职业，涉及第一、第二、第三产业，主要集中在现代制造业和现代服务业，以管理策划、创意设计、分析制作和健康环境管理职业居多。2010 年逐步启动了各个行业的修订工作。

2015 年 7 月 29 日，国家职业分类大典修订工作委员会召开全体会议审议、表决通过并颁布了新修订的 2015 版《中华人民共和国职业分类大典》（以下简称《大典》）。2015 版《大典》延续职业分类的大类、中类、小类和细类结构，细类是最基本的类别，即职业。调整后的职业分类结构为 8 个大类、75 个中类、434 个小类、1481 个职业。与 1999 版相比，维持 8 个大类不变，增加 9 个中类、21 个小类，减少 547 个职业（新增 347 个职业，取消 894 个职业）。新增职业包括"网络与信息安全管理员""快递员""文化经纪人""动车组制修师""风电机组制造工"等，取消职业包括"收购员""平炉炼钢工""凸版和凹版制版工"等。《大典》所分的 8 大类分别是：

第一大类：国家机关、党群组织、企业、事业单位负责人；

第二大类：专业技术人员；

第三大类：办事人员和有关人员；

第四大类：商业、服务业人员；

第五大类：农、林、牧、渔、水利业生产人员；

第六大类：生产、运输设备操作人员及有关人员；

第七大类：军人；

第八大类：特殊职业的其他从业人员。

(二)按所属行业分类

我国第一部国民经济行业分类国家标准于 1984 年发布，之后又分别于 1994 年和 2002 年进行了两次修订。按照企业、事业单位、机关团体和个体从业人员所从事的生产或其他社会经济活动性质的同一类分类，即按所属行业分类。我国将国民经济各行业划分为 20 个门类（表 3-2 所示）。

表 3-2　国民经济分类

代码		类别名称	大类代码	大类个数	说明
门类	序号				
A	1	农、林、牧、渔业	01-05	5	包括实验动物、宠物和蚕、蜂等小动物的饲养、兽医院，不包括宠物医院、宠物美容(列入 8390)。
B	2	采矿业	06-11	6	采矿业指对固体(如煤和矿物)、液体(如原油)或气体(如天然气)等自然产生的矿物的采掘，包括地下或地上采掘、矿井的运行，以及一般在矿址或矿址附近从事的旨在加工原料的所有辅助性工作，例如碾磨、选矿和处理，均属本类活动，还包括使原料得以销售所需的准备工作。不包括水的蓄积、净化和分配，以及地质勘查、建筑工程活动。
C	3	制造业	13-37 39-43	30	指经物理变化或化学变化后成为新的产品，不论是动力机械制造，还是手工制作；也不论产品是批发销售，还是零售，均视为制造。 建筑物中的各种制成品零部件的生产应视为制造。但在建筑预制品工地，把主要部件组装成桥梁、仓库设备、铁路与高架公路、升降机与电梯、管道设备、喷水设备、暖气设备、通风设备与空调设备、照明与安装电线等组装活动，以及建筑物的装置，均列为建筑活动。 在主要从事产品制造的企业(单位)中，为产品销售而进行的机械与设备的组装与安装活动，应按其主要活动归类。在判断制造业的行业类别时，工业产品和除办公设备、家用电器、计算机、日用品等维修以外的修理活动应归入制造业的各个类别中。

(续表)

代码		类别名称	大类代码	大类个数	说明
门类	序号				
D	4	电力、燃气及水的生产和供应业	44—46	3	包括电力、热力、燃气和水的生产和供应业。不包括列入0710(天然原油和天然气开采)天然气的开采活动、专门从事罐装液化石油气零售业务的活动,列入6593(生活用燃料零售)、列入5600(管道运输业)在收费或合同的基础上用管道输送气体燃料的活动。
E	5	建筑业	47—50	4	是建筑施工活动,如房屋建筑施工、铁路施工、安装施工、建筑装饰施工等,含房屋和土木工程建筑业、建筑安装业、建筑装饰业和其他建筑业。工程设计、工程监理和筹建机构等归入"科学研究、技术服务和地质勘查业"。
F	6	交通运输、仓储和邮政业	51—59	9	向顾客提供的各种运输、仓储和邮政服务,如公路运输、水上运输、民航运输、谷物仓库管理、国家邮政服务等。搬家公司、商务快送、宅急送等活动也包括在内。
G	7	信息传输、计算机服务和软件业	60—62	3	向顾客提供的各种电信服务、广播电视传输、计算机技术服务和软件开发服务,如固定电信服务、移动电信服务、互联网服务、广播电视信号传播服务、计算机系统服务、软件编程服务等。
H	8	批发和零售业	63—65	2	向顾客销售农林牧渔业、采矿业和制造业的各类产品,包括电子销售、贸易经纪与代理等活动(商品期货交易市场归入J类),以及在同一地点,后面加工生产,前面销售的店铺(如面包房)。谷物、种子、饲料、牲畜、矿产品、生产用原料、化工原料、农用化工产品、机械设备(乘用车、计算机及通信设备除外)等生产资料的销售不作为零售活动。
I	9	住宿和餐饮业	66—67	2	向顾客提供临时住宿和就餐、饮料等服务。快餐配送服务也含在内。为民航、铁路、公路、水上运输等乘客提供餐饮配送(或盒式快餐)服务,应划入6790"其他餐饮服务"中。

(续表)

代码		类别名称	大类代码	大类个数	说明
门类	序号				
J	10	金融业	68-71	4	向顾客提供与货币、债券、保险有关的各项业务,如储蓄、贷款、转账、股票、人寿保险等。包括财务公司、金融租赁、邮政储蓄、典当、金融资产管理、金融担保等活动,但社会福利保险活动不属于此行业,属卫生、社会保障和社会福利业。
K	11	房地产业	72	1	向顾客提供与土地、房屋、建筑物有关的买卖、租赁、管理等服务。包括物业管理、房地产中介服务和房屋拆迁、产权登记等活动,不包括房管部门所属的独立核算的维修公司,独立核算的房屋维修单位应属于建筑业。
L	12	租赁和商务服务业	73-74	2	面向机构单位提供市场化程度较高的服务,如物品租借、企业管理、投资管理、法律、咨询、广告、职业中介、旅行社服务、会展服务、包装服务、保安服务、办公服务等,包括翻译、打字、刻印等。
M	13	科学研究、技术服务和地质勘查业	75-78	4	向顾客或社会提供具有一定科研水平、技术技能的服务,如科学研究、专业技术服务、科技交流与推广、地质勘查服务等。包括科技中介服务和科普活动等。
N	14	水利、环境和公共设施管理业	79-81	3	向社会提供各种公共设施的管理服务,如水利管理、自然保护管理、市政公共设施管理等。含市容管理、城市环境卫生管理、市政公共设施管理、城市绿化管理、风景名胜区管理、公园管理、其他游览区管理等。
O	15	居民服务和其他服务业	82-83	2	面向个人提供与其生活息息相关的各种服务,如托儿所、理发、婚姻服务、家用电器修理、清洁服务等等。含托儿所、洗染服务、理发及美容保健服务、洗浴服务、婚姻服务、殡葬服务、摄影扩印服务、汽车摩托车维护与修理、办公设备修理、家用电器修理、鞋修理、清洁服务、家政服务等。
P	16	教育	84	1	教育机构的主要业务活动是向社会不同层次的成员提供各种教育服务,如学前教育、初等教育、中等教育、高等教育、其他教育等。

（续表）

代码		类别名称	大类代码	大类个数	说明
门类	序号				
Q	17	卫生、社会保障和社会福利业	85—87	3	向社会各阶层成员提供医疗、社会保障、福利等服务,如医院服务、基本养老保险服务、社会救济等。
R	18	文化、体育和娱乐业	88—92	5	为社会成员提供以精神消费、健身、休闲为主的各种文化、体育、娱乐服务,如电影、图书馆、体育场馆、游乐园等。含休闲健身娱乐活动、各种彩票、公园和其他公共场所的小型娱乐活动等。
S	19	公共管理和社会组织	93—97	5	为社会提供公共管理、协调等国家权力、司法、行政及其他事务性服务,如国家行政机构服务、人民法院服务、专业性社会团体服务等。
T	20	国际组织	98	1	指联合国和其他国际组织驻我国境内的机构的活动。

（三）形成自己预期的职业库

我们知道,工作世界的信息浩如烟海,你不可能了解所有的职业信息,大学生如何从这些信息中分类找出自己心目中理想的职业。通过前面的学习,我们对自我的性格、兴趣和价值观都有了一定的了解,在自我探索的过程中,每一部分都会有相匹配的职业出现。此外,我们还可以通过头脑风暴的形式列出自己喜欢的职业。我们获得一个职业清单后,看看这些职业有什么共同点,就可能启发你想到更多的职业。结合你的能力和价值观,按照一定的规则从职业清单中筛选,最终就得到了你预期的职业库。

【生涯案例】

小王期待做商业方面的工作,但具体选择什么工作,因其对社会不太了解,难以决定。小王前几节课自我探索的结果如下:

性格探索:人力资源管理者、咨询顾问、教师等。

兴趣探索:社工、教师、培训人员等。

能力探索:教育、销售、客户服务等。

价值观探索：服务、自由职业、护理等。

从小王的性格探索可以看出，教师职业、教育工作出现的频率最高，社工、客服、服务、护理等虽然名称不同，但都有一个共同的特征，就是喜欢和人打交道，喜欢帮助他人。他倾向的职业特点是喜欢沟通，因此他可以搜索或列出符合这一特点的职业库，比如，对教育、销售、护理、咨询顾问等进行详细了解。

研究表明，在做职业决策时，太多的信息反而让人容易迷失方向，拿不定主意。所以在形成职业库时，库的大小通常以 5-10 个职业比较适中。获取预期职业库的相关信息如下：

1.公司文化和规范；

2.工作内容和职责；

3.工作要求的知识、技能和素质；

4.工作要求的资历和资格；

5.工作时间、地点和环境；

6.工作的可发展空间；

7.薪酬待遇和福利；

8.公司的招聘文化。

（四）用职业分类的方法探索工作世界

学生虽然形成了自己的职业库，但究竟有哪些具体的职业可能和职业库得出的职业特点相符合，但挑选这些相关有用的信息，非常繁杂。如果能按照一定的规则将职业分类，学生就可以轻松地找到与这些特点相关的工作了。

1.霍兰德的职业环境分类

霍兰德的职业环境分类请参考职业兴趣探索一节的内容，这里不再赘述。

2.普里蒂奇的职业环境分类

普里蒂奇（Prediger，1993）在霍兰德六边形模型的基础上做了一些调整[1]，增加了人和事物、资料和概念两个维度（图 3-2）。人和事物表示与具体物体相

---

①宋剑祥.国外职业性向理论研究与学派探析［J］.Journal of Nanning Polytechnic,2015,20（1）.

关的工作，如机械、生物、材料等。资料和概念表示用理论、文字、音乐等新方式表达或运作的工作。

图 3-2　国外职业分类图

（五）JobSoSo 职业分类

JobSoSo 是国内职业测评公司北京北森公司于 2005 年 3 月 16 日正式发布。它以全球领先的职业分类信息技术——美国 O*NET（职业信息网 The Occupational Information Network）系统为基础（见图 3-3），并经过适度的本土化，可以进行独立的职业信息搜索。随着不断地丰富和更新，目前已经成为全球最大的中文职业信息检索引擎，具有客观、简洁、开放、不断更新等应用特点。这一系统包含 1000 余种职业，可分为 22 大类：

1.管理；2.传媒、艺术、文体娱乐；3.销售及相关职业；4.商业及金融；5.医疗专业技术；6.行政及行政支持；7.计算机和数学分析；8.医疗卫生辅助服务；9.农、林、畜牧业；10.建筑、工程技术；11.安全保卫、消防；12.建筑及冶炼类；13.科学研究；14.食品加工和餐饮服务；15.设备安装、维修和保养；16.社区及社会服务工作；17.建筑物、地面清洁及维护；18.企业生产；19.法律工作；20.个人护理及服务性职业；21.物流；22.教育、培训及图书管理。

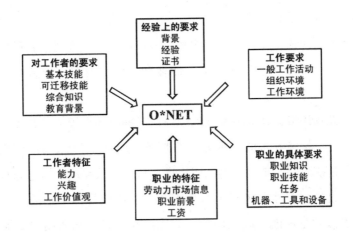

图3-3 O*NET内容模型

三、其他探索工作世界的方法

大学生还可以通过参与动态的资料，接受参与真实情境等方法获取职业信息，主要有参加社会实践、专业实习和生涯人物访谈等形式。

（一）社会实践

大学期间通过利用寒暑假社会实践实习，具有加深对本专业的了解，确认适合的职业，为向职场过渡做准备，增强就业竞争优势等多方面意义。

（二）专业实习

实习可以培养大学生的实践工作能力。"纸上得来终觉浅，绝知此事要躬行"，大学生的理论知识不错，但真正工作起来，未必就能胜任岗位职责。实习提供给大学生亲身实践的机会，通过不断摸索解决实际的问题，可以提升大家将理论应用于实践的能力。实习可以帮助大学生完成心理转换。实习为大学生提供了一个更加深入接触社会，了解社会的平台，作为学校环境和社会环境转换的一个过渡，可以帮助学生更好地适应社会、融入社会，让大学生们提前认识到社会的残酷，为即将到来的职业生涯做好准备。此外，大学生往往都是靠家里给的生活费生活，实习赚取工资可以让大学生体会到工作的艰辛、就业的困难，更加理解父母的辛苦，学会感恩。而在校园招聘时，他们会感谢实习经历锻炼培养了自己，让他们有自信选择更好的工作机会。

（三）生涯人物访谈

生涯人物访谈，是通过与一定数量的职场人士（通常是自己感兴趣的职业从业者）会谈而获取关于一个行业、职业和单位"内部"信息的一种职业探索活动。

生涯人物访谈，作为一种获取职业信息的有效渠道，能帮助求职者（尤其是在校大学生）检验和求证以前通过其他渠道获得的信息，并了解与未来工作有关的特殊问题或需要，如潜在的入职标准、核心素质要求、晋升路径和工作者的内心感受，这些信息也是通过大众传媒和一般出版物得不到的。通过生涯人物访谈，在校大学生还能正确认识自己的优势和不足，从而制订更加合理的大学学习、生活和实习计划。

（四）生涯人物访谈方法步骤

第一步：了解自我，确定访谈内容。访谈前先对自己意向的职业发展方向有大致的认识，确定访谈希望了解的内容和方向（行业、企业、职业、职位方面的信息）。

第二步：寻找生涯人物，确定访谈对象。根据访谈内容确定不同的访谈对象，亲朋好友、父母朋友、校友、师兄师姐或其他的职场人士，既可是初入职场的人士，也可是工作了一定年限的中高层人士。

第三步：预约访谈方式，预约方式有电话、QQ、电子邮件和普通信件等，其中电话访谈最好。预约时首先介绍自己，然后说明找到他/她的途径、自己的采访目的、感兴趣的工作类型以及进行采访所需要的时间（通常为20—30分钟）。如果生涯人物能和自己见面，就感谢他能够接受采访并确认采访的日期、时间和地点，如果生涯人物不能和自己见面，就问他能否给出五分钟的时间进行电话采访，如果还是不行，就表示遗憾，并请求推荐一位与他所从事工作相似的人，如果得到了被推荐人的名字，要表示感激。

第四步：设计访谈问题，一次访谈的问题以5~10个为宜，不宜过多，所提问题要根据自己的具体要求进行设计，以获得对自己有用的信息，设计的问题最好以封闭式为主，既节约时间，又能得到需要的答案；问题设计要尽量口语化、通俗、易懂。以下是可供参考的常见生涯访谈问题：

访谈问题一（针对就业）

问题 1.在这个工作岗位上，你每天都做些什么？

问题 2.你是如何找到这份工作的？

问题 3.你是如何看待该领域工作将来变化趋势的？

问题 4.你的工作是如何为实现组织的总体目标或使命贡献力量的？

问题 5.你所在领域有"职业生涯道路"吗？

问题 6.本职业需要什么样的人？

问题 7.到本领域工作所需的基本前提是什么？

问题 8.就你的工作而言，你最喜欢什么？最不喜欢什么？

问题 9.什么样的初级工作最有益于学到尽可能多的知识？

问题 10.本领域初级职位和略高级别职位的薪水是多少？

问题 11.工作中采取行动和解决问题的自由度如何？

问题 12.本领域有发展机会吗？

问题 13.本工作的哪部分让你最满意？哪部分最有挑战性？

问题 14.什么样的个人品质或能力对本工作的成功来讲是重要的？

问题 15.你认为将来本工作领域潜在的不利因素是什么？

问题 16.依你所见，你在本领域工作遇到了什么样的问题？

问题 17.对于一个即将进入该工作领域的人，你愿意提出特别建议吗？

问题 18.本工作需要特别的知识、技能和经验吗？

问题 19.这种工作需要什么样的教育或培训背景？

问题 20.公司对刚进入该工作领域的员工提供哪些培训？

问题 21.还有哪些方法能帮助我深入了解该工作领域？

问题 22.你的熟人中有人可以成为我下次的采访对象吗？

问题 23.当我打电话给他（她）的时候，可以用你的名字吗？

问题 24.根据你对我的教育背景、技能和工作经验的了解，你认为我在作出最终决定之前还应在哪个领域、什么样的工作上进行深入的调查研究呢？

访谈问题二（针对考研）

问题 1：您是通过保研还是考研来读研的？这里考研的录取比例怎样？

问题 2：这个专业保研的途径有几种？本校和外校分别有什么条件？各有什么程序？

问题 3：这个专业考研考哪些课程？录取分数一般是多少？面试是怎样进行的？

问题 4：准备这个专业的考研时，应重点复习哪些知识？答题时要注意什么？

问题 5：在考研的同学里，有公费名额吗？一般有多少？

问题 6：这个专业在全国和这个学校是什么地位？毕业生一般从事哪些工作？

问题 7：目前这个专业的毕业生初次就业时，单位给的待遇怎么样？

问题 8：目前在这个专业里有一定工作年限的毕业生的收入一般是什么水平？

问题 9：据您所知，这个专业有博士点吗？有哪些知名的学者招收研究生？

问题 10：这些学者的科研课题项目是什么？

问题 11：哪些老板（导师）的研究生出成果多？

问题 12：哪些老板（导师）对学生很关心？

问题 13：您对现在的研究生生活满意吗？每天都做些什么？

问题 14：您这个专业要什么条件才能毕业？

问题 15：在您这个专业学习，需要在大学期间学好哪些课程？

访谈问题三（针对创业）

问题 1：您为什么当初会选择创业？

问题 2：您是如何确定行业和经营方式的？

问题 3：您是如何解决最初的资金问题的？

问题 4：关于创业中的合作伙伴，您的标准是什么？

问题 5：对您来说创业初期最大的问题是什么？

问题6：能否分享一些在从业过程中受到挫折或者失败的经验教训？

问题7：对于目前的经营情况，贵公司下一步的策略是什么？

问题8：在创业过程中，一定有几个关键的转折点，您怎么看待？

问题9：据您所知，如果贵公司受到金融风暴的影响，您有坚持下去的信心吗？

问题10：如果只选一个，创业者最需要具备的品德是什么？

问题11：您的企业从什么时候开始盈利的？

问题12：对于社会中的种种潜规则，创业人应该如何看待？

问题14：您觉得您的专业知识，对创业和守业的重要程度如何？

问题15：如果回到大学，您最希望得到哪方面的知识和技能？

第五步：进行访谈，营造良好的访谈氛围，注意尊重被访谈者，按照生涯人物访谈的要点（表3-3）合理安排访谈的内容和顺序。采访方式可以是面谈、电话访谈、QQ访谈，最好是面谈。面谈前，采访者一般可以用已经从其他渠道了解的生涯人物的好消息轻松打开话题，之后就可以按设计好的问题开始访谈了。遇到生涯人物谈兴正浓时，采访者要乐于倾听，给生涯人物留出提供其他信息的机会。在访谈结束时，请生涯人物再给自己推荐其他相关的生涯人物。这样就可以以滚雪球的方式拓展自己的职业认知领域。

注意：1.采访前为自己准备个"30秒的广告"，因为在访谈过程中生涯人物可能会问采访者的职业兴趣和求职意向。2.面谈前，应征求生涯人物的意见，视情况对谈话进行录音，或书面记录，或不记录。3.面谈时一定要守时、内容简洁，不浪费他人时间。4.不要利用访谈找工作，否则会引起访谈者的反感。5.访谈结束后，对于不允许访谈现场记录的内容应迅速补记。6.采访结束后，要通过合适的方式表示感谢。

表 3-3　生涯人物访谈要点

职业资讯方面	生涯经验方面
工作性质、任务或内容	个人教育或训练背景
工作环境、工作地点、工作时间	投入该职业的决策过程
所需教育、个人资格或经验	生涯发展过程
所需训练、技能	工作心得体会（酸甜苦辣）
收入或薪酬范围、福利	对工作的整体看法
就业机会	获得成功的必备条件
组织文化和规范	未来职业规划
相关进修和升迁机会	对后辈的建议
未来发展前景	

第六步：结束访谈，礼貌地表示感谢，可赠送小礼物，最好向被访谈者反馈自己的访谈收获。

第七步：用职业信息加工的观点来分析整理访谈的结果，及时将生涯人物访谈的经过、所收集的资料和心得，整理撰写成《生涯人物访谈报告》。

注意：在一个职业领域采访三个以上的人物后，就可以对照之前自己对该职业的认识进行比较，找出主观认识与现实之间的偏差，确定自己是否适合这一行业、职业和工作环境，是否具备所需能力、知识与品质，进而详细制订大学期间的自我培养计划。如果访谈结果与自己之前的认识出现严重脱节，就有必要进入另一个职业领域开展新一轮生涯人物访谈了。

【课外实践】

人物访谈报告

请根据对自我探索和职业环境探索的结果，确定自己的访谈对象和内容，至少采访 1-3 人（样本越大，得到的答案越有普及性），写一份人物访谈报告，报告的内容包括：人物的选取、人物简介、访谈过程简介、访谈问题总结、对该职业的分析、自身的认识变化、对自己职业发展的帮助等。文字在 2000~3000 字为宜。

【生涯案例】

职业生涯人物访谈范例①

访谈时间：2016 年 10 月 18 日。

访谈方式：面对面采访。

访谈人：曾四芳。

被访谈人：某装饰设计有限公司总经理徐某。

被访谈人简介：徐某，建筑工程师，室内设计师，副教授，公司总经理。毕业于湖南工艺美术职工大学，在大学毕业后被分配到一家建筑学院，进行基层工作。经过几年的打拼后，徐某终于创办了自己的设计公司，实现了他职业发展的梦想。徐某对于成功的座右铭是：爱拼才会赢。正是他的这种拼搏精神使他取得个人职业发展的成功。

访谈内容：

问：您什么时候创办这家公司的？最初的创业动机是什么？

答：最初创办这家公司是在 1997 年，那时不叫××公司（现有公司的名称），而叫××（以前公司名称），最开始想创办公司是找到了一种商业动机，那时建筑装饰行业刚兴起不久，人才需求量极大，而入门起点也比较低。

问：您在大学里学的也是室内设计专业吗？在校期间可有相关实习？毕业后是不是直接去了室内装饰公司呢？

答：嗯，起初学的是建筑学。在校期间有过短期的实习，那时不像现在这样实习的机会特别多。毕业后是学校分配的，刚开始是在一家建筑学院做一些基本的工作。

问：在工作方面，您每天都做些什么工作呢？经常需要跑家具市场、材料市场和施工现场吗？

答：平时在工作方面，基本上什么都做吧，虽说是公司老总，但我们毕竟还属于小型私有企业，许多东西还需要自己动手。比如各类图纸的处理，与客户谈

---

① 来源：红山人才网。

判沟通。同时也要经常去工地，跑材料市场，了解最新材料。

问：你们公司对员工的要求如何？对于新员工，一般是安排什么样的工作？会进行培训吗？

答：一般来说，要求也不是特别高，只要你肯认真做事，积极完成任务也就好了。员工刚来公司时，通常不会进行专业的培训，有什么不懂的可以互相之间交流。一般会做些基本的工作，比如绘图、量房、打电话、跑业务之类的。

问：据网上了解，目前大学生的综合素质普遍有所下降，您认为我们这个专业的学生应该从哪些方面进行培养才能更好地提升我们的素质？

答：多看些人文素养方面的书籍啊，学一学心理学，没事时听一下与品性相关的讲座，然后就是要多到外面走走，多与人打交道，学会沟通技巧。

问：现在很多求职者选择就业的公司，一般会考虑它是否有比较好的发展前景。我想问一下从事这份工作的人的发展前景或晋升机会如何？大概薪资怎么样？

答：虽然目前这个行业有较大的竞争力，但总的来说，发展前景还是不错的，入了行的，通常薪资应该都还不错。现在大学生实习机会较多，只要专业扎实，其他各方面素养也行，未来还是相当不错的。

问：您认为做好室内设计工作应该具备哪些知识、技能？

答：很多在校学生都局限地认为只要学好三大软件（3D，CAD，PS）就可以了，事实上，它只是这个专业中微乎其微的一部分。首先要端正好自己的心态，虚心地学习与其相关的各种知识。一个好的设计师，要有良好的美术功底，要多写生，培养自己的设计灵感，积累设计素材。因为业务需要，也要懂点营销、法律等方面的知识。

问：在一个设计团队中，要是都从设计的观念出发，有时可能会在见解上存在分歧，应该如何去调解这些情况呢？

答：一般都是通过协商，多加分析，最终决定哪个更合理采取哪个，互相尊重而不是抨击，不要影响团队的协作能力。

问：学我们这个专业的，是不是有必要懂点外语？

答：我个人的观点，如果能掌握好一门外语，比如英语啊，那固然是好的，特别是想要成为高深或首席设计师的话，那尤其重要，这样也便于以后能看懂国外的设计图纸，做到与国际接轨。

问：我们多半在明年上半年要去实习了，请问在实习之前我们需要在哪些方面有所准备？

答：能熟练操作几个基本软件，能达到快速绘图，背好人体工程学尺寸和相关材料的特性、规格等。掌握一定的沟通技巧，能够很好地与人打交道。

职业生涯人物访谈心得与思考：这次的访谈经历，让我由心底觉得受益匪浅。一直都觉得作为即将毕业的我们，很有必要去与一些已经步入该行业的人进行交流，以便能更好地掌握相关信息。终于能借这样的机会，不论是从室内设计的发展情况和前景，从事室内设计的人员所应具备的基本素养，还是大学生的毕业前的必备工作等，都做了较为详细的了解。在电视和网络上常常能看到或听到有关于我们大学生的每年的就业情况，而就业指导课程，更是让我们有了更加深刻的认识。每一次，看到人才招聘会上那拥挤的人潮，作为学习室内设计专业的我，总是在想，半年后我又是在哪个位置，有时候想想都不寒而栗。我想很多将要毕业的大学生都会有我这样的心理，或是紧张或是担忧。可是，我们又能否采取一些措施，采取一些有效行动，让我们能更清楚自己的目标是什么？该如何去实现呢？就这次的访谈，经一番整理与思考后，我有如下总结：

一、重视和扎实专业知识

虽然目前室内设计专业在我国有了较为快速的发展，在社会上也得到了一些好评，甚至被媒体誉为"金色灰领职业"，但我们不能因此而放纵自我，不思进取。我常常暗暗认为专业有好前景并不代表自己有好前途，因为我们不是靠专业吃饭，而是靠自己打拼。我们这个专业，涉及范围甚广，就像徐某所说的即便掌握了三大软件也只是其中极其微小的一部分。要想成为优秀的设计师，关键还要精通手绘，积累较多的设计素材，以便激发自己的设计灵感，做出让客户满意的效果图。

二、拓展课外知识

首先要能精通一到两门外语。诚然，室内设计专业在我国发展迅速，并逐步壮大起来，但据很多专家阐述，我们国内的专业水平与国际水平还相距甚远。因此，要是能更清楚地了解国际的室内发展趋势，做到与国际接轨，我想掌握好外语是至关重要的，比如英语、日语和法语等，在发达城市其重要性也不容小觑。除了语言，个人觉得，还应当了解历史文化。搞设计终究是以人为本，了解历史和各国家地区民族特色文化，并将其运用到设计中去，能让我们的设计得到更广泛的认可。另外，还有营销、管理、法律等方面的知识，看似与我们设计无关，实则它们也是成功设计的一部分，这个在实际操作过程中可能会深有体会。

三、摆好心态，从基层做起

在校期间，即便有一些工作经验，即便专业成绩也还不错，但毕竟大学短短的四年，我们所学的知识还是非常有限的，很多事情还是需要从基层做起，端正心态，切不可心浮气躁、急于求成。我们应怀抱一颗谦虚的心，多加请教。

四、重视团队协作

我特意提出关于团队协作的问题，我觉得设计的工作与别的工作区别在于：设计是融入了很多个人思维特性在内的。对于学过设计且有着自己的设计理念和独特设计风格的设计人员来说，在很多情况下自己的观点很容易与别人的发生分歧，对此，我们应该懂得如何去处理，做到凡事以大局为重，切不可为显个性，忽略了团体。

五、把握好人脉关系

对于从事设计类行业的人员来说，拥有良好的人脉关系是非常重要的，不管是与亲人朋友，与同事、客户，还是与社会各界类的人士，都要懂得如何沟通交流。俗话说得好，"十年树木，百年树人"。其实把握好人际关系，同样需要长时间磨合的。有时候我们说话稍不留神，一位本该成为朋友的人便离我们远去，另一方面可能我们热情待人、忠诚服务，却未必会被认可与欢迎。因此说，人际关系学，也是人生必修的一门课程，需要我们多花些心思去经营。

时间确如白驹过隙，大学三年即将成为过去，可能现在很多的大学生依然在彷徨，在担忧着未来，许多的时间也就这样一点点地被消耗着。与其这样，还不如放宽心态，对着天空大声说："职场，我能行！"然后迈开大步，好好地去规划自己的人生，弥补自己的不足之处，相信通过自己的努力定将在自己的人生职场上站出一片明朗的天。

【生涯阅读】

职场新手如何做好职业规划[①]

很多应届生朋友在网上注册了简历之后，就开始在网上搜索职位和企业，但是由于很多同学因为对学校里面学的知识不是很懂，对于自己以后想从事什么职业也不清楚，所以很多同学可能会选择以"海投"的方法投简历。如果是投不同的企业的话，这种方法是没问题的。但是如果你在同一家企业，一次性投五六份简历于不同的职位上，大到总监，小到文员，技术类、管理类、销售类的职位似乎对哪个感兴趣，就应聘哪个，本该一个页面可以看到 30 份简历，但这样一来，同一页面上相同的简历占去了近乎一半视线。当然无论是新人还是应届生初生牛犊不怕虎，有目标，勇于挑战自我的精神值得称赞。我感觉这更像是一只无头的苍蝇，盲目乱碰乱撞，运气好了，可能撞对方向，但这俨然缺少正确的职业定位和规划。

其实对于大学生的职业定位和规划辅导，现在的大学校园应都有开展。但它没能引起学生的足够重视，以至于他们对职业定位不清晰且一味盲从。从另一个角度分析来看，我认为这必将导致其应聘的成本必然增高。

作为一位 HR，接下来我想谈谈对职业规划的一些个人之见。

一、注重心态的及时调整

刚步入职场，有一个过渡期，毕竟学校和企业是完全不同的经济团体，学生身份和职员身份也有着很大的区别，所以如何接受历练，改变心态在这个阶段十分重要，建议职场新人应重点把握好以下两种态度：

[①]https://wenku.baidu.com/view/65b840bb69dc5022aaea0048.html

(一) 坚持合作的心态

职场是一个集合体，组织的绩效高低，取决于合力的方向与大小，只有合力最大化，组织的绩效才会最高。而一个组织合力的大小，又取决于组织内部人员的合作能力，所以作为组织的一员，合作的心态不可或缺。同一个组织的人员如果各自打如意算盘，试想，结果如何？团队没有战斗力，组织业绩低下，全然一盘散沙。所以，无论何时何地，合作的心态都是职场的必备。观现阶段很多刚毕业的学生，上进心是有，但往往很多人不是由于心高气傲，放不下架子，看不起低学历的职场前辈，就是因为故步自封，不愿意和同事合作或做更多地交流沟通，很多东西都是凭着个人的苦思冥想来完成。当然独立自主性我们要提倡，但我们更要注重团队的力量，正如《众人划桨开大船》所唱的一样："一根筷子轻轻被折断，十根筷子牢牢抱成团。"所以，希望职场的新人，能敞开心扉，以合作开放的心态面对职场的每一天，也只有这样，你才能更快更迅速地成长。

(二) 坚持学习的心态

学生的天职是学习，刚步入职场，要学的社会知识是很多的，也很容易让初入职场的人眼花缭乱，失去方向。因此，从与工作有关的信息、知识着手，要求新人必须保持旺盛的学习力。毕竟社会才是一所真正的大学，从步入社会起开始学到的东西是受益一生的，也是比书本上的理论更有实际价值的。不妨想一想，当今社会，为什么很多低学历的人在做老板，而高学历的在为老板打工。原因很简单，老板们除了机遇外，他们拥有更丰富的社会实践经验，这是很多有高深理论的人望尘莫及的。所以，向不同层次的人学习应是这一阶段的重心，而且要不耻下问。

二、职业的选择首先要结合个人的性格、兴趣爱好来进行

有些初入职场的人员，一片迷茫，因为他们根本不清楚自己适合做什么，能做什么，未来可以涉及的领域又会是哪些。另一方面如果没有贵人相助，很多人更是无计可施，尤其是性格内向且无特长又在校表现平平的学生，更是难上加难。因此我给的建议是：根据个人的性格特点及专长先进入职场，适应职场。一般外向好交际的人，可以选择销售、储干、助理等职场角色，而内向、不善言辞

的可选择事务型、执行层面的工作。此外，选择工作还要与个人的兴趣联系起来，不能为快速进入职场而缺少了必要的原则。另一方面要保持实干、务实的职场作风，对职场知识的学习和对环境的适应、融入团队是这一阶段的重心。

三、职业方向的定型

现阶段很多刚步入职场的新人，很多人缺少职业方向规划，这大概也是很多职场新人频繁更换环境及职业的重要原因。当然从面试考官的角度看，他们招聘一个人，希望稳定是其一，毕竟培养一个人需要花费很多心血，而且稳定也才能真正学到东西。另一方面他们也需要新人拥有较高的主动性和明确的方向感，否则这样的人不培养也罢。当然，从稳定的角度来讲，规划方向是前提，指望新人要在某个职位一定干多少年，这其实也不现实。我所指的稳定，其实是相对的稳定，即新人一定要在自己的职业方向及规划确定后，一定要先在个人认同的环境中去适应并融入，只有这种稳定，才能真正学到东西，才能真正成长得更快速。大家可用身边的人和事进行对比，同一学校同一专业的学生，毕业后的情况为什么会在几年内大相径庭？其实这种职业的抉择和稳定是至关重要的。其一，规划做好了，个人的方向和目标确了，学习和进取的动力会更足。其次减少了另择职业及从头再来的时间浪费，因为这个时间差也可能导致你与别人的差距拉大了。还有一点就是在不断择业过程中，会令个人的信心及进取心减弱。

沿着既定的方向前进，这是很多人所期望的，但随着社会环境、职场环境、个人价值观的改变，都会出现迷茫期及调整期。所以在这里我也谈谈个人的一些想法，我认为工作环境可以改变，但个人的职业信仰与职业忠诚度一定不能变，否则频繁地更换工种，除了知识结构要不断更新外，择业、就业的压力也会变大，毕竟现代企业的节奏更快，对人员的招聘选拔更侧重于能快速上手并为企业创造效益的经验人士。所以选定的职业类型，我们要坚持个人的选择，除非是通过努力后，感觉实在无法有质地提升可以另当别论，切忌在职业选择时如猴子掰玉米，到头来一无所获，还浪费了大好年华。

四、职场知识结构的调整

由于从专注到专业还有一段很长的路要走，想成为一个领域的专家，良好的知识结构必不可少，否则，思维和处理问题的角度会受到很大的制约。举例来说，你是一位人力资源从业者，要想成为这个领域的专家，具备专业的人力资源理论知识及常用的劳动法律知识是最基本的，你还需更多地了解财务方面知识、生产现场方面的管理知识、营销方面的知识、组织管理知识和其他方面的知识，只有这样你才能在职场中不断蜕变，才能确保与各个部门的沟通及管理畅通有序。尽管我们不需要干预各个部门的管理，但如何建立及提升人力资源管理在企业服务中的地位和作用，这些知识的掌握和运用却显得极其重要，否则服务和驾驭只能是空谈。同样，职场的其他职位和领域也是十分重要。比如做销售工作，除了需要掌握销售方面的知识结构外，还需完善心理学、成本管理以及仓储、产品管控、产品规划控制等方面的知识，否则，也可能会由于自己的知识结构不健全、不专业，很难为客户提供更优质、更专业、更有价值的服务。

在进入职场之前，一份好的职业计划书，能让自己很好地了解自己，也能让自己找到更合适的职场道路。在当今人才竞争的时代，个人职业生涯规划书开始成为人才争夺战中的重要利器，只有你目标够清晰，在找工作时，才会更有针对性；只有你的职业规划够清晰，HR 在面试你时，才能更好地考核你。所以，在做职业规划之前，不妨多参考几篇范文，同时仔细地分析下自己，它将为你的职业道路注入新鲜的血液。

第三节　职业价值观探索

本节主要了解价值观、职业价值观的概念和内涵，能够认识价值观和所从事的职业的内在关联，愿意通过多种形式对自己的价值观进行探索，并在今后的生活中不断观察和反思，从而能够较为正确地认识和评估自己的价值观。

能澄清自己的职业价值观，在进行职业选择时，能有意识地、正确合理地看待自己的价值观因素的影响，能够合理看待他人价值观对自己的影响。

【案例导读】

渔夫和商人

有一个美国商人坐在墨西哥海边一个小渔村的码头上，看到一个渔夫划着一艘小船靠岸，小船上有好几尾大黄鳍鲔鱼。这个美国商人问渔夫要多少时间才能抓这么多鱼，渔夫说，一会儿工夫就抓到了这么多。美国商人再问："你为什么不待久一点，好多抓一些鱼？"渔夫觉得不以为然，因这些鱼已经足够他一家人吃了。

美国人又问："那么你一天剩下那么多时间都在干什么？"

渔夫回答："我每天睡到自然醒，出海抓几条鱼，回来后跟孩子们玩玩，再跟老婆睡个午觉，黄昏时逛到村子里喝点酒，跟哥们儿玩玩吉他。"

美国人帮他出主意，说："我是美国哈佛大学企管硕士，我建议你每天多花一些时间去捕鱼，到时候你就有钱去买条大一点的船，你就可以捕更多的鱼，再买更多的渔船。有了自己的渔船队，到时候你就不必把鱼卖给鱼贩子了，而是直接卖给加工厂。然后你可以自己开一家罐头工厂，这样你就可以控制整个生产、加工和营销。然后你可以离开这个小渔村，搬到墨西哥城，再搬到洛杉矶，最后到纽约，在那里经营你不断扩充的企业。"

渔夫问："这要花多少时间？"

美国人回答："十五到二十年。"

渔夫问："然后呢？"

美国人大笑着说："然后你就可以在家当皇帝啦！时机一到，你可以通过股票上市，把你公司股份卖给大众，到时候你就发啦！你可以几亿几亿地赚！"

渔夫问："然后呢？"

美国人说："到那个时候你就可以退休啦！你可以搬到海边的小渔村去住。每天睡到自然醒，出海抓几条鱼，回来后跟孩子们玩玩，再跟老婆睡个午觉，黄昏时到村子里喝点小酒，跟哥们儿玩玩吉他。"

渔夫疑惑地说："我现在不就是这样了吗？"

讨论：墨西哥渔夫和美国商人的生活方式，你更喜欢哪一种？为什么？

一、职业价值观

职业价值观指人生目标和人生态度在职业选择方面的具体表现，也就是一个人对职业的认识和态度以及他对职业目标的追求和向往。职业价值观，是指无论你从事什么工作，都会努力在工作中追求的东西。从另一个角度来讲，职业价值观就是你最期待从工作中获得的东西。

理想、信念、世界观对于职业的影响，集中体现在职业价值观上。俗话说："人各有志。"这个"志"表现在职业选择上就是职业价值观。职业价值观是某些对个人来说很重要或很想要的东西。在个人职业发展的道路上，它是我们强大的内在驱动力，是引导行为的方向，是自我激励的机制。作为管理人员，了解员工的价值观，能准确地给他们专业定位，实现团队价值的最大化。

由于个人的身心条件、年龄阅历、教育状况、家庭影响、兴趣爱好等方面的不同，人们对各种职业有着不同的主观评价。从社会来讲，由于社会分工的发展和生产力水平相对落后，各种职业在劳动性质的内容上，在劳动难度和强度上，在劳动条件和待遇上，在所有制形式和稳定性等问题上，都存在着差别。再加上受传统的思想观念等因素的影响，各类职业在人们心目中的声望、地位也有好坏高低之分，这些评价都形成了人的职业价值观，并影响着人们对就业方向和具体职业岗位的选择。

每种职业都有各自的特性，不同的人对职业意义的认识，对职业好坏有不同的评价和取向，这就是职业价值观。职业价值观决定了人们的职业期望，影响着人们对职业方向和职业目标的选择，决定着人们就业后的工作态度和劳动绩效水平，从而决定了人们的职业发展情况。哪个职业好？哪个岗位适合自己？从事某一项具体工作的目的是什么？这些问题都是职业价值观的具体表现。

二、职业价值的分类

根据不同的划分标准，人们对职业价值观的种类划分也不同。美国心理学家洛特克在其所著《人类价值观的本质》一书中，提出13种价值观：成就感、审美追求、挑战、健康、收入与财富、独立性、爱、家庭与人际关系、道德感、欢乐、权利、安全感、自我成长和社会交往。我国学者阚雅玲将职业价值观分为如下 12 类。

（一）收入与财富。工作能够明显有效地改变自己的财务状况，将薪酬作为选择工作的重要依据。工作的目的或动力主要来源于对收入和财富的追求，并以此改善生活质量，显示自己的身份和地位。

（二）兴趣特长。以自己的兴趣和特长作为选择职业最重要的因素，能够扬长避短、趋利避害、择我所爱、爱我所选，可以从工作中得到乐趣，得到成就感。在很多时候，会拒绝做自己不喜欢、不擅长的工作。

（三）权力地位。有较高的权力欲望，希望能够影响或控制他人，使他人照着自己的意思去行动，认为有较高的权力地位会受到他人尊重，从中可以得到较强的成就感和满足感。

（四）自由独立。在工作中能有弹性，不想受太多的约束，可以充分掌握自己的时间和行动，自由度高，不想与太多人发生工作关系，既不想治人也不想受制于人。

（五）自我成长。工作能够给予受培训和锻炼的机会，使自己的经验与阅历能够在一定的时间内得以丰富和提高。

（六）自我实现。工作能够提供平台和机会，使自己的专业和能力得以全面运用和施展，实现自身价值。

（七）人际关系。将工作单位的人际关系看得非常重要，渴望能够在一个和谐、友好甚至被关爱的环境工作。

（八）身心健康。工作能够免于危险、过度劳累，免于焦虑、紧张和恐惧，使自己的身心健康不受影响。

（九）环境舒适。工作环境舒适宜人。

（十）工作稳定。工作相对稳定，不必担心经常出现裁员和辞退现象，免于经常奔波找工作。

（十一）社会需要。能够根据组织和社会的需要响应某一号召，为集体和社会作出贡献。

（十二）追求新意。希望工作的内容经常变换，使工作和生活显得丰富多彩，不单调枯燥。

三、价值观的激励作用

美国心理学家亚伯拉罕·哈罗德·马斯洛（Abraham Harold Maslow）1970 年提出，人有五个层次的需求：生理需求、安全需求、归属需求、尊重需求和自我实现的需求。这五个层次的需求是层级式的，犹如一个金字塔的结构，只有当低层次的需求得到基本满足后，个人才能关注并致力于满足下一层次的需求。在多种需求满足前，首先满足迫切需求，该需求满足后，追求更高层次的需求就成为激励自我发展的动力。这些需求是强大的内在驱动力，我们所做的事情正是为了满足这些需求。它们在生活中反映出来，就体现为我们的价值观，比如，有些人会比较重视工作带来多少收入，而有的人可能更多地考虑要做自己喜欢的工作。在很大程度上，这两者的价值观不同可以归结于他们所处的需求层次不同，前者是在"生理"和"安全"的层次上，而后者是对"归属""尊重"和"自我实现"的需要。

按马斯洛的需求理论，个体成长发展的内在力量是动机。而动机是由多种不同性质的需要组成的，各种需要之间有先后顺序与高低层次之分：每层次的需要与满足，将决定个体人格发展的境界或程度。下图（图 3-4）标示了不同层次的需求所对应的价值观。

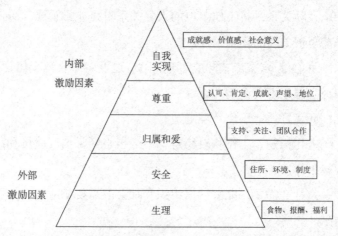

图 3-4　马斯洛的需求层次模型与对应的价值观

【自我练习】

探索和澄清个人价值观

（一）下表中的句子是一些职业价值观的陈述，请你选择至少 5 句你觉得重要的句子，将他们后面对应的职业价值观记录下来，并按照你心目中的重要性排序。

1	能帮到别人	利他主义
2	学习探索新事物解决新问题	智力刺激
3	追求到美感	美感
4	获得成功并得到认可	成就感
5	独立自主，不受干扰	独立性
6	有较高的社会地位，受到重视和尊重	社会地位
7	获得一定的权力	管理
8	能建立广泛的交际圈	社会交际
9	稳定、安全	安全感
10	工作条件好，感到轻松、享受	舒适
11	工作丰富多彩，不单调枯燥	变异性或追求新意
12	融洽的人际关系	人际关系
13	收入能保障富足的生活	经济报酬

1.请选择对你来说最重要的 5 条价值观分别写在 5 张小纸条上。

2.在反面对你挑选的重要价值观进行描述，即要达到什么样的程度你才能满意。

3.现在，如果你不得不放弃其中的一条，你会放弃哪一条？将你准备放弃的这一条与其他人交换。

4.如果你不得不再次放弃剩下四条中的一条，你会放弃哪一条？请再次与其他人交换。（保留刚才别人给你的，放在一边。）

5.继续下去，直到剩下最后一条。它是否是你无论如何也不愿放弃的？

接下来请思考：

（1）看了别人的价值观有什么感受？

（2）放弃的时候是什么感受？最后剩下的一个是不是你觉得最重要的？

（3）在生活中有没有公开、坚定地承认它？

（4）有没有把它作为你的行动方向？

（5）有没有为践行它而努力？

（二）就最近你作出的一个相对重要的决定，请回答下列问题：

你是如何运用自己的时间、精力、金钱的？什么时候你觉得最快乐？有没有和你的预期保持一致？

在举棋不定的时候，你最终作出了什么样的选择？是哪些考虑促使你作出了这样的决定？

如果可以重来，你会怎样做？这样的生活形态是你想要的吗？

在现实中作决定时影响你行为的价值观和刚才你选择的 5 个职业价值观一致吗？如果有差异，你是要调整自己的选择以求更符合自己所宣称的价值观呢，还是说反映在你行动中的价值取向才是你真正相信的？

四、职业价值观测试工具

（一）职业锚（职业价值观）测试

锚，是船只停泊定位用的铁制器具。职业锚，又称职业系留点（CareerAnchor），实际就是人们选择和发展自己的职业时所围绕的中心，是指当一个人不得不作出选择的时候，无论如何都不会放弃的职业中的那种至关重要的东西或价值观，是自我意向的一个习得部分。个人进入早期工作情境后，由习得的实际工作经验所决定，与在经验中自省的动机、价值观、才干相符合，达到自我满足和补偿的一种稳定的职业定位。职业锚强调个人能力、动机和价值观三方面的相互作用与整合。职业锚是个人同工作环境互动作用的产物，在实际工作中是不断调整的。

职业锚理论（Career AnchorTheory）产生于在职业生涯规划领域具有"教父"级地位的美国麻省理工学院斯隆商学院、美国著名的职业指导专家埃德加·施恩（Edgar Schein）教授领导的专门研究小组，是对该学院毕业生的职业生涯研究中演绎成的。斯隆管理学院的 44 名 MBA 毕业生，自愿形成一个小组接受施恩教授长达 12 年的职业生涯研究，包括面谈、跟踪调查、公司调查、人才测评、问卷等多种方式，最终他分析总结出了8种类型职业锚。

1.技术职能型。如果你的职业锚是技术或职能型，你始终不肯放弃的是在专业领域中展示自己的技能，并不断把自己的技术发展到更高层次的机会。你希望通过施展自己的技能以获取别人认可，并乐于接受来自于专业领域的挑战。你可能愿意成为技术职能领域的管理者，但管理本身不能给你带来乐趣。你极力避免全面管理的职位，因为这意味着你可能会脱离自己擅长的专业领域。

2.管理型。如果你的职业锚是管理型，你始终不肯放弃的是升迁到组织中更高的管理职位，这样你能够整合其他人的工作，并对组织中某项工作的绩效承担责任。你希望为最终的结果承担责任，并把组织的成功看作是自己的工作。如果你目前在技术职能部门工作，你会将此看成积累经验的必须过程，你的目标是尽快得到一个全面管理的职位，因为你对技术职能部门的管理不感兴趣。

3.自主独立型。如果你的职业锚是自主、独立型的，你始终不肯放弃的是按照自己的方式工作和生活，希望留存能够提供足够的灵活性，并由自己来决定何时及如何工作的组织中。如果你无法忍受公司任何程度的约束，就去寻找一些有足够自由的职业，如教育、咨询等。你宁可放弃升职加薪的机会，也不愿意丧失自己的独立自主性。为了能有最大程度的自主和独立，你可能创立自己的公司，但你的创业动机是与后面叙述的创业家的动机是不同的。

4.安全稳定型。如果你的职业锚是安全、稳定型的，你始终不肯放弃的是稳定的或终身雇佣的职位。你希望有成功的感觉，这样才可以放松下来。你关注财务安全（如养老金和退休金方案）和就业安全。你对组织忠诚，希望以此换取终身雇佣的承诺。虽然你可以到达更高的职位，但你对工作的内容和在组织内的等级地位并不关心。任何人（包括自主、独立型）都有安全和稳定的需要，在财务负担加重或面临退休时，这种需要会更加明显。安全、稳定型职业锚的人总是关注安全和稳定问题，并把自我认知建立在如何管理安全与稳定上。

5.创造创业型。如果你的职业锚是创造、创业型的，你始终不肯放弃的是凭借自己的能力和冒险愿望，扫除障碍，创立属于自己的公司或组织。你希望向世界证明你有能力创建一家企业，现在你可能在某一组织中为别人工作，但同时你会学习并评估未来的机会，一旦你认为时机成熟，就会尽快开始自己的创业历程。你希望自己的企业有非常高的现金收入，以证明你的能力。

6.服务型。如果你的职业锚是服务型的，你始终不肯放弃的是做一些有价值的事情，比如：让世界更适合人类居住、解决环境问题、增进人与人之间的和谐、帮助他人、增强人们的安全感、用新产品治疗疾病等。你宁愿离开原来的组织，也不会放弃对这些工作机会的追求。同样，你也会拒绝任何使自己远离这些工作的调动和迁升。

7.挑战型。如果你的职业锚是挑战型的，你始终不肯放弃的是去解决看上去无法解决的问题、战胜强硬的对手或克服面临的困难。对你而言，职业的意义在于允许你战胜不可能的事情。有的人在需要高智商的职业中发现这种纯粹的挑战，例如，仅仅对高难度、不可能实现的设计感兴趣的工程师。有些人发现处理多层次的、复杂的情况是一种挑战，例如，战略咨询师仅对面临破产、资源消耗尽的客户感兴趣。还有一些人将人际竞争看成是挑战，例如，职业运动员，或将销售定义为非赢即输的销售人员。新奇、多变和困难是挑战的决定因素，如果一件事情非常容易，它马上会变得令人厌倦。

8.生活型职业锚。如果你的职业锚是生活型的，你始终不肯放弃的是平衡并整合个人、家庭和职业多种需要。你希望生活中的各个部分能够协调统一向前发展，因此你希望职业有足够的弹性允许你来实现这种整合。为了这种平衡，你可能会放弃职业中的某些方面（例如晋升带来跨地区调动，可能打乱你的生活）。你与众不同的地方在于，你对于如何过好自己的生活，包括居住在什么地方，如何处理家庭事务及在组织内如何发挥自己优势都能游刃有余。

(二)职业锚测评的作用

职业锚强调个人能力、动机和价值观三方面的相互作用与整合。职业锚是我们内心深层次价值观、能力和动力的整合体，它是职业决策时最稳定不变的因素，一般情况下一旦确定就很难改变。

1.职业锚测评可以帮助我们思考自己的职业决策与价值观之间的关系。如果缺乏对职业锚的清醒认识，在外界因素的诱惑下，人们可能会作出错误的职业选择。许多人对自己职业不满意，频繁跳槽，有很大一部分原因是因为他们的职业选择没有基于真实的自我作出，而职业锚就是真实自我的体现。

2.职业锚测评可以帮助你在面临职业抉择时，作出与自己价值观、内心真我相匹配的职业决策。很少有工作能够完全满足一个人所有的重要价值观。因此，我们总是要不断地做出妥协和放弃。我们需要对自己的价值观进行澄清和排序，才能知道如何取舍，充分认识自我，准确地"抛锚"于你钟情的职业，实现人生价值的最大化，充分认识你的员工，准确地给他们的专业定位，实现公司价值的最大化，结合自己的实际情况，思考哪些职业符合自己的职业价值观。

【自我探索总结】

通过第二章的学习，我们了解了自我认知的方法，掌握了自我认知的内容，了解了自我兴趣、性格，探索了职业潜能、掌握了澄清职业价值观的理论和方法，请在下面的卡片上写出相应的内容，并写一份简历，用三分钟的时间来推销自己，强调突出自己的优点和特长。

你的职业性格

代码：＿＿＿＿＿＿＿＿＿＿＿＿＿

性格特征：＿＿＿＿＿＿＿＿＿＿＿

＿＿＿＿＿＿＿＿＿＿＿＿＿＿＿＿＿

适合的工作：＿＿＿＿＿＿＿＿＿＿

＿＿＿＿＿＿＿＿＿＿＿＿＿＿＿＿＿

你的职业潜能

你的成就故事：＿＿＿＿＿＿＿＿

＿＿＿＿＿＿＿＿＿＿＿＿＿＿＿＿＿

你的专业技能：＿＿＿＿＿＿＿＿＿

你的自我管理技能：＿＿＿＿＿＿＿

你的可迁移技能：＿＿＿＿＿＿＿＿

你的职业兴趣

代码：＿＿＿＿＿＿＿＿＿＿＿＿＿

兴趣特征：＿＿＿＿＿＿＿＿＿＿＿

＿＿＿＿＿＿＿＿＿＿＿＿＿＿＿＿＿

适合的工作：＿＿＿＿＿＿＿＿＿＿

你的五项重要职业价值观

①＿＿＿＿　解释：＿＿＿＿＿＿＿

②＿＿＿＿　解释：＿＿＿＿＿＿＿

③＿＿＿＿　解释：＿＿＿＿＿＿＿

④＿＿＿＿　解释：＿＿＿＿＿＿＿

⑤＿＿＿＿　解释：＿＿＿＿＿＿＿

第四章　职业生涯规划之决策与行动

通过本章的学习，我们主要了解职业发展决策的内容与方法，了解职业发展决策类型和决策的影响因素，思考并改进自己的决策模式，将决策技能应用于学业规划、职业目标选择及职业发展过程，并撰写职业生涯规划书。

【生涯案例】

最大的麦穗

古希腊有一位大学者，名叫苏格拉底。一天，他带领几个弟子来到一块麦地边，地里到处是沉甸甸的麦穗。苏格拉底对弟子们说："你们要去地里挑一个最大的麦穗，只许进不许退，我在麦地的尽头等你们。"

弟子们听懂了老师的要求后，就走进了麦地。

地里到处都是大麦穗，哪一个才是最大的呢？弟子们埋头向前走。看看这一株，摇了摇头；看看那一株，又摇了摇头。他们总认为最大的那一穗还在前面。虽然，弟子们也试着摘了几穗，但并不满意，便随手扔掉了。他们总以为机会还很多，完全没有必要过早地定夺。

弟子们一边低着头往前走，一边用心地挑挑拣拣，经过了很长一段时间。

突然，大家听到了苏格拉底苍老的如同洪钟一般的声音："你们已经到头了。"这时，两手空空的弟子们才如梦初醒，他们回头望了望麦垄，无数株小麦摇晃着脑袋，似乎在为他们惋惜。

苏格拉底对弟子们说："这块麦地里肯定有一穗是最大的，但你们未必能碰见它；即使碰见了，也未必能作出准确的判断。因此最大的一穗就是你们刚刚摘下的。"

苏格拉底的弟子们听了老师的话，悟出了这样一个道理：人的一生仿佛也在麦地中行走，也在寻找那最大的一穗。有的人见到了颗粒饱满的"麦穗"，就不失时机地摘下它；有的人则东张西望，一再地错失良机。当然，追求最大的"麦穗"并没有错，但把眼前的麦穗拿在手中，这才是实实在在的。

我想对埋头的弟子说：

_____。

我想对摇头的弟子说：

_____。

我想对随手扔掉麦穗的弟子说：

_____。

为什么没有一个人能选到最大的麦穗呢？

_____。

　　人生经历着无数次选择。选择前，我们要慎重。选择时，我们要果断。选择后，我们要淡定。世界精彩纷呈，充满诱惑，一定还有很多更饱满的麦穗出现，但请不要轻易抛弃你手中的这个麦穗，因为只有它才是实实在在属于你的。

　　人生是一连串选择和决策的过程，从早上起来你就在选择：

要穿哪一套衣服出门？

中午要去哪里吃饭？

和什么人一起吃饭？

　　生活中你也在选择：交往中你选择朋友，恋爱时你选择伴侣，工作前你选择职业……

　　"正是你在生活中每个环节的选择和决策塑造了你的人生，决定了你的成败。"

——约翰·坎贝尔

第一节　职业生涯决策

一、职业决策的内容

选择何种行业？

选择行业中的哪一类型工作?

选择所适用的策略,以获得某一特定的工作。

从数个工作机会中选择其一。

选择工作地点。

选择工作的取向。

选择生涯目标或系列的升迁目标。

（一）职业生涯决策的概念

职业生涯决策（career decision-making）又称职业决策或职业决定,它有广义和狭义之分,广义的职业生涯决策是指一个完整职业规划的过程,狭义的职业生涯决策是指职业规划过程中的一个环节（《中国职业规划师（CCDM）认证培训教程》）。职业生涯决策不仅包括职业选择,而且包括对执行完成选择所需的行为做出承诺的过程。职业生涯决策不仅仅是一个即时的职业选择行为,而且是一个动态的决策过程,伴随人的一生。在现实生活中,人们对自己职业生涯决策的行为表现也不尽相同,有的人能够比较快的作出抉择,而有些人对自己职业生涯决策选择很困难。

（二）七种职业生涯决策模式

丁克里奇（Dinklage,1966）提出,人们通常采用下面几种决策模式:

痛苦挣扎型（犹豫型）:花很多时间收集信息,通过各种方式反复比较,却难以作决定（害怕做错误决定、追求完美等）。

冲动型:遇到第一个选择就紧紧抓住不放,不再考虑其他的选择或进一步收集信息（回避困难,不愿意花精力去探索）。

直觉型:根据自己的感觉来作决定,而不考虑外在人、事、物的影响（先入为主,说不出什么理由）。

拖延型:虽然知道问题所在,但一直拖延不作决定,一切等明天再说（存在侥幸心理,希望事情可以自然而然解决）。

宿命型:自己不愿承担责任,而将一切归结于命中注定（不掌握生活主动权,人容易觉得无助和无力）。

顺从型：作决定受到他人或环境的影响，甚至自己不作决定，任由别人摆布（从众、不够独立）。

计划型：冷静且客观地分析各种选择的利弊得失，最后的决定则根据最有利的考虑（科学的决策模式）。

	早作决定	迟作决定	信息充分	信息缺乏	自主	依赖	一致	多变
犹豫型		√	√		√			√
冲动型	√			√	√			√
直觉型				√			√	
顺从型		√		√		√	√	
计划型	√		√		√		√	
拖延型		√	√			√	√	
宿命型		√		√		√	√	

在生涯决策时，要有明确的职业目标，在职业决策时需要结合自己的气质、性格、特长、兴趣和能力，考虑到实际情况，并具有可执行性，要正确面对问题，不要逃避问题，在职业决策时要遵循三条底线：一是不要危害社会；二是不要危害他人；三是不要危害自己。如果自己在生涯决策时，属于痛苦挣扎型、冲动型、直觉型、拖延型，建议向你信任的人求助，可以同你的朋友、学长、家长、配偶交流，这个阶段也可以求助职业顾问。善于系统长远分析但不要只做利弊分析，在生涯发展中没有统一有效的程序，所以要琢磨的是在职业中如何发挥你的优势。对已经决定好了或有重要事项的决定，不要朝秦暮楚，不要游离不定，用积极的行动尽快地解决问题。

总的说来，计划型这种风格比较积极主动，而拖延型、犹豫型和宿命型比较消极被动。不同的决策风格都有其优劣之处，都可以在某种程度上满足决策者的需要，重要的是识别自身的决策风格，并有针对性地进行调整。

【生涯小测验】

桃园摘桃

路边有一片桃园，假如你可以进入桃园摘桃子，只许前进不许后退，只能摘一次，要摘一个最大的，你会怎么办？

A.对视野内的桃子进行比较，形成一个大概的标准，再根据这个标准选择最大的桃子。

B.我感觉这个大，就摘这个了。

C.去问看桃园的人，让他告诉我什么样的最大，或者问旁边的人什么样的最大。

D.先别管了，走到最后再说吧。

E.稍微比较，迅速摘一个。

结果说明：

A.计划型。强调综合全面地收集信息、理智地思考和冷静地判断分析。

B.直觉型。以自我判断为导向，在信息有限时能够快速作决策，发现错误时能迅速改变决策。

C.顺从型。倾向采用他人建议与支援，往往不能承担自己作决策的责任。

D.拖延型。拖延不果断，倾向于不考虑未来的方向，不知道自己的目标，也不思考，也不寻求帮助。

E.犹豫型。选择的项目太多，无法取舍，精神处于挣扎的状态，下不了决心，但往往这种状态的人能收集充分完整的信息。

【生涯案例】

张振华：土里淘金再造家乡①

张振华，男，1995年8月出生，华中农业大学2014级农业科学张之洞班学生。2014年3月在内蒙古种植1000亩紫花苜蓿，纯利润达150万元。2015年3月将种植规模扩大到3000亩，并成立内蒙古华蒙农牧业开发有限公司。2015年4月带领团队登上央视的舞台，并且成功获得100万元融资。创业事迹被人民网、新华网、新浪网、凤凰网、《中国日报》、腾讯网、央视网等40多家媒体报道。

张振华1995年出生在内蒙古一个贫穷的农村家庭。儿时的张振华曾发誓以

---

① 选自：《弄潮儿向涛头立——寻访2015年大学生创业英雄活动百强事迹选编》，清华大学出版社。

后不再当农民，但是长大后的张振华逐渐明白，要解决问题而不是逃避。于是，张振华有了一个梦想：改变家乡的面貌。

高考成绩超过重点线 50 多分的张振华，不顾母亲的反对和旁人的冷笑选择了一所农业学校——华中农业大学。张振华的目标很明确，就是想学习前沿的农业知识，并运用于实际生产来改变家乡的现状。

一边上学，一边在内蒙古开展苜蓿草的种植事业，张振华的生活被划分为田间地头和教室实验室两部分：暑期农忙，农闲赶回学校复习考试。

2012 年父亲开始养牛，张振华在帮着购买牧草的时候，发现了苜蓿的宝贵。这种开着紫花看似普通的草不仅蛋白质含量丰富，还再生性强。为了提高产奶量，每年内蒙古的牧场从美国进口紫花苜蓿数量达上百万吨。"为什么要进口美国的草，我们能不能自己种？"张振华心里想。

张振华开始着手紫花苜蓿的生产。与传统的种植方法不同，张振华采取的是机械化、规模化的模式，从播种到插秧都不需要太多人工。父亲拿出毕生积蓄，支持张振华用于紫花苜蓿的种植。华中农业大学也拿出实验田来，用于苜蓿新产品的试验。

最大的困难是说服农民。要实现大规模生产，需要将分散的土地集中连成片。一开始，农民并不看好这种"奇怪"的作物，他们担心一旦失败对以后的耕种会有影响。张振华挨家挨户去解释，并且提前付租金，让农民看到自己的诚意。

农业创业很踏实：这季种下去，下季一定能有收获。由于张振华掌握了紫花苜蓿大规模机械化生产的技术，蛋白质含量更高的新产品在不断推出，市场需求量非常大，因此价格非常稳定。

不到一年时间里，普通农户的种地收入从过去种玉米每年收入 1 万元到现在种苜蓿年收入 3 万元以上。2014 年试种 1000 亩紫花苜蓿，纯利润已达 150 万元。

张振华看重的不仅仅是经济价值，紫花苜蓿的根特别长，有很好的防风固沙和固氮作用，如果大面积推广对生态改良很有利。

如今，尝到甜头的农民开始找上门来要求学习种植，张振华的学校所在地湖北省的一家企业也为他的团队专门建立了试验田。

农业科研的周期较长，研究一个紫花苜蓿新品种，至少需要八九年，自然风险较高，前期投入巨大，张振华的创业路每走一步都要克服各种各样甚至根本无法预料的困难。"但是我有信心坚持下去。"

在上述案例中，我们看到，在人生的十字路口，张振华再作一次又一次的抉择，他属于计划型。他能冷静且客观地分析各种选择，利用科学的决策模式，按照自己的实际情况和所学专业，结合自己的兴趣进行决策。这也是他能够取得成功的重要因素。

二、生涯决策流程

目前，我们一般使用 CASVE 循环模式来进行职业生的决策，这一决策的流程主要包含识别问题（communication）、考虑各种可能性（分析 analysis）、形成一些选项（综合 synthesis）、对选项进行排序（评估 value）和采取行动解决问题（执行 execution）这五步。模式的命名也就是取五个英文单词的首字母。

在整个流程中，我们用"沟通"来描述 CASVE 决策过程的第一阶段。在这个阶段，个体会收到有关理想与现实之间存在差距的信息，这些信息可能通过内部或外部的信息交流途径传达给个体，这时个体意识到"我需要作出一个选择"的阶段。我们用"分析"来描述 CASVE 决策过程的第二个阶段，个体在这个阶段会花时间对所有信息进行分析，理性决策者阻止用冲动行事减小在沟通阶段所体验到的压力或痛苦，因为他们知道，盲目和冲动是无效的。这是了解自己和自己的各种选择的阶段。我们用"综合"来描述 CASVE 循环的第三个阶段，在这个阶段的基本问题是："为了解决问题我需要做些什么？"因此，这是一个人形成可能的解决方法并寻求实际的解决方法的阶段。我们用"评估"来描述 CASVE 循环的第四个阶段，评估阶段的第一步是评估每种选择对问题解决者和他人的影响，第二步就是对各种选择进行排序。理性决策者在这个阶段通常会作出一个最佳选择，并作出情感上的承诺去实施这一选择。如果第一选择就是最终的最佳选择，就进入了 CASVE 循环的最后一个阶段"执行"。当这一循环完成之后，又会面临新的问题，则再次进入循环，不断往复。生涯决策的具体流程如图

4–1 所示。

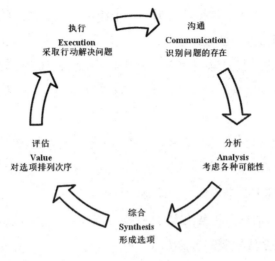

图 4–1　生涯决策的流程

【学习活动】

数字传递

1.活动目标

感受人与人之间的信息交流与沟通，接触生活中常见的现象，体会信息传递的过程。

2.活动要求

（1）活动场地：室内。

（2）参加者：班级同学，分成 6—8 人的若干组，每组选派一名组员出来担任监督员。

（3）时间：活动时间约为 5 分钟，讨论与分享时间为 5—8 分钟。

3.活动过程

（1）所有参赛的组员排纵队，最后排好队列的人到讲台上向全体参赛学员和监督员宣布活动规则。

（2）各队代表到主席台，教师说："我将给你们看一个数字，你们必须把这个数字通过肢体语言让你全组的组员都知道，并且让小组的第一个组员将这个

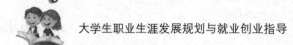

数字写到讲台前的白纸上（写上组名），看哪个队伍速度最快、最准确。

（3）全过程不允许说话，后面一个组员只能够通过肢体语言向前一个组员进行表达，通过这样的方式层层传递，直到第一个队员将这个数字写在白纸上。

（4）比赛进行三局（数字由教师临时设定，如 9、0.54、286 等），每局休息半分钟。第一局胜利积 5 分，第二局胜利积 8 分，第三局胜利积 10 分。

4.讨论与分享

（1）P（计划）—D（实施）—C（检查）—A（改善行动）循环，在这个活动中如何得体现？

（2）循环中哪个步骤更为重要？

（3）这个活动对生涯决策有何启示？

三、职业生涯决策的方法

（一）SWOT 分析法

1.SWOT 分析

SWOT 分析法（也称 TOWS 分析法、道斯矩阵）即态势分析法，20 世纪 80 年代初由美国旧金山大学的管理学教授韦里克提出。在现在的战略规划报告里，SWOT 分析应该算是一个众所周知的工具。来自于麦肯锡咨询公司的 SWOT 分析，包括分析企业的优势（Strengths）、劣势（Weaknesses）、机会（Opportunities）和威胁（Threats）。SWOT 分析法，即态势分析法，就是将与研究对象密切相关的内部优劣势和外部的机会和威胁等，通过调查列举出来，并依照矩阵形式排列，然后用系统分析的思想，把各种因素相互匹配起来加以分析，从中得出一系列相应的结论，而结论通常带有一定的决策性。

从整体上看，SWOT 可以分为两部分：第一部分为 SW，主要用来分析内部条件；第二部分为 OT，主要用来分析外部条件，利用这种方法可以从中找出对自己有益的、值得利用的因素，以及对自己不利的、要避开的东西，发现存在的问题，找出解决办法，并明确以后的发展方向。根据这个分析，可以将问题按轻重缓急分类，明确哪些是急需解决的问题，哪些是可以稍微拖后一点儿的事情，哪些属于战略目标上的障碍，哪些属于战术上的问题，并将这些研究对象列举出来，依照矩阵形式排列，然后用系统分析的所想，把各种因素相互匹配起来加以分析，从中得出一系列相应的结论，而结论通常带有一定的决策性，有利于领导者和管理者做出较正确的决策和规划。

2.SWOT 分析的内容

（1）分析环境因素

运用各种调查研究方法，分析出个体职业生涯所处的外部环境因素和内部能力因素。外部环境因素包括机会因素和威胁因素，它们是外部环境对个体职业生涯的发展直接有影响的有利和不利因素，属于客观因素；内部能力因素包括优势因素和弱点因素，它们是个体职业生涯在其发展中自身存在的积极和消极因素，属主动因素。在调查分析这些因素时，不仅要考虑到个体职业生涯的历史与现状，而且更要考虑个体职业生涯的未来发展。

（2）构造 SWOT 矩阵

将调查得出的各种因素根据轻重缓急或影响程度等排序方式，构造 SWOT 矩阵。在此过程中，将那些对个体职业生涯发展有直接的、重要的、大量的、迫切的、久远的影响因素优先排列出来，而将那些间接的、次要的、少许的、不急的、短暂的影响因素排列在后面（表 4-1）。

表 4-1　SWOT 矩阵分析

内部个人因素	优势（strengths） 你可以控制并且可以利用的内在积极因素。 你最优秀的品质和能力体现在什么地方？ 你曾经学习了什么，曾做过什么？ 最成功的方面是什么？ ……	劣势（weaknesses） 你可控制并努力改善的内在消极因素。 我的性格有什么弱点？ 经验或者经历上还有哪些缺陷？ 最失败的是什么？ ……
外在环境因素	机会（opportunities） 你不可控制,但可利用的外部积极因素； 社会环境对你的发展目标的支持； 地理位置优越专业发展带来的机会； 就业机会增加……	威胁（threats） 你不可以控制但可以弱化的外部消极因素； 名校毕业的竞争者； 同专业的大学生带来的竞争……

（3）制订行动计划

在完成环境因素分析和 SWOT 矩阵的构造后，便可以制订出相应的行动计划。制订计划的基本思路是：发挥优势因素，克服弱点因素，利用机会因素，化解威胁因素；考虑过去，立足当前，着眼未来。运用系统分析的综合分析方法，将排列与考虑的各种环境因素相互匹配起来加以组合，得出一系列个体未来职业发展的可选择对策。这些对策包括：最小与最小对策（WT 对策），即考虑弱点因素和威胁因素，目的是努力使这些因素都趋于最小；最小与最大对策（WO 对策），着重考虑弱点因素机会因素，目的是努力使弱点趋于最小，使机会趋于最大；最大与最小对策（ST 对策），即着重考虑优势因素和威胁因素，目的是努力使优势因素趋于最大，是威胁因素趋于最小；最大与最大对策（SO 对策），即着重考虑优势因素和机会因素，目的在于努力使这两种因素都趋于最大。

可见，WT 对策是一种最为悲观的对策，是处在最困难的情况下不得不采取的对策；WO 对策和 ST 对策是一种苦乐参半的对策，是处在一般情况下采取的对策；SO 对策是一种最理想的对策，是处在最为顺畅的情况下十分乐于采取的对策。由于具体情况所包含的各种因素及其分析结果所形成的对策都与时间范畴有着直接的关系，所以在进行 SWOT 分析时，可以先划分一定的时间段分别进行 SWOT 分析，最后对各个阶段的分析结果进行综合汇总，并进行整个时间段的 SWOT 矩阵分析。这样，有助于分析的结果更加精确。

【案例分析】

小张运用 SWOT 分析法进行生涯决策

小张已经是农业资源与环境专业大三的学生了，前几天因为学习了 SWOT 分析法，下课后他迫不及待地进行了一次 SWOT 分析。她将自己的内向、勤奋好学、任劳任怨的性格和在校期间学习的专业知识、学生会管理工作、公文写作等积累的经验，以及自己规划的职业生涯目标——农产品销售、公务员人员工作结合起来一起考虑，进行了 SWOT 分析。

小张的 SWOT 分析表

<table>
<tr>
<td rowspan="2">内部个人因素</td>
<td>优势（strengths）
1.善于交际，人际关系好，语言表达能力强；
2.组织、管理、策划能力好；
3.心理素质较强，能够承受得起挫折和失败；
4.工作积极认真，有热情，有创新意识；
5.能够运用基本的办公软件，如 WORD、EXCEL 等；有英语四级证书、计算机二级证书，有一定的书面表达能力。</td>
<td>劣势（weaknesses）
1.办事不够细腻，有时候考虑问题不全面；
2.做事不够果断，有点拖拉；
3.工作、学习上有些保守，创新能力有待提高；
个人工作经验不足。</td>
</tr>
</table>

<table>
<tr>
<td rowspan="2">外在环境因素</td>
<td>机会（opportunities）
1.学校可以让我接触到农业土壤化肥、植物营养方面的专业知识；
2.在校担任学生会干部，拥有构建良好人际关系的条件；
3.国家加大对农业发展的支持，所学专业就业前景好；
4.学校提供就业实习实践机会多，提前了解企业工作环境；
5.国家公务员考试日趋规范。</td>
<td>威胁（threats）
1.距离毕业还有一年的时间，各种准备相当不充分，相比985、211 大学的学生来说自身实力不够突出；
2. 用人单位对毕业生的要求提高，更需要有经验的人才；
3. 国家公务员考试越来越热门。</td>
</tr>
</table>

自己真实的特点：对农产品销售专业方面的工作有兴趣；办公软件运用熟练；有亲和力。

总体鉴定：通过上述分析，自己在从事产品农产品销售方面工作时，个人优势大于劣势。同时根据自身的条件也可以往公务员方面发展。

（二）五"WHAT"归零思考

许多职业咨询机构和心理学专家进行职业咨询和职业规划时常常采用的一种方法就是有关五个"WHAT"的归零思考的模式：从自己是谁开始，然后顺着就一路问下去，共有五个问题：

1.我是谁？

2.我想做什么？

3.我能做什么？

4.环境支持我做什么？

5.我最终职业目标是什么？

回答了这五个问题，找到它们的最高共同点，你就有了自己的职业生涯规划。

针对第一个问题"我是谁",应该对自己进行一次深刻地反思,有一个比较清醒的认识,将优点和缺点——列出来。第二个问题"我想干什么"是对自己职业发展的一个心理趋向的检查。每个人在不同阶段的兴趣和目标并不完全一致,有时甚至是完全对立的。但随着年龄和经历的增长而逐渐固定,并最终锁定自己的终生理想。第三个问题"我能干什么"则是对自己能力与潜力的全面总结,一个人职业的定位最根本的还要归结于他的能力,而他的职业发展空间的大小则取决于自己的潜力。对于一个人潜力的了解应该从几个方面着手去认识,如对事的兴趣、做事的韧力、临事的判断力以及知识结构是否全面、是否及时更新等。第四个问题"环境支持或允许我干什么",这种环境支持在客观方面包括本地的各种状态,比如经济发展、人事政策、企业制度、职业空间等,人为主观方面包括同事关系、领导态度、亲戚关系等,两方面的因素应该综合起来看。有时我们在选择职业时常常忽视主观方面的东西,没有将一切有利于自己发展的因素调动起来,从而影响了自己的职业切入点。明晰了前面四个问题,就会从各个问题中找到对实现有关职业目标有利和不利的条件,列出不利条件最少的、自己想做而且又能够做的职业目标。那么第五个问题有关"自己最终的职业目标是什么"自然就有了一个清楚明了的框架。

【生涯案例】

某大学商务英语专业毕业生小王,用五"WHAT"的归零思考法来探索自己的职业目标。

1.我是谁?

某大学商务英语专业学生,优秀学生干部,学业成绩优秀,英语通过国家六级;辅修旅游英语、旅游管理、导游概论等课程;已取得旅委颁发的"导游证书";家庭状况一般,父母工作稳定,经济水平一般,但父母很支持我的选择,不干涉我的选择;性格乐观,不喜欢被限制,也不想被约束,对有兴趣的事很入迷;喜欢紧张忙碌的生活,所以每天的活动都会排得满满的;喜欢交朋友并乐于倾听他们的事情,对人热情、友善,有爱心更有耐心,很难拒绝有求于自己的人,更不会直接向别人表达自己不满的情绪。

2.我想做什么？

A：很想成为一名导游，自己比较喜欢这种职业；

B：成为宾馆、饭店的管理人员；

C：出国读本科，回国成为英语翻译。

3.我能做什么？

A：在宾馆做过前台接待，当前台接待时曾因英语口语良好，受邀担任过随团导游兼翻译，很有成就感；

B：当过学生干部，团队合作意识较强，多次参与学校组织的有影响的大型活动。

4.环境支持我做什么？

A：家长希望我能去国外继续深造取得本科文凭。

B：学校老师推荐我去一家品牌化妆品公司担任外方客户维护。

C：有同学自己开了一家货代公司，希望我能够加盟，但自己不了解货代公司的具体业务，也不知道它有多大的发展前途。

D：在暑期社会实践时找到了一份兼职导游的工作，自己希望能成为全职导游。

5.我最终职业目标是什么？

A：到国外去继续深造，学成归来做自己梦寐以求的翻译工作。但家境一般，要举债读书，压力太大，等有能力有精力了再去深造，也好减轻父母的负担。

B：到品牌化妆品公司担任外方客户维护。收入应当不错，但从发展的角度来看，化妆品行业竞争激烈，起伏较大，自己对此行业兴趣也不是很大。

C：去同学的货代公司去做管理。但专业知识用不上，日久会荒废；对货代行业不熟悉，承担风险较大；来自家庭的阻力，会令自己左右为难。

D：如愿从兼职导游转为全职导游。一面带团出游，一面利用业余时间继续读些书，把外语知识与旅游知识有机结合。

通过最终分析比较，确定自己的职业目标为导游。

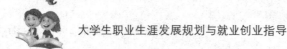

（三）生涯决策平衡单

生涯决策平衡单是心理学中常用的决策工具，经常被应用于问题解决模式和职业咨询中。在整个生涯决策的实施过程中，一般人最感到困难的是涉及对不同选择方案如何评估。平衡单（balance sheet）由詹尼斯和曼（Janis，Mann）设计，帮助我们把决策的问题简单化，将重大问题的思考方向集中到以下四个方面：自我物质方面的得失（utilitarian gains or losses for self）；他人物质方面的得失（utilitarian gains or losses for significant others）；自我赞许与否（self-approval or disapproval）；社会赞许与否（social approval or disapproval）。实际应用时，由于认为"自我赞许与否"和"社会赞许与否"仍显得笼统，所以台湾生涯辅导专家金树人将最后的两项改为"自我精神方面的得失"与"他人精神方面的得失"，就是从以"自我—他人"，以及"物质—精神"所构成的四个范围内来考虑。如表4-2所示。决策平衡单的基本思路是协助个体系统地分析每一个它可能的选择方案，考虑各种方案实施后的利弊得失，最后排定优先顺序，择一而行。其实施的步骤包括以下几个方面。

表4-2　生涯决策平衡单

	正面的预期（+）	负面的预期（-）
自我物质方面的得失		
他人物质方面的得失		
自我精神方面的得失		
他人精神方面的得失		

1.使用平衡单

为了使决策者能将所有可能的想法都具体地呈现出来，每一个选择，使用一张平衡方格单，在填写之前，要充分考虑四个大类的意义及范围。在平衡单列出个人所考虑的2-3个目标职业。注意：先填写第一和第二优先考虑的职业，在所有重要的想法都列出来之后，再依次填写选择的其他职业。此时你纷乱无序的各种念头已化为有系统的文字叙述。然后，你再提醒自己"再仔细看看，有没有遗漏的"。

2.判断各维度的利弊关系

从上面提及的四个考察维度列出你选择职业生涯考虑的因素，分别列出每个因素的细目表，对四个方面的正面预期和负面预期进行分析，考虑每个因素的得失程度，按照 –5~5 给分。如表 4–3 所示

表 4–3　生涯决策细目表

自我物质方面的得失 　收入的多少 　工作的难易 　升迁的机会 　工作环境的安全 　休闲时间 　工作的兴趣程度 　工作的稳定、安全……	自我精神方面的得失 　生活方式的改变 　成就感 　自由独立 　自我实现的程度 　兴趣的满足 　挑战性 　社会声望的提高……
他人物质方面的得失 　家庭经济 　家庭地位 　与家人相处的时间……	他人精神方面的得失 　父母的感受 　师长的意见 　朋友的想法……

3.对每个考虑因素设置权重

上述各项考虑对每个人的意义都不一样，为了体现出各项目重要程度的不同，考虑每个选择中这些因素的得失程度，需对每个项目进行加权计分，每个考虑因素可根据自己的情况设置权重。加权的分数可以采用五点量表法，最重要的赋予 5 分，最不重要的赋予 1 分，分别给出分数，然后计分。依分数累计，得出每个职业选择的总分。

4.排定各种选择的等级

为了能综合地对平衡单的各种选择方案做最后的评估，可以再审查一下平衡单上的项目。同样，也可以对平衡单上的加权计分再做适当修改，改完之后进行最后加权计分。将这些选择按分数高低排列，其职业选项的优先次序可作为个人职业生涯决策的依据。决策者还应该明白，这不一定是永久的决定，也许只是暂时的决定，因为它是根据"目前"所能搜集到的资料，决策者对自己了解的程度

作出的决定。

【生涯案例】

小李是一名国际贸易专业的大四毕业生，他学习成绩优秀，通过国家英语六级，曾获得全国大学生英语竞赛一等奖、全国口语大赛二等奖。他喜欢户外旅游，在大学考取了导游证。他对自己未来的职业选择和发展方向举棋不定。如果考研，会考国贸专业，本地就有很好的大学，但这个专业考研的竞争相当激烈。如果直接选择求职，进入银行或投资公司的机会对本科生来说又相当少，即使有机会，也需要经过残酷的竞争，而且本科毕业就进入公司也不能参与一些核心工作，对自己的职业发展不利。为此，小李利用生涯决策平衡单进行了深入分析，并在此分析的基础上作出了选择。如表4-4所示。

表4-4 小李的生涯决策平衡单

选择项目／考虑因素	权重 −5,+5	选择一 国贸专业研究生		选择二 银行或投资公司		选择三 导游	
		加权分数(+)	加权分数(−)	加权分数(+)	加权分数(−)	加权分数(+)	加权分数(−)
个人物质方面的得失							
1.个人收入	3	0(0)		2(+6)		4(+12)	
2.未来发展	4	5(+20)		4(+16)		2(+10)	
3.休闲时间	2		−1(−2)	0(0)		3(+6)	
4.对健康的影响	1	2(+2)		2(+2)		4(+4)	
他人物质方面的得失							
1.家庭收入	3		−1(−3)	2(+6)		4(+12)	
2.家庭地位	2	5(+10)		3(+6)			−2(−4)
个人精神方面的得失							
1.创造性	5	4(+20)		4(+20)		4(+20)	
2.多样性和变化性	5	4(+20)		5(+25)		5(+25)	
3.影响和帮助他人	4	3(+12)		4(+8)		5(+10)	
4.自由独立	4		−1(−4)	4(+16)		5(+20)	
5.被认可	3	5(+15)		3(+9)		4(+12)	
6.挑战性	3	4(+12)		5(+15)		5(+15)	
7.应用所长	5	2(+10)		5(+25)		5(+25)	
8.兴趣的满足	4	3(+12)		5(+20)		5(+20)	

（续表）

选择项目　权重　考虑因素	权重 −5，+5	选择一 国贸专业研究生		选择二 银行或投资公司		选择三 导游	
		加权分数（+）	加权分数（−）	加权分数（+）	加权分数（−）	加权分数（+）	加权分数（−）
他人精神方面的得失 1.父亲 2.母亲 3.男朋友 4.老师	3 3 2 1	5（+15） 5（+15） 3（+6） 5（+5）		3（+9） 2（+6） 4（+8） 4（+4）		3（+9） 4（+8）	−1（−3） −1（−1）
总分		165		201		200	

结论：根据决策平衡单，职业生涯目标二得分最高，决策目标是将来从事银行或投资公司职员。

【生涯游戏】

沙漠逃生

形式：先以个人形式，之后再以5人的小组形式完成。

时间：30分钟。

场地：教室。

适用对象：所有学生。

活动目的：选择决策的重要性。

内容详情：大约7月中旬上午10点钟。你乘坐的飞机坠落在美国西南部索诺拉大沙漠中。飞行员和副飞行员都死了，其他人都活着。飞行员在飞机坠落前没有告诉任何人飞机所在的位置，只有一些人在出事前向外观看，根据地上的标记，估计偏离航线有105公里。在出事前几分钟，飞行员曾告诉你：在东北方向距离113公里的煤矿上，有人居住。索诺拉地区是沙漠，除了一些仙人掌外一无所有。当时白天气温将达45℃，夜间温度骤降到15℃。大家穿着单薄的衣服——短袖衬衫、短袜和皮鞋。降落后，飞机上有15件物品，大家只能带走其中6样物品，只有选对了这6样物品才能生存下去，物品如下：

1.化妆镜。2.太阳镜。3.降落伞。4.一瓶盐片（1000片）。5.一公升水。6.手枪。7.小刀。8.一本《如何应对沙漠中动物》。9.地图。10.手电筒。11.塑料雨披。12.大衣。13.急救箱。14.指南针。15.20公升伏特加。

你的选择是？

_____

为什么这样选？

_____

第二节　确定职业目标

【生涯案例】

撒哈拉沙漠中的比塞尔人

非洲撒哈拉沙漠中有一个叫比塞尔的村庄，它地处在一块1.5平方公里的绿洲旁，从那里走出沙漠一般需要三昼夜的时间。肯·莱文在1926年发现了它，在这之前，这里没有一个人走出过这个大沙漠。为什么世世代代的比赛尔人始终走不出那片沙漠呢？据说不是他们不愿意离开这块贫瘠的地方，而是尝试了好多次都没有走出去。英国皇家学院院士肯·莱文不相信这种说法，他从比塞尔村向北走三天半就走出来了。为什么这个村的人走不出去呢？因此，他做了一次试验，准备了能用一个月的水，牵上两匹骆驼，收起指南针，雇了一个比塞尔人带路，只拄着木棍跟在后面，10天过去他们走大约800公里路程，第十一天早晨又回到比塞尔。肯·莱文终于明白了走不出去是因为比赛尔人根本不认识北斗星，在茫茫大沙漠中，没有方向的他们只能凭感觉向前走。在一望无际的沙漠中，一个人若是没有固定方向的指引，他会走出许多大小不一的圆圈，最终回到他起步的地方。自从肯·莱文发现这个村庄之后，他便把识别北斗星的方法教给了当地的居民，比赛尔人也相继走出了他们世代相守的沙漠。

如今的比赛尔已经成了一个旅游胜地，每一个到过比塞尔的人都会发现一座纪念碑，碑上刻着一行醒目大字："新生活是从选定方向开始的。"

这个故事说明什么道理？

沙漠中没有方向的人只能徒劳地转着一个又一个圈子，生活中没有目标的人只能无聊地重复着自己平庸的生活。对沙漠中的人来说，新生活是从选定方向开始的，而对现实中的人来说，新生活是从确定目标开始的，可见人生在世，都要有自己的目标。

一、职业生涯目标的制定

美国成功学大师安东尼·罗宾斯曾提出了一个成功的万能公式：成功＝明确目标＋详细计划＋马上行动＋检查修正＋坚持到底。从这个公式可以看出，若要想成功，首先要明白自己的目标和详细的计划。我们在职业规划时也是一样，首先选择一个最适合自己发展的行业和职业，然后确定目标，同时对自己的整个职业生涯进行初步规划，最后付诸行动。而且经常得对自己的目标和计划进行检查修正，坚持到底，定能获得成功。

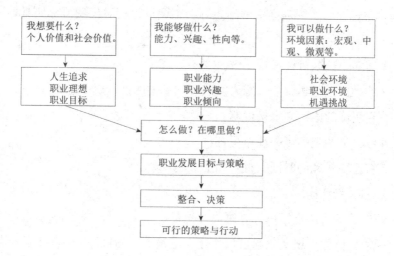

（一）长期目标

古人云："志不立，天下无可成之事。"在确定职业生涯目标时，首先要确定人生的长期目标，这个目标是一个人十年、二十年甚至几十年为之奋斗的结果。长期目标是对你未来的生活及职业的规划，如自己将来会成为怎样的人，在怎样的环境下工作，将来从事怎样的工作，长期目标的合理规划更有利于发挥自己的潜能。但由于某些不确定因素的存在，长期目标不一定得非常具体详细，只要有一个明确的方向就可以。设定一个长期目标要考虑以下方面：

1.非常符合自己的价值观；

2.对自己的目标感兴趣；

3.目标具有一定的挑战性；

4.目标是自己能够实现的。

（二）中期目标

长期目标比较遥远，因此，应该将长期目标分解成为一些中期目标。一般中期目标可以是三至五年，在整个目标体系中起着承上启下的作用，也是职业生涯能否有效实施和实现的重点，对大学生来说，就是在大学学习期间应该达到什么样的目标。中期目标在长期目标的基础上确立，如毕业时找到一份满意的工作、上理想的大学、读自己喜欢的专业的研究生、去自己所梦想的国家留学等，或是先择业再创业，实现当老板的理想等。中期目标相对长期目标要具体些，中期目标有如下特点：

1.通常与长期目标保持一致。

2.结合自己所学专业、能力、兴趣和掌握的社会资源来确定。

3.用明确的语言来定量说明。

4.对目标实现的可能性做出评估。

5.有比较明确的时间，且可做适当的调整。

（三）短期目标

短期目标通常是指每日、每周、每月、每季、每年的目标，是中期目标和长期目标的具体化、现实化和可操作化，是最清楚的目标。其主要特征主要有：

1.目标具备可操作性。

2.明确规定具体的完成时间。

3.对现实目标有把握。

4.服从于中期目标。

5.目标需要适应环境。

6.目标要切合实际。

短期目标，对大学生来说，是十分重要的，短期目标设定是否合理，决定着中期目标和长期目标是否可以实现。相对而言，短期目标的分类也更为复杂，分类的标准不一样，分类则不尽相同。

按年级来分，可分为一年级目标、二年级目标、三年级目标、四年级目标。

按学期来分，可分为上学期目标、下学期目标。

按假期来分，可分为暑假目标、寒假目标。

按内容来分，可分为学习目标、生活目标、社团实践目标、兼职目标、实习目标等。

按毕业后的去向来分，可分为就业目标、考研目标、留学目标、创业目标、培训目标。

职业目标确定后，向哪一条路线发展，此时要作出选择。比如，一个大学生希望从事管理工作，是直接走管理路线，还是向专业技术发展后再转向管理路线，选择的路线不同，所用的措施就有差异。因此，在职业生涯规划中，必须作出抉择，以便使自己的学习、工作以及各种行动措施沿着职业生涯路线或预定的方向前进。

通常职业生涯路线的选择必须考虑以三个问题：

1.我想往哪一条路线发展？

2.我能往哪一条路线发展？

3.我应当往哪一条路线发展？

对上三个问题，进行综合分析，以确定自己的最佳职业生涯路线。可以用生涯发展路径图来形象地说明生涯的发展与变化。（图4-2）是某人力资源管理专业学生的生涯发展路径图，其中有他不同时期的生涯发展的路线和目标时间。当然，做生涯发展路径图最关键的一点，在于要对自己即将从事的职业有充分的了解。否则，我们的生涯发展路径图就是痴人说梦、空中楼阁了。

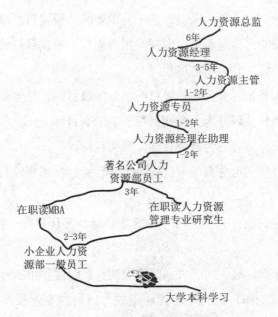

图 4-2　某同学生涯发展路线图

二、差距分析

具体目标的设置需要进行差距分析，就是将现实条件与达成职业生涯目标所需条件对照，找出其中的差距。这样设计的目标，才具有针对性和可行性，是实现生涯目标的具体施工图。实现目标的过程，实际上就是缩小差距的过程。

第一步：找出差距，包括认识上的差距、知识上的差距、思想观念上的差距、心理素质差距、能力上的差距等。在找出差距时一定要充分了解自己的实际情况，明确自己的不足。例如，有些同学在某门课程上的基础知识比较薄弱，有些同学性格内向，缺乏与别人的沟通。

第二步：找出缩小差距的方法。缩小差距的方法主要是教育培训的方法、讨论交流的方法以及实践锻炼的方法。教育培训的方法侧重于向书本学习；讨论交流的方法侧重于向别人学习；而实践锻炼的方法是最根本的方法，实践过程会出现差错，但同时也是发现问题、总结经验、重新调整的机会。

第三部：寻找实现途径。将缩小差距的方法列入自己的目标计划内，越详细、具体越好。

【生涯案例】

某大学生大二下学期弥补差距的行动方案

	知识方面	能力方面
达到的效果	1.通过 CET-6； 2.提高英语听说能力； 3.每门专业课成绩不低于85分； 4.对经济学、管理学有所了解；	1.提高领导和组织能力； 2.与专业老师、同学建立良好关系； 3.锻炼社会实践能力； 4.锻炼口头和书面表达能力。
具体措施	1.早上7点出门读英语半小时，晚上练习听力半小时，做六级试题； 2.每周五去英语角； 3.定期看英语电影（两周一次）； 4.课前预习，课堂认真听讲，积极思考，课后复习整理； 5.阅读专业书籍2~6本； 6.选修经济学、管理学公选课。	1.多与专业老师、周围同学交流； 2.积极参加青协组织的社会实践活动； 3.课堂积极发言，会上勇于发表意见； 4.报课题、撰写学术论文。

二、时间管理

（一）养成良好的时间管理习惯

1.计划与目标

对此制订一个计划表，列出具体要干的事，这些事在那个时间段内完成。要列一个详尽的时间清单，一旦清单列好之后就不能随便修改，要克服困难去完成。

2.推行一种"现时办事制"

根据自己的生活规律，选择精力最充沛、思想最集中的时间去处理手头最重要的事，如做数学习题、背诵单词、做课程设计等，这样会事半功倍。克服办事拖拉的坏习惯，今日事今日毕，不要拖到明天去做。例如背单词，给自己限定一个时间段，在这个时间段内要记会多少个单词，全身心地将这件事情做完，再去做别的事情。可将一些不重要的事情利用空余时间去办。

3.有了计划，现在就做

我们经常能听见身边有这种声音："现在还不急，等过两天再说""我今天没心情做，等我有心情再做""老师要求后天交作业，先不急，等明天晚上再做也来得及""等我有空再做"等。古人云："明日复明日，明日何其多，我生待明日，万事成蹉跎"，时间不等人。时间最不偏私，给任何人一天都是二十四小时；时间也最偏私，给努力抓住他的人总是赐予更多的回馈。一个成功的人最重要的不是他的目标有多远，不是他的方法有多好，而是他的行动比别人多。只有行动，才能谈得上方法；只有行动，才能体现我们的毅力；也只有行动，才能达到我们的目标。

【课堂讨论】

星期天，小明起床前就制订好了一天的计划：9点开始做数学和英语作业，之后写一篇议论文，然后用一小时上网，浏览一下本周球坛情况。下午提早回校出板报。9点钟他准时坐在书桌前，看到凌乱的桌面，心想不如先收拾整理，为今天的学习提供干净舒适的环境。半小时后书桌变整洁了，虽然未能按原定时间开始学习，但他丝毫不后悔，因为30分钟的清理工作很有成效，他满意地到客厅喝水稍作休息。无意间发现报纸上的彩图十分醒目诱人，便情不自禁地拿起来看，看了一则又一则新闻。看了一张又一张，不知不觉已经10点了。他因没履行计划而略感不自在，不过转念想想看报纸也是学习呀，心也就安了。

好不容易做作业了，可不一会儿，好朋友来电话便与他不知不觉地聊了约30分钟。挂上电话，见弟弟在一旁玩游戏，便与弟弟一块儿玩起来，毕竟一个星期没与弟弟玩了……很快就到了12点，他心想写作文是颇费脑筋的事情，没有比较完整的时间是难以写好的，倒不如下午再好好做，于是安心吃饭了。

午饭后，他马上就回房间，满以为可以开始专心做作业了。但不一会儿，眼皮就开始打架，他想平常这时候也正是午睡时间，今天反正是星期天，就好好休息吧，养好精神可提高学习效率。于是，他放心睡了。

一觉醒来已是下午3点多，他果然感到精神充足，打开电脑上网。关机时已快5点，他想剩下的时间不可能完成所计划的事情了，就先做晚上要交的作业，作文下周一才交就明天再做打算了。

讨论：导致小明不能按计划行事的原因有哪些？改变"时间拖延症"的方法有哪些？

4.学会说"不"

学会说"不"，把时间用在更重要的事情上，有时计划赶不上变化，很多时候原本计划好的某一件事，经常会临时有一些变化。例如：你手头正好有件要紧的事情要办，朋友拉你去打牌或喝酒，这会占用你很多时间。在这种情况下，要学会恰当的拒绝，说"不"。这是时间管理中摆脱变化和纠缠的一种很有效的方法。

5.要有时间价值观

世界上最快而又最慢、最长而又最短、最平凡而又最珍贵、最易被忽视而又最令人后悔的就是时间。对待时间就像对待经营一样，时刻要有一个"成本和价值"的观念。例如：为省1元钱而排半小时队，为省2元钱，步行3站路，等等，都是极不划算的。

6.工作不要超负荷

如果你习惯于将一天的日程排得满满的，那么在做事情之前你可能没有时间思考和准备，而这个过程可能是非常有价值的，如果你从始至终都是严格地按照日程时间表做每件工作，那么给自己留20分钟时间放松、反思、提前做个准备计划也许是很有用的。

7.利用零碎时间

生活中有许多零碎时间不为人注意，虽然这些时间很短，但把它充分利用起来，可以提高工作效率。如乘车、等车的时间，会议前的片刻，可以思考一下你的下一步学习计划、听几个单词等。著名数学家苏步青教授说过这样一段话："我把整段时间称为整匹布，把点滴时间称为星布零，做衣服有整料固然好，整料不够就尽量用上零星布，天天二三十分钟，加起来，就能由短变长，派上大用场。"伟大的生物学家达尔文也曾说："我从来不认为半小时的时间是微不足道的。"诺贝尔奖获得者雷曼说："即使只有五六分钟，如果利用起来，也一样可以成就大事。"1849年恩格斯从意大利的热那亚坐船去英国，船上的旅客大多数在无聊地饮酒作乐，消磨时光，恩格斯却一直待在甲板上，不时地往本子上记录太阳的位置、风向及海潮涨落的情况。他是在利用乘船的时机研究航海学。

(二)常用的时间管理工具

1.帕累托原则

帕累托原则是由 19 世纪意大利经济学家帕累托提出的，指在一个团队或一群人中，少部分人创造出更多的价值，即"80:20"原则。

其核心内容是生活中 80%的结果几乎源于 20%的活动。比如，是那 20%的客户给你带来了 80%的业绩，可能创造了 80%的利润，世界上 80%的财富是被 20%的人掌握着，世界上 80%的人只分享了 20%的财富。因此，要把注意力放在 20%的关键事情上。根据这一原则，我们应当对要做的事情分轻重缓急，进行如下的排序：

A.重要且紧急（比如救火、抢险等）——必须立刻做。

B.紧急但不重要（比如有人因为打麻将"三缺一"而紧急约你、有人突然打电话请你吃饭等）——只有在优先考虑了重要的事情后，再来考虑这类事。人们常犯的毛病是把"紧急"当成优先原则。其实，许多看似很紧急的事，拖一拖，甚至不办，也无关大局。

C.重要但不紧急（比如学习、做计划、与人谈心、体检等）——只要是没有前一类事的压力，应该当成紧急的事去做，而不是拖延。

D.既不紧急也不重要（比如娱乐、消遣等事情）——有闲工夫再说。

2.6:4 原则

面对堆积如山或突如其来的任务事项，你会常常一筹莫展。现在请你尝试第一步，罗列出需完成事项的清单。

第一步，估计各事项需要耗费的时间。

第二步，按照 6:4 规划的原则，将计划性与灵活性相结合，即计划安排工作时间不要超过 60%，要留出 40%的机动时间来处理不期而遇的事情。

第三步，决定事项的优先，删减或安排他人。

第四步，事后反馈。

一般情况下，计划难免不能如期实现，因此，需要及时分析，找出原因，并把没有完成的事项安排到下一计划日。

3.6 点优先工作制

6 点优先工作制是效率大师艾维利在向美国一家钢铁公司提供咨询时提出的，它使这家公司用了 5 年的时间，从濒临破产一跃成为当时全美最大的私营钢铁企业，艾维利因此获得了 2.5 万美元咨询费，故管理界将该方法喻为"价值 2.5 万美元的时间管理方法"。

这一方法要求把每天所要做的事情按重要性排序，分别从"1"到"6"标出 6 件最重要的事情。每天一开始，先全力以赴做好标号为"1"的事情，直到它被完成或被完全准备好，然后再全力以赴地做标号为"2"的事，依此类推……

艾维利认为，一般情况下，如果一个人每天都能全力以赴地完成 6 件最重要的大事，那么，他一定是一位高效率人士。

4.麦肯锡 30 秒电梯理论

麦肯锡公司曾得到过一次沉痛的教训：该公司曾为一家重要的大客户做咨询。咨询结束的时候，麦肯锡的项目负责人在电梯间里遇见了对方的董事长，该董事长问麦肯锡的项目负责人："你能不能说一下现在的结果呢?"由于该项目负责人没有准备，而且即使有准备，也无法在电梯从 30 层到 1 层的 30 秒钟内把结果说清楚。最终，麦肯锡失去了这一重要客户。从此，麦肯锡要求公司员工凡事要在最短的时间内把结果表达清楚，凡事要直奔主题、直奔结果。麦肯锡认为，一般情况下人们最多记得住一二三，记不住四五六，所以凡事要归纳在 3 条以内。这就是如今在商界流传甚广的"30 秒电梯理论"或称"电梯演讲"。

5.莫法特休息法

《圣经新约》的翻译者詹姆斯·莫法特的书房里有三张桌子：第一张摆着他正在翻译的《圣经》译稿；第二张摆的是他的一篇论文的原稿；第三张摆的是他正在写的一篇侦探小说。莫法特的休息方法就是从一张书桌搬到另一张书桌，继续工作。

"间作套种"是农业上常用的一种科学种田的方法。人们在实践中发现：连续几季都种相同的作物，土壤的肥力就会下降很多，因为同一种作物吸收的是同一类养分，长此以往，地力就会枯竭。人的脑力和体力也是这样，如果每隔一段

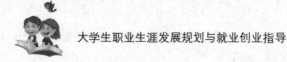

时间就变换不同的工作内容，就会产生新的优势兴奋灶，而原来的兴奋灶则得到抑制，这样人的脑力和体力就可以得到有效地调剂和放松。

【课堂练习】

撕纸游戏

1.活动目的

引导大学生认识时间紧迫感。

2.活动内容

假如现在你个人的生命处于0~100岁之间，接下来我们来玩一个游戏。

请准备一张长条纸，用笔将它划成10份（中间部分刚好每两列一份代表生命中的10年，分别写上10、20等，最左边的空余部分写上"生"字，最右边的空余部分写上"死"字）。

下面给大家出几个问题，请大家按要求去做：

请问你现在多少岁？（把相应的部分从前面撕掉）过去的生命是再也回不来了！请撕干净！

请问你想活到多少岁（如果80岁，就把后面的20岁撕掉）？

请问你想多少岁退休（请把相应的退休以后的部分从后面撕下来，不用撕碎，放在桌子上）？手里剩下的纸条长度，是你可以用来工作的时间。

请问一天24小时你会如何分配?

一般人通常是睡觉8小时（有人还不止呢），占了全天的1/3，吃饭、休息、聊天、看电视、游玩等又占了1/3，其实真正可以工作的时间只剩1/3。请将剩下来的折成三等份，并把2/3撕下来，放在桌子上。

比比看。请用左手拿起剩下的1/3，用右手把退休那一段和刚才撕下的2/3加在一起，并请思考一下您要用左手的1/3工作赚钱，提供自己另外2/3的吃喝玩乐及退休后的生活。

3.活动问题分享

想一想。你要赚多少钱、存多少钱才能养活自己上述的日子?

请问你现在有何感想？

_____

请问你会如何看待你的未来？

_____

这个游戏，你按要求做完了吗？你有什么感想？

_____

你珍惜生命吗？你想在有生之年有所作为吗？

_____

【生涯案例】
时间管理十三条准则

1.有计划地使用时间。不会计划时间的人，等于计划失败。

2.目标明确。目标要具体，具有可实现性。

3.将要做的事情根据优先程度分先后顺序。80%的事情只需要20%的努力。而20%的事情是值得做的，应当享有优先权。因此要善于区分这20%的有价值的事情，然后根据价值大小，分配时间。

4.将一天从早到晚要做的事情进行罗列。

5.要具有灵活性。一般来说，只将时间的50%计划好，其余的50%应当属于灵活时间，用来应对各种打扰和无法预期的事情。

6.遵循你的生物钟。你办事效率最佳的时间是什么时候？将优先办的事情放在最佳时间里。

7.做好的事情要比把事情做好更重要。做好的事情，是有效果，把事情做好仅仅是有效率。首先考虑效果，然后才考虑效率。

8.区分紧急事务与重要事务。紧急事往往是短期性的，重要事往往是长期性的。给所有罗列出来的事情定一个完成期限。

9.对所有没有意义的事情采用有意忽略的技巧，将罗列的事情中没有任何意义的事情删除掉。

10.不要想成为完美主义者。不要追求完美，而要追求办事效果。

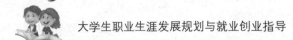

11.巧妙地拖延。如果一件事情，你不想做，可以将这件事情细分为很小的部分，只做其中一个小的部分就可以了，或者对其中最主要的部分最多花费15分钟时间去做。

12.学会说"不"。一旦确定了哪些事情是重要的，对那些不重要的事情就应当说"不"。

13.奖赏自己。即使一个小小的成功，也应该庆祝一下。可以事先给自己许下一个奖赏诺言，事情成功之后一定要履行诺言。

【生涯案例】

马上行动，走向成功

多少人在苦苦追求成功，然而他们总是停留在口头上，总有人在苦苦地询问成功的方法，即使他们得到了方法有怎样呢？唯有马上行动，才是成功的不二法门。

怎样才能成功？有人告诉我，最重要的是要有目标，所谓"心有多远，就能走多远"。因为目标可以指引方向，可以不断激励我们奋进。是啊，有了目标，我们离成功就不再遥远。

但是有了目标，将其束之高阁，学习、事业依然毫无所获。于是有人说，最重要的是要有毅力，只要自己坚持不懈，就一定会成功。俗话说，滴水穿石。有了顽强的毅力，拿出"愚公移山"的精神，又有什么事情办不到呢？

每当我们面临困难和困境的时候，又会出现一个声音："最重要的是方法。"是啊，人是要讲效率的，所谓"工欲善其事，必先利其器"，好的方法可以起到事半功倍的效果。于是我们又去追寻方法。

如果总是在"目标""方法"中寻觅，我们终将一无所得。直到最后，我们才发现，原来最重要的是行动，马上行动，不断地行动！

想一想，有多少事因为我们没有马上行动而置之脑后。一件重要的事情，如果不是马上行动，最后的结果一定是忘记了，或者当想起来的时候又失去了原来的热情和激情。一个成功的人最重要的不是他的目标有多远，不是他的方法有多好，而是他的行动比别人多。只有行动，才能谈得上方法；只有行动，才能体现我们的毅力；也只有行动，才能达到我们的目标。

行动是克服困难的唯一方法。当我们决定行动时，常常会看到许多的困难，会遭遇到许多挫折，这一切都是行动的"副产品"，或者说，是行动的必然结果。因为如果你不行动，这些困难和挫折就不存在，行动的目的就是要解决这些困难和挫折。每解决一个问题，我们就离目标近了一步。行动的主旨就是解决问题。困难和挫折是我们发展途中的朋友，它们会将我们的竞争对手拒之门外。

行动是毅力培养的唯一途径。如果我们对每一项应该做的事情都能付诸行动，那么毅力的培养就不再是一件折磨人的事情。俗话说："千里之行，始于足下。"正如一个在一天内步行 100 公里的 76 岁的老太太所说："我每一次的决心不是走一百公里，而是一公里。"老太太朴实的话语告诉我们，毅力就是不断行动，不断行动也就造就了毅力。眼睛里如果总是看到未走完的路程，总是为望不到尽头的目标发愁，总是想怎样才能更加轻松一下，那么，走在你前面的人就会越来越多，离成功的距离就只能越来越远。行动，马上行动！在行动中摸索方法，探索出适合自己的方法，用最好的方法让你的行动最有效！

【生涯案例】

学会规划自己的人生

人贵有自知之明。规划自己的人生，从了解自己开始。

在制订自己的人生规划时，必须准确地了解自己的兴趣、爱好、性格、脾气、能力、学识及潜质。看自己喜欢什么，适合什么，能胜任什么。

志当存高远。一个人的心胸有多宽，他生活的天地就有多广；一个人的志向有多高，他的能力就有多强；一个人的人生目标有多远，他的意志就能支持他走多久。根据祖国的需要和社会的发展，确立一个远大的志向。一个人仅有远大的志向还是很不够的，还要根据社会的发展和自己的实际情况，确定一个切实可行的奋斗目标。目标有近期目标和远期目标之分。近期目标就是自己目前的奋斗目标，远期目标就是自己未来的奋斗目标。目标要具体，要有可行性。

拟定计划，落实措施。有了明确的目标后，还要围绕目标拟定一个切实可行的计划，制定出落实计划的具体措施。

随时调整自己，让自己的身心始终处于最佳状态。放松身心，放弃成见，放下执着，让自己的身心始终处于开放状态，随时准备接纳可能出现的一切。对于自然出现在自己面前的一切，不排斥、不拒绝、不轻信、不盲从，而是坦然地接纳它、剖析它、考察它，以善恶的标准判断它，然后消化它（取舍，放下）。得不喜，失不恼。来，不迎不拒；去，不恋不逐。一切听其自然。根据社会的发展、祖国的需要以及自己的身心状况，随时调整自己。努力，而又不执着于努力；不执着于努力，而又不是不努力，即不放弃，不执着。为而不为，不为而为。这样自己的身心始终处于空灵的状态，灵感的火花会时时闪现，然后根据灵感思维的提示随时调整自己，使自己的身心始终处于最佳工作状态。

读有用的书，习一技之长。有用的书包括这样几个方面：人生修养方面的书（中国古典哲学方面的，如《老子》《周易》《论语》《大学》《中庸》《弟子规》《菜根谭》《太上感应篇》《了凡四训》《增广贤文》《朱子家训》等），生活艺术方面的书（生活常识方面的书，人与人相处的艺术方面的书），工作技能方面的书（本职专业方面的书，与本职专业相关方面的书，当代科学的发展动态方面的书），养生健身、休闲娱乐方面的书（以积极健康、乐观向上为标准）。

认认真真做事，规规矩矩做人。管住自己的心，看好自己的念头，想该想的事，说该说的话，做该做的工作。从身边的小事做起，抓住属于自己的每时每刻，养成良好的思维习惯、学习习惯、工作习惯、休息习惯、健身习惯、娱乐习惯、反省习惯，把自己该做的每一件事，做完做好。

做一个有用的人。作为一个人，你只能通过成就别人，来成就自己；你只能通过利益别人，来利益自己。那种一味地只知道损人利己的人，绝对不会有什么好下场。

积累就是学问，坚持方能成功。只要你持之以恒地按照这几个方面来规划自己，落实自己的人生规划，你的人生一定会很精彩。

【生涯案例】

大一新生的习惯养成与时间管理

大一新生终于挣脱了高考指挥棒，不用没完没了写作业与参加摸底考试，也不用每天定点去教室看书复习，他们第一感觉就是我的时间我做主。大一新生面临更多的是自我研究的学习方式、丰富多彩的学生社团活动、扩大自己的社交圈、参与社会实践活动等，太多新的环境需要适应。一段时间后，尤其是面临即将到来的考试，一部分学生会束手无策，焦虑、彷徨与迷茫接踵而至。不知不觉中，学生会对生活失去信心，也没有大学为之奋斗的目标，厌学情绪越来越浓。如果此时不加以教育与指导，这部分学生会因为挂课等陷入"学习失败—失去信心—生活失败—影响学习"的恶性循环，直接影响其整个大学生涯与今后的工作、生活。

大学生的习惯养成教育与时间管理教育相结合的教育方式可以在以下几个方面指导学生的大学学习与生活。

第一，制订循序渐进的生活计划，养成规律的生活习惯。让大学生不只是我的时间我做主，更是我的时间会做主。习惯可以在有目的、有计划地训练中形成，也可以在潜移默化中形成，而良好的习惯必然在有意识的训练中形成，如同高中老师制订的学习计划和按周期固定的各个轮次的复习测试等。大学生活虽显得松散，但同样需要规律地计划，大家都熟悉的"清华学霸"就能把每天都按时间分段，合理安排，而且锻炼身体、学习外语、参加社团活动等时间相对固定有规律可循，久而久之，养成习惯，也必然成就了其卓越的大学生涯。在日常的生活中要引导学生学会合理地计划时间，重要的是养成良好的习惯。一个新习惯的养成是需要付出巨大努力的，但是维护或改善一个已经建立的习惯相对还是比较容易的。大一学生有高中学习生活作为基础，把军训和入学教育作为切入点，在教育其合理分配时间的基础上，使其养成一个良好的学习与生活规律应该是学生培养的重中之重。

第二，合理利用时间，学会珍惜时间，养成高效生活的习惯，让学生的有效时间越来越多。建立起了计划，学生在履行承诺时，仅仅靠自律是远远不够的，还需要有相应的督促措施。以甘肃农业大学农学院一个班长的周一早上为例：早上 5:30 起床，洗漱、整理内务，6:10 组织出早操，6:40 出操完毕，6:50 回到寝室整理内务（本想背英语单词），7:40 从寝室出发上课，早饭经常不吃或是吃点面包。这样的学生要让他们认识到时间的珍贵，在懂得合理统筹时间重要性的基础上，懂得提高时间的利用率，对布置给他们的任务要时时检查，经常监督，促进他们养成自律自觉的习惯。

第三，要适时总结时间管理与习惯养成教育的成果，让学生品尝养成高效管理时间的硕果。经过一段时间锻炼与培养，要将阶段性的成果总结好，用以鼓励学生坚持良好的行为与生活习惯。把无形的时间流逝，化作其学习或是生活中的累累硕果，用有形的成绩鞭策其继续努力。每天的计划后都有总结，从计划实施的过程、结果等多方面进行梳理，这个过程能从以往的成功中得到鼓励，更能激励自己严格遵循以后的计划。所以要通过各种机会和方式让学生对自己时间管理习惯的成果有感性的认识，随着量的积累直到有质的变化，真正养成合理高效时间管理习惯的养成。

对大一新生习惯养成教育与时间管理教育的结合，其初衷是教会学生良好的生活习惯，其做法是引导学生合理高效地利用时间，其结果是让这种时间管理行为养成习惯，成为陪伴学生一生的法宝，提高其综合素质，对其日后工作能力的提升和职业生涯起关键性作用。

第三节　职业生涯规划书的设计

一、职业生涯规划书的具体内容

职业生涯规划书是生涯规划的主要部分，包括对自己职业目标的路径、行动计划的决策和评估。一般来说，完整的职业生涯规划过程包括三大步骤：目标的拟定、计划的执行、评估和修订。大学生正处于职业生涯规划的初步阶段，要了解职业生涯规划的具体步骤，进行合理地规划，职业生涯规划书是自我探索和行动计划的固化成果。探索人生价值、主要目标和生命的主题，是指导大学生合理规划大学的学习与生活、帮助个人选择人生与职业的主要工具之一。职业生涯规划书的设计主要有以下几个步骤：

（一）职业方向及总体目标。包括短期、中期和长期的规划目标。

（二）自我分析。对家庭因素、学校因素、自身条件及性格、潜力等的测评结果基础上进行合理地分析，找到属于自己的发展之路。

（三）社会环境分析结果。包括对政治环境、经济环境、法律环境、职业环境的分析。

（四）组织分析结果。包括对行业、组织制度、组织文化、领导人、组织运行机制、发展领域等的分析。

（五）角色及其建议。记录对自己职业生涯影响最大的一些人的建议。

（六）目标定位以及目标的分解和组合。拟定自己的发展策略、发展路径等。

（七）成功的标准。确定自我设立的成功标准。

（八）差距与不足。即自身现实状况与要实现的目标之间的差距，缩小差距的方法及实施计划和方案。

（九）评估调整预测。包括评估的内容、评估的时间、规划调整的原则等。

二、职业生涯规划的步骤

（一）清晰个人的生涯愿景

在为自己制订职业生涯规划时，需要弄清楚"自己到底想过一种什么样的生活，要成就一番怎么的事业"即确立志向。志向是事业成功的基本前提，没有志向，事业的成功便无从谈起。立志是人生的起点，体现出一个人想成为一种怎样的人、过怎样的生活，体现出一个人的理想、胸怀、情趣和价值观，影响着一个人的奋斗目标和成就的大小。因此，在进行生涯规划时，首先要确立志向，这是进行职业生涯规划的关键。

（二）自我评估

自我评估相当于内在条件评估。自我评估的目的是认识自己、了解自己，要问自己我是谁？我对什么有兴趣？我的特长是什么？什么是个人发展中不可缺少的？有哪些优点和缺点……只有认识了自己，才能对自己的职业发展作出正确的选择，才能选定适合自己发展的职业生涯路线，才能对自己的职业生涯目标作出最佳抉择。自我认知部分应对本人的性格、兴趣、技能、价值观加以陈述，进行澄清，做到知己。

1.性格也称为人格特质,是一个人在生活中对他人、对事、对自己、对外在环境所表现出来的一致性应对方式。个体在成长过程中,受到生理、遗传、家庭及环境、文化、学习经验等因素的交互作用,形成个体的独特个性,在不同的情境中便显出特定的气质。性格可以通过 MBTI 量表进行测评,对个人的类型偏好做以划分。较一般而言的外向性格和内向性格,MBTI 量表从四个维度上进行鉴别,将四个维度结合起来,形成个体独特的 MBTI 类型,可以帮助学生正确理解自身性格倾向。

2.兴趣和个体工作满意度、职业稳定性和职业成就感之间存在着明显的关联,是一个人对某事某物的喜好情绪,根据自己的兴趣可以选择自己一个喜爱的职业。当人们专心致志地从事某种活动并忘我地沉浸在这些活动中的时候,人们最能感到愉悦和满足。同样,职业兴趣可以通过霍兰德代码进行探索。霍兰德的六角形模型将职业环境划分为六类,个体可以根据自身喜好将兴趣类型和职业环境类型进行适配。

3.能力,按照获得方式,可以分为能力倾向和技能两大类,其中技能又可以分为知识技能、自我管理技能和可迁移技能。能力倾向是指先天具有的特殊才能,如音乐、运动能力等,主要来源于遗传、环境和文化的影响。技能来源于后天培养,指经过后天学习和联系培养而形成的能力,这部分能力将影响我们对于职业的选择。个体所掌握的能力倾向和技能,学生可以通过他人眼中的我、撰写成就故事等方法来进行,或者对业绩进行衡量,用数字来说明自己的成就和技能。了解自身所具有的技能和能力倾向,形成技能组合,对个体找到合适的雇主尤为重要。

4.价值观,是指个体在生活和工作中所看重的原则、标准和品质。价值观是我们在考虑问题、解决问题时所遵守的原则和标准,受到自我认知的影响和制约,属于内隐性的因素,是个体的内驱力。价值观在个体生涯发展的过程中起着重要的决定性作用,学生可以通过价值观市场、价值观拍卖等方式了解自身的价值观倾向,正确地认识自己,并能够帮助自己选择适当的职业目标。

(三)职业生涯机会的评估

职业生涯机会的评估，主要是评估各种环境因素对自己职业生涯发展的影响，相当于外在条件评估。每一个人都处在一定的政治、经济、文化的社会环境之中，离开了这个环境，便无法生存与成长。所以，在制订个人的职业生涯规划时，要分析环境条件的特点、环境的发展变化情况、自己与环境的关系、自己在这个环境中的地位、环境对自己提出的要求以及环境对自己有利或不利的影响等。只有对这些环境因素充分了解，才能做到在复杂环境中趋利避害，使职业生涯规划具有实际意义。

1.职业发展目标的确定

职业发展目标的确定，是职业生涯规划的核心。一个人事业的成败，很大程度上取决于有无正确适当的目标。职业发展目标是以自己的最佳才能、最优性格、最大兴趣、最有利的环境等信息为依据而设定的。通常可以分为短期目标、中期目标、长期目标和人生目标。短期目标一般为一至四年，短期目标又分为日目标、周目标、月目标、年目标，中期目标一般为三至五年，长期目标一般为五至十年。自我实现是人生的最高追求，是以人的一生为代价，是职业生涯的最终目标。

2.职业生涯路线的选择

职业发展目标的确定，是职业生涯规划的核心。一个人的职业生涯路线是指个体在职业确定后，拟从什么方向上实现自己的理想。是向专业路线发展，还是向行政路线发展，还是自主创业，选择的方向不同，对自己的要求以及最后的结果也就不同。在职业生涯路线选择时应考虑以下三个问题：（1）个人希望向哪条路线发展，要考虑自己的价值、理想、成就动机、确定自己的目标取向。（2）个人适合向哪一条路线发展，主要考虑自己的性格、特长、经历、学历等主观条件，确定自己的能力取向。（3）个人能够向哪条路线发展，主要考虑自身所处政治、经济、文化等社会环境，以及组织环境，并确定自己的机会取向。

3.制定弥补差距的行动方案

职业生涯每次质的飞跃，都是以学习新知识、获取新技能为前提的。为了顺利达成目标，个人首先需要对达成目标所要求的条件进行分析，然后对照自己找出差距，并找到弥补差距的具体办法。比如，为了弥补在组织管理能力上的差距，是通过参加教育培训班还是当学生干部自我锻炼？差距找出了，弥补差距的具体办法也找到了，接下来就要用表格的形式制作一份弥补差距的具体方案，以将内容明确下来。

4.评估与反馈

事物都是处于运动变化中的，由于自身及外部环境条件的变化，职业生涯规划也要随着时间的推移而变化。在制订职业生涯规划时，由于对自身及外界环境都不大了解，最初确定的职业生涯目标往往都是比较模糊或比较抽象的，有时甚至是错误的。经过一段时间的工作以后，有意识地回顾自己的行为得失，可以检验自己的职业定位与职业方向是否合适。这样在实施职业生涯规划的过程中自觉修正，纠正最终职业目标与分阶段职业目标的偏差，保证职业生涯规划的行之有效。同时通过评估与修正还可以极大地增强实现职业目标的信心，其修订的内容主要包括职业的重新选择、职业生涯路线的选择、职业生涯目标的修正、实施策略计划的变更等。

三、职业生涯规划书的撰写

一份完整的职业生涯规划书，应当具备以下内容：

(一)前言或引言

个人职业生涯规划书必须有封面、扉页、目录和前言或引言。前言主要简单描述为什么进行规划、规划的意义、规划的目的和自己的感悟等。例如：不少人都曾经这样问过自己："人生之路到底该如何去走？"记得一位哲人这样说过："走好每一步，这就是你的人生。"是啊，人生之路说长也长，因为这是你一生意义的诠释；人生之路说短也短，因为你度过的每一天都是你的人生。每个人都在计划自己的人生，都在实现自己的梦想：梦想是一个百花园，我们只是百花园里一根小草，可小草也有一个大理想，于是我们在这里畅想一下自己的职业生涯……

(二)个人情况

个人情况包括个人基本特征情况和个人经历。

个人基本情况主要包括姓名、性别、政治面貌、籍贯、出生年月、毕业学校及专业等。

个人经历主要是个人的教育经历、工作经历（兼职）和培训经历，通过对这些经历的分析，可以了解向什么方向发展更有利。

（三）自我认知

老子曾说：知人者智也，自知者明也。每个人都有自身的优缺点，个人的职业生涯规划书必须结合自身的特点，让学生正确的认识自身的素质，根据自我的能力、性格、兴趣和气质来确定以后的发展之路。自我认知的途径主要包括以下几个方面（如表 4-5 所示）：

表 4-5　自我认知的途径表

请用 150~200 个字，分别从几个方面来描述你理想中的职业生活及愿意从事这一职业的理由：工作性质、工作环境、工作伙伴、工作时间、工作待遇、社会需求、职业技能等		
自我评估	性格	
	兴趣、爱好、特长	
	情绪、情感状况	
	意志力状况	
	已具备经验	
	已具备能力	
	现学专业及主要课程	
	现有待遇、计算机水平	

（四）自我评价

针对自身特点，重点是对自己的性格、兴趣与能力（重点是特长）进行评价，主要目的是有针对性地进行自身优势和劣势的分析。

（五）社会中的自我评价

主要是针对社会关系评价的总体评价进行自我总结，可以对存在的偏差部分进行修改，并准确客观地陈述修正意见。要弄清楚"我想干什么""我能干什么""我应该干什么"，以及"在众多的职业面前我怎样选择"等问题（如表 4）。

表4-6　社会中的自我评价

他人对你的看法	评价	优点	缺点	举例说明
	家人评价			
	老师评价			
	亲密朋友评价			
	同学评价			
	其他社会关系评价			
	自我评价感言			

（六）职业环境分析

在进行了自我认知的内部探索后，对职业世界的外部探索，能使职业生涯规划更为客观和准确，做到知己知彼，百战不殆。

外部职业环境分析即对职业社会认知，对于大学生而言，外部环境主要指市场和用人单位等因素，大致可以分为社会环境和行业环境。社会环境又包括政治环境、经济环境、其他因素；行业环境包括行业、组织、学校。学生结合自己所学的专业了解行业的发展现状，掌握国家就业创业政策、重大事件对行业的影响、用人单位对人才的要求喜好等进行合理地分析，通过分析和了解影响职业生涯的行业因素，摸清企业用人要求及工作发展的普遍路经和规律，结合自己的特点在社会中找到属于自己的工作，制订合理的生涯规划，有利于选择有发展前景的行业和职业，有助于个人目标的更好实现。

（七）初步决策

个体在进行了内部自我探索和外部环境探索后，从而进入到决策环节。在职业生涯规划书的撰写中，第五个部分应能够反映出个体对于职业的初步决策倾向，即大学生对自己毕业后就业的初步规划，也就是对职业生涯目标的初步设定，是职业生涯规划的核心。

（八）具体规划

职业生涯规划书撰写的第六部分，即针对第五部分的初步决策，制定具体可行的实施方案。这个方案可以根据时间的不同阶段，如大学在读阶段、毕业三到五年、毕业十年等进行规划。制定落实目标的具体措施，主要包括学习、技能掌握、初步工作、能力提升等方面的措施。因此根据以上内容，首先将总目标细化成阶段性目标，同时根据阶段性目标制订阶段性规划，具体可以分为短期规划、中期规划、长期规划。

1.短期规划。通常是指学生在校就读期间内的目标，期限一般为一到四年。在此期间短期规划的主要特征有以下几点：

规划应围绕专业学习、能力培养等方面开展，制定的目标应具有可操作性，目标有明确的完成时间，对完成成果的量化应清晰、可衡量。在职业生涯规划书的撰写中，短期规划应最切实可行，操作性强，目标清晰，在制订的实施计划中，短期规划还可以分解到不同的学期、学年进行制订，具体细化到小目标，为短期规划中的最终目标服务。

2.中期规划。继短期规划后的第二阶段，时间阶段一般为毕业后三到五年，是对短期规划的延伸。中期规划相对短期目标在职业规划上要具体一些，如继续深造或参加培训并取得职业相关技能的证书等。同时，中期规划为长期规划服务，旨在最终实现长期规划的目标。中期规划的主要特征有：规划存在可调整性，中期规划存在的意义在于延伸短期规划的意图，并为实现长期规划的目标而努力；是对未来职业目标实现的可能性所做的预料及计划，应该明确中期规划的量化目标。中期规划应符合学生自身的兴趣、性格、价值观等。

3.长期规划。职业生涯规划的第三个阶段，期限一般为参加工作五年以上。对于长期规划目标的制定，通常较为笼统，不能像短期规划那般具体，是一个大致的轮廓。目标的制定非常容易受到外部环境的变化而发生变化。长期规划的主要特征有：目标存在变动性，容易受到外界其他因素的干扰，在具体实施方面，有可能实现，也有可能规划者根据时情进行调整，没有明确可行的实现时间。这个制定的目标是规划者内心所趋，能够体现学生的兴趣、价值观等。

(九)评估调整

职业生涯规划书的撰写，并不意味着学生就要按照固有的计划一成不变地实施。这个世界上一切事物都是在不断变化发展的，一成不变的事物是不存在的，所以为了保证规划的长久真实可靠，适当地对规划目标进行评估调整，可以更好地为自己的职业规划进行服务。影响生涯规划的因素诸多，有的变化因素是可以预测的，而有的变化因素难以预测。在此状况下，要使生涯规划行之有效，就需不断地对生涯规划进行评估与修订。其修订的内容包括：职业的重新选择、生涯路线的选择、人生目标的修正、实施措施与计划的变更等。对规划目标的调整上，尽可能地遵循以下调整原则：量体裁衣原则，可操作性原则，阶段性原则，发展性原则。

差距减小的方法：1.通过再教育，充分利用在校学习时间，为自己弥补所需的知识和技能，包括参与社团活动、广泛读书、选修或旁听相关课程、考取技能资格证书等。2.相互交流讨论法，与老师、同学以及相关的人交流，工作中积极与上司交流，利用校友优势。3.实际锻炼法，提高注意力，养成良好的生活工作习惯，充分利用自身条件不断扩大社交圈，重视与同学的关系。

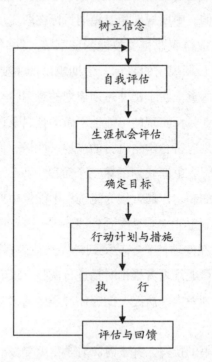

图4-3　职业生涯规划书的撰写流程

【生涯案例】

大学生朱亚翔的职业生涯规划书

("航天杯"首届中国大学生职业规划设计大赛一等奖作品)

姓名：朱亚翔　　　　性剐：男

年龄：22　　　　　　所在学校：信阳师范学院文学院

一、前言

随着我国高等教育的大众化发展趋势，高校毕业生的就业问题越来越突出，严峻的就业形势给当前的大学生带来了前所未有的压力。作为一名即将走上工作岗位的大四学生，在此时对自己和职业环境进行准确评估，进而规划自己的职业生涯，有十分重要的导向意义。

二、职业定位

根据个人的实际情况和面临的职业环境，我的职业定位是西部基层教育工作者。整个职业生涯按照时间顺序分以下三个阶段：1.大学阶段（19～22岁）；2.基层教师（23～35岁）；3.西部办学（30～60岁）。这三个阶段按照时间顺序分布。根据各个阶段的职业发展特点，制定不同的阶段目标、实施路径，使自己不断完善，使职业目标得以实现，促进自己与社会的共同发展。

三、认识自我

为了科学、全面地认识自我，我参加了职航快线的人才测评，测评结果如下：

(一)职业能力

职业能力是一个人从事某项工作的潜质，对一个人的职业定位和职业选择非常重要，它决定一个人是否适合某种工作。只有人与岗位匹配恰当，才能使自己的职业生涯得到很好发展，反之，则阻碍自己的职业发展。另外，对自己的职业能力有了清晰明确的认识，才能在以后的自我提升中扬长避短，不断提高自己。

我的推理能力、数理能力和信息分析能力以及语言表达能力较高，而基本智能和人文素质较低。较强的推理能力得益于自己缜密的思维和做事认真与讲求逻辑性。这项能力对一个人经营一个较独立的团队有很大帮助，能清晰地分析出团队的生存空间、发展步骤等。数理能力是对数字的整理分析能力，是数字化时代人们必备的一项能力。信息分析能力是在综合材料的基础上提炼出对自己有价值的信息。这项能力对做一名语文教师非常有帮助，因为分析课文内容是语文教学的重点。语文课文的重要特点就是通过象征、隐喻等手法将作者的思想和感情隐藏于文字之中，连成距离美感，这就要求语文教师对材料中直接表述的内容有较强的分析能力。

语言能力是作为一个教师最重要的能力之一，它是知识的最后传播阶段，是直接影响工作质量的一种能力。而人文素质是从事各种职业所不可缺少的一项能力，尤其是教育工作者。因为教育是面向人、面向孩子的职业，教师的职责不仅要向学生传播知识，而且要培养学生高尚的品德。因此，老师先要有高尚的品德，才能给学生好的影响。人文素质是我比较缺乏的，在以后的学习、生活中我要不断提高完善。

(二)职业价值观

职业能力决定一个人对职业的选择以及能否很好地适应职业，而职业价值观决定能否在职业生涯中得到自我追求的满足。前者更侧重于短期选择和表象，后者更侧重于长期发展和内在提高，两者同等重要。我的三个最主要的职业价值观是：家庭取向、经营取向和自我实现取向。这三个价值取向各有其优势和劣势，具体如表4-7。

表4-7　职业取向测评结果

	家庭取向	经营取向	自我实现取向
优势	1.有较高的稳定性和忠诚度	1.独立性强	1.重视他人感受与价值
	2.做事勤奋踏实	2.主动行动	2.做事目标明确
	3.重视同事、个人情感	3.有强烈的成就动机	3.有强烈的发展、提升意识
劣势	1.进取心不够	1.较主观	1.可能不够客观
	2.处事比较保守	2.协作性可能不够	2.对自身利益考虑不够
	3.工作状态易受家庭影响	3.可能比较固执	3.有时过于敏感

以上对三种主要价值取向的分析，使我更深层次地了解了自己的优缺点，在

以后的学习生活中我要不断提高完善自己，更好地调整自己的职业规划，更好地实现自己的职业目标。

（三）职业人格

职业人格是人格的一个组成部分。一个人的人格是相对固定的，而且是互不雷同的，因此，认识自己的性格，特别是职业性格是定位适合自己岗位的前提。只有做到人岗匹配，才能发挥自己职业人格中有利于职业发展的部分。因此，选择适合自己职业人格的职业也就意味着选择合适自己性格的职业。通过测评可知，我的职业人格属于稳健型。具体表现如下：

1.综合特质。冷静有耐心，态度开明，待人友善且热心；接纳他人的看法；珍惜与人之间的互动；性格偏内向。

2.能力优势。忠实可靠，善解人意，善于聆听与反思，极具毅力，自律且有耐心，能稳定地完成艰难工作。

3.人际关系。希望别人能主动，喜欢维持既有人际关系，交际能力有限。

通过对我的职业人格的分析可知：稳健型的职业性格使我适合做相对稳定且不具有冒险精神的工作，适合与人打交道，能独立承担并很好地完成一项有难度的工作。但一些不利因素也会影响到我的职业目标的实现，所以，在清楚认识自我的基础上，要积极主动地完善自己职业性格中不利于实现职业目标的因素，为职业目标的实现时刻作准备。

（四）个人因素和外部环境因素SWOT分析

1.个人部分

（1）健康状况。身体很健康，无重大疾病，能够顺利通过服务西部计划的体检。平常喜爱运动，如爬山、游泳、打篮球等，善于劳逸结合。生活有规律，学校寝室10点半熄灯，一般11点睡觉。早晨6点起床，保证7个小时左右的睡眠时间。白天午休1小时，保证高效率地学习。

（2）学习情况。在中学学习成绩很好，以较高分数考入信阳师范学院。尤其是语文，一直在各科中拔尖，为大学期间中文专业的学习打下基础。大学期间在学好专业课的基础上，积极培养对其他专业的学习兴趣。

（3）兴趣爱好。爱好写作、演讲、演话剧等文娱活动，积极锻炼自己对文字和语言的驾驭能力。爱好爬山、打篮球等体育活动，使自己拥有强健的体魄和旺盛的精力。

（4）个人提高。我善于将理论知识与实际情况结合起来，在知与行统一的基础上，得出自己的结论，具备一定的科研能力。通过大学生活的锻炼，提高了自学能力，能独立完成一门功课的初步学习。

（5）管理技能。有较强的领导团队的能力，善于与人沟通，善于控制自己的情绪。有较好的心理素质，在策划组织大型活动中体现出了较高的组织能力。

（6）价值追求。追求自我价值的实现，有强烈的事业成就欲望。看重对社会的一份责任，注重个人内在素质的提高和生活的精神享受。

2.学校部分

（1）专业学习。我所就读的是中文专业中的汉语言文学，是中文专业的基础性专业。选择这一专业是我兴趣与特长的结合。学习过程是愉快的，也是很有成效的，其中现代文学曾考过全班最高分。但是文学理论由于理论性太强、较枯燥，学习效果相对较差。

（2）技能掌握。顺利通过了普通话测试，取得了一级乙等证书。计算机通过了省文管二级测试，能熟练使用 Word、Excel 等 Office 办公软件和 Foxpro 数据库管理系统软件。英语通过了非专业四级考试，有一定的阅读和口语表达能力。

（3）所任职务。任华中地区十大文学社团之一的远方文学社社长，通过《远方》杂志，定期请作家、教授举办文学讲座。任学校学工部教育科学生助理。任信阳人民广播电台兼职主持人。现任本班班长。这些职务锻炼了我的工作和人际交往能力，提高了我的专业素质。

（4）所获奖项。获学校一等奖学金、单项奖学金。获"网通杯"首届河南省大学生职业规划设计大赛"规划设计之星"荣誉称号、信阳师范学院教师技能大赛二等奖、信阳师范学院校庆三十周年演讲比演讲比赛一等奖。

（5）学习环境。信阳师范学院的学习风气和考研率较高。良好的学习氛围为自我提升创造了客观条件。学校优美的环境和良好的师资以及浓厚的学术氛围使我的素质得到了潜移默化的提高。

（6）生活环境。近几年学校注重了基础设施的建设。住宿、就餐、购物、休闲、锻炼等设施达到了国内一流水平，为学生自我提升提供了物质保障。

3.家庭部分

（1）家庭经济情况。农村一般家庭。经济上可以帮我完成学业，但不能提供更多经济上的支持。

（2）家人健康状况。家人均身体健康，不会影响我的职业选择和职业发展。

（3）家庭成员关系。家庭成员关系非常好，都非常支持我的职业选择。

综合以上分析，采用 SWOT 分析法得出以下结论（如表 4-8 所示）。

表 4-8　SWOT 测评结果

内部环境因素		外部环境因素	
优势因素（S）	弱势因素（W）	机会因素（O）	威胁因素（T）
1.身体健康，精力充沛； 2.有正确的目标和为目标奋斗的毅力； 3.扎实的专业知识基础，较高的人文修养； 4.在组织、参与各种活动中得到很多经验； 5.在大学时期，参加了各种社会实践，增强了对社会的认识； 6.家人和朋友的大力支持。	1.自我意识强，有时忽略别人感受； 2.自信心太强，对困难估计不足。	1.国家对大学生就业尤其是到西部基层就业的优惠政策； 2.在西部大开发、西部基层教育发展的迫切性、必然性的历史机遇下，农村下一阶段就业人员增多，我国基层教育小班教学模式将推广； 3.知识经济时代的到来，教育在国民经济中的作用越来越重要，教师的地位越来越高。	1.大学生就业形势严峻，竞争激烈； 2.就读学校和所学专业竞争力不强； 3.西部基层教育发展缓慢，基础设施跟不上，限制个人才能的发挥。

由 SWOT 分析可以看出。师范类专业学生就业形势虽然很严峻。但如果把目光关注于广大基层，就业前景还是很乐观的。我的性格特征、能力倾向以及家庭和在学校所学专业决定我选择做一名西部基层教育工作者是正确的选择。但随着越来越多的大学生投身西部教育事业，竞争还是有的。因此，我要为了实现这一职业目标在各个方面做好准备。

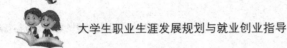

认识自我总结：通过以上的自我分析，根据职航快线人才测评结果和SWOT分析显示以及家人、朋友对自己的评价，说明我适合从事教育事业，也具有为社会作贡献的精神和自主创业的能力。

四、职业环境

(一)西部大开发

自从2000年我国西部大开发迈出实质性步伐以来，短短几年，青藏铁路、西气东输等大型工程相继竣工，500万亩退耕还林还草试点工程、高新技术产业化项目等正在如火如荼地进行，西部已成为一片开发的热土。中共中央已经明确表示，要坚持实施西部大开发战略不动摇，坚持对西部大开发的支持力度不减弱。在这一历史机遇下，西部的基层教育也面临难得的发展机遇。

(二)大学生志愿服务西部计划

在西部面临的难得历史机遇面前，人才的缺乏日益凸现。为此，国家共青团中央、教育部、财政部、人事部从2003年开始联合发起"大学生志愿服务西部计划"，鼓励大学生服务西部。胡锦涛总书记就实施"大学生志愿服务西部计划"曾作出重要指示，中央下发了《关于引导和鼓励高校毕业生面向基层就业的意见》的文件。2005年西部计划全国项目办共派遣11300名志愿者，这些志愿者大都是两年的服务时间。我毕业的2007年，国家将招募与11300这个数字相当的志愿者去填补这些志愿者的空缺。随着西部地区的全面发展，这一数字有可能增加。"大学生志愿服务西部计划"和这一计划的良好落实为我到西部支教职业目标的实现提供了客观条件。

(三)西部基层教育情况

西部基层教育面临着严峻的现实。随着国家"两免一补"政策在西部的实施，很多贫困家庭的孩子得以走进教室，避免了失学的命运。但严峻教育现实的改变不可能一蹴而就，主要体现在以下几个方面：首先是学校基础设施的建设跟不上学生的需要，国家在免除了学生的学杂费之后，按照学生人数给学校一定的财政补贴，这些补贴用来弥补免收学杂费造成的财政空缺，只是维持学校的正常运转。而学校校舍、体育器材等需要较多资金的项目则很难得到改善。其次是师资力量薄弱。在如今的西部基层教育讲台上的老师，大多年龄较大，且有一部分是由民办教师转为公办教师的，这些教师具有丰富的教学经验和可贵的奉献精神，但随着社会的发展变化，知识经济、信息时代的到来，他们的知识体系和教学方法已经落后，不利于学生的学习。而西部本土培养出来的师范类学生又由于人事制度的落后得不到很好的安排。再者受"读书无用论"的不良影响，以及高中又不在国家免除学杂费的范围，个体家庭经济的贫困很难负担起高中费用，导致很多孩子在初中毕业后就外出打工，影响了西部整体教育质量。以上这些严峻教育现实，决定了西部还需要大批高素质的教师充实到教育第一线，也需要高质量的、能帮助西部贫困孩子的高级阶段的中学。这样的形势使我的西部办学的职业目标不仅具备了个人价值实现的可能，同时也具备了社会意义，使自我价值与社会需要得到了很好的结合。

（四）专业因素

据《关于做好 2005 年大学生志愿服务西部计划招募选拔工作的通知》显示，现阶段西部紧缺农业、林业、水利、师范、医学等专业的毕业生，学历要求为"突出本科及本科以上学历"。我就读的信阳师范学院是一所以本科教学为主的有一定影响的师范类院校，非常符合国家相关政策要求。

我所学的中文专业是基础性学科，虽然不是社会需要的热门专业，但多年来一直保持稳定的就业形势。其就业行业主要是记者、编辑、教师、文秘等，可选择行业不是太多，但近年需求量稳中有升。如果师范类的中文专业学生把就业目标放在基层，则非常容易就业。因为在广大中小学，语文是一门基础学科，需要大批优秀的语文教师。

（五）社会力量办学

在西部大开发这一战略中的西部农村教育，也将取得历史性的发展。随着西部基层教育的发展和前段时期我国人口出生高峰的到来，西部入学人数将会增加，会给虽在发展但基础尚薄弱的西部基层学校带来压力，为社会力量办学提供空间，也使其变得迫切。国家对社会力量办学也一直大力支持，尤其是 2003 年 9 月 1 日实行的《民办教育促进法》更是给社会力量办学以法律的保障。相信这方面的法律建设会越来越完善。

总结：通过对职业环境的分析可以看出，国家社会大环境对教师尤其是西部基层教师的需求量依然很大。所读学校以及所学专业都能使我找到一份教师工作。选择教育工作，不仅是我的职业倾向和岗位的很好匹配，也是适应国家和社会发展的需要。

五、实施路径

（一）大学期间总目标

打下扎实的专业知识基础，掌握一名合格教师所具备的各项技能，提高自己的人文素质，收集就业信息，了解必要的面试技巧，报名西部支教。

1.行动策略

（1）学好专业知识。中文专业知识包括三大块：语言、文学及文艺理论。我校中文专业开设主要的课程有：近代文学、西方文学思潮、中国文字学、中国民间文学、语文教学论（以上为必修课），老舍研究、鲁迅作品专题研究、诗词曲赋比较研究（以上为选修课）。

学习时间：保证正常上课时间，课余抽出一定时间预习、复习，阅读与课程相关的书籍，扩大知识面。

学习方法：有系统地复习前三年所学专业知识，时间截至大四上学期。大四学年要学的课程根据每门课程的性质采取不同的学习方法。文学性质的课程要把理论学习和作品阅读、背诵相结合。研究性的课程，要多阅读相关书籍，扩大知识面，掌握最前沿的研究成果。实践性的课程如语文、教学等，要把理论学习和实践相结合，挺高自己的实际能力。

（2）提高师范技能。师范技能主要包括普通话、三笔字、计算机等，这些已在以前的大学阶段学习中得到了比较系统化的学习和锻炼，最后一年要做的是进一步强化，使其和实践更好地结合。

2.强化措施

（1）普通话。作为教师，语言的普通话训练侧重于发音准确和较强的语言组织能力。我已经考取了普通话一级乙等证书，发音已经达到较高水平，计划每天抽出半小时的时间读一些文章，在日常生活中坚持说普通话，保证语音的标准化。提高语言组织能力的具体措施有：阅读散文大家的著作，学习其质朴委婉而又内涵无穷的语言风格；背诵汉赋名篇，学习其铺张凌厉的语言风格；阅读鲁迅作品，学习其语言的深刻性与简洁性。

(2) 三笔字。三笔字指粉笔字、钢笔字、毛笔字，三者内在是统一的。复习在书法课上学到的理论知识，经常练习。每天下课后，抽出 20 分钟左右的时间在教室黑板上练习粉笔字。在平常写字中有意锻炼钢笔字，每天晚饭后抽出 20 分钟左右时间在寝室练习毛笔字。定期请我校书法学教师、信阳书法协会主席姚学贤老师批评指正。

(3) 计算机。在以前的大学学习中，已经熟练地掌握了计算机基础知识，通过了省文管二级考试。需要进一步提高的是教学课件的制作。主要措施是从图书馆借阅有关 Flash、课件大师等书籍，利用学校机房自学，遇到困难向机房老师请教。

(4) 提高人文素质。人文素质虽然很抽象，但对人的影响是具体的，影响到一个人对待工作、对待生活的态度。要通过阅读中国古典文学作品和外国文学名著来提高人文素质，并要特别注意在日常生活中严格要求自己。这也是职业生涯的重要组成部分。

(5) 收集信息，报名支教。国家团中央、教育部等四部委 2003 年联合发起的"大学生志愿服务西部计划"在我省各高校得到了很好的落实，我将从西部计划网站 www.xibujihua.org.cn 上及时了解相关信息，并留意我校的相关信息发布。在规定时间内网上报名，接受学校选拔。学校选拔标准是：思想品质好、业务素质高、奉献精神强、身体健康。这些素质我都具备，自信能通过学校的选拔和省项目办的审核。我国现行的服务西部计划大部分是为期两年，可申请重新分配工作，并且有一定的优惠政策。两年期满后，我将申请留在西部基层学校。

(二)基层教师(23~35 岁)

本阶段目标：践行素质教育，做学校的管理者。

1.践行素质教育行动策略

素质教育的最终实现，不仅靠专家的大声疾呼，更要靠无数一线老师的躬身践行。一个人的践行微不足道，但正是无数的微不足道，才能彻底改变应试教育的面貌。采用的具体措施如下：

（1）培养自强精神和平等心态，既不自卑也不自傲，用平和的心态对待生活。

（2）注重学生知识和技能的提高。

（3）注重自身提高。

2.做学校管理者的行动策略

（1）目标实施路线：班主任—中层管理者—高层管理者。

（2）实施措施如下：

①班主任阶段。刚参加工作的年轻教师大多从事班主任的管理工作，实现这一目标不是太困难。职位虽然不高，但因是学校的基本单位，与学生接触最多，是一个很能锻炼人的岗位。我将在班里大力提倡民主教育和爱心教育，建立一个宽松、团结的班集体。从思想上让我的学生意识到肩负的责任和学习的重要性，从而营造浓厚的学习氛围。在学习成绩和学生综合素质两方面做出优异成绩，争取晋升为教务方面的中层管理者。

②中层管理者。准确地说是教务方面的中层管理者。在这一阶段，我将首先加强师资队伍建设，通过能者上、庸者下的竞岗政策，建立高素质的教师队伍，并且使教师年龄老中青结构合理。与当地及国内师范类院校取得联系，加大教师培训力度。加强本校教师的业务交流，利用自身资源提高教师素质。其次是加大教学改革，大力推广素质教育。在学校教师内推广素质教育理念，全面改革学校的应试教育面貌。

③高层管理者。在这一阶段我将着重考虑学校的生存和发展环境，为学校制订长远的发展计划。加强学校与社会的沟通和交流，开门办学校，注重对社会力量办学的关注和研究。

（三）西部办学（35~60 岁）

1.本阶段目标

创办一所体现我的教育理念的、突出公益性质的高级中学。挖掘自身经营取向，为西部教育尽己之力，达到自身价值实现和社会需要的很好契合。

2.目标实现

保障西部教育的需要，国家政策的支持，丰富的教学经验和学校管理经验，资金和师资的保证。

3.行动策略

（1）资金筹措。资金来源有以下几个方面：个人积累、亲友支持、国家和社会慈善机构支援捐助及银行贷款，以吸纳社会资金为主。社会力量办学吸纳社会资金的形式有三种：教育贮备金、教育债券及股份制形式。第一种形式对于家长来说，风险太大，已产生的种种弊端早使其没有太大的市场空间。第二种形式需要政府统一规划，作为学校个体不易操作。我将主要采取股份制形式筹措办学资金。

（2）师资建设。师资的好坏是决定一个学校档次的决定性因素，但很多民办学校又都面临着师资不稳定的困扰。我将努力建立一支高素质的、稳定的教师队伍。具体措施有：公开招聘，注重应聘者的专业素质和道德修养；与当地教育主管部门积极沟通协商，解决教师的编制问题，使其享有和公办学校老师一样的待遇；提高工资待遇，实行多劳多得的制度；加大教师培训，为我校老师提供良好的发展前景，以对西部基层教育的赤诚之心留人。

（3）办学理念。建设校园文化，突出公益性质。建设特色校园，注重学校软环境建设。在保证学校正常运转的基础上，加强对贫穷孩子的经济资助。

六、评估调整

（一）评估

1.评估时间：每月评估一次。

2.评估办法：自评与他评相结合。

3.评估内容：自我能力、积累、职业兴趣的变化情况和我所从事的职业环境

及其发展前景。

(二)调整

职业生涯规划是一个持续不断的探索过程，随着自身条件和外部环境的变化而变化，规划是在客观现实的基础上合理的逻辑推理，所以具有一定的弹性。在实际操作中，把合理的科学预测与实际相结合。坚持原则性与灵活性相结合，才能使规划真正得以实现。

如果第二阶段的职业目标——基层教师实现不了，我将把就业范围扩大，主要是扩大就业地域，而不是改变职业。第三阶段的西部办学难度较大，如果到了预定职业期，主客观办学条件不成熟，我将适当暂缓办学时间。但是这一目标不会改变，虽然社会在不断变化，知识始终却是推动社会前进的动力，任何时候都会受到重视，我的职业目标也始终具有积极意义。

七、结束语

结合自身的实际情况做好职业生涯规划对于职业发展和自我实现起着十分重要的作用。规划固然美好，但真正实现它们需要在人生路上不断进取，百折不挠。思想有多远，我们就能走多远，重要的不是我们站在哪里，而是下一步走向何方。当我站在大四，当我回望过去，当我展望未来，我要做的，是贮满知识的风、信念的风，向着遥远的彼岸扬帆远航！

【生涯案例】

大学生沈浩杰的职业生涯规划书

姓名：沈浩杰　　　　性别：男

年龄：21　　　　　　所在学校专业：甘肃农业大学农业资源与环境专业

总论（引言）

不积跬步无以至千里，不积小流无以成江海。

没有兢兢业业的辛苦付出，哪里来甘甜欢畅的成功？没有勤勤恳恳的刻苦钻研，哪里来震撼人心的累累硕果？只有付出了，才能有收获。未来，掌握在自己手中。

人生短短几十个春秋，有多少事是值得回忆和纪念的？生命就像一张白纸，等待着我们去描绘；生命就像一份曲谱，等待着我们去谱写。想要成就未来，必须拥有自己的人生规划。以下是我的工作世界探索报告。

认识自我

一、个人基本情况

我于2014年9月进入甘肃农业大学就读本科。在过去的两年多的大学生活中，各方面积极向上，勇于进取。其中，在思想方面，因思想积极上进，成绩突出，于2016年5月成为中共预备党员；在学习方面，成绩一直在班内名列前茅，综测和学习成绩均位列班级前5%，并先后获得国家英语四级证书、国家计算机二级证书等；在生活方面，我和班内同学一直保持良好的友谊，积极帮助班内学习和生活上有困难的同学，作为一名班干部我也积极参与班级建设工作，并且利用课余时间参加了校内外多项竞赛，也取得了较好的成绩。

二、职业兴趣

首先通过霍兰德职业兴趣测试，对自己的职业兴趣进行一个科学的测试，通过回答相关测试问题后，得出以下结论：

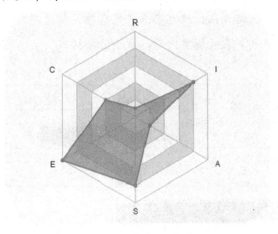

图1 霍兰德职业兴趣测评代码（类型：EIS）

通过图1测试结果显示，我适合商业、经营、调研类的工作。

三、职业能力及适应性

经过这两年多的学习，我的专业知识学得比较扎实，最重要的是，我对本科所学专业很感兴趣，所以我觉得自己很适合于研究工作。其次，我个人的业余爱好也很广泛，除了正常学习外，广泛的业余爱好也会为今后的工作增添一份精彩。另外，我的个人表达能力在这两年多参加的各种演讲比赛中得到了很大的提高，这对以后的工作将会有很大的帮助。

至于自己的劣势，我认为自己在数学方面的能力有待提高。例如，在进行实验数据分析时运用更加优良的分析方法，从而得出更好的结果。还有就是在意志力方面相对较弱，要想成就大事必须拥有过人的毅力，我必须要加强培养。

总而言之，我拥有广泛的爱好、扎实的专业知识和较强的语言表达能力，这些会为我今后步入社会提供更多的机会。

四、个人性格特质

从图2分析结果中可以明显地看出，我比较接近爱钻研的商业人才，喜欢制订新的工作计划、事业规划以及创立新的组织，并积极地发挥组织的作用进行活动；往往喜欢影响、管理、领导他人；自信、支配欲强、敢于冒险，具有说服力，精力充沛，性格开朗；做起事来井然有序，智慧超群，理性而独断；善于思考，并且有些挑剔，喜欢解决问题，敢于迎接挑战。

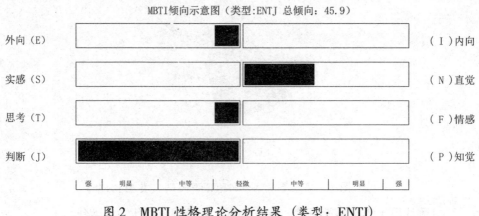

图 2　MBTI 性格理论分析结果（类型：ENTJ）

五、职业价值观

表 1　职业价值观分析表

类型	相应价值观
利他主义	能帮到别人
智力刺激	学习探索新事物，解决新问题
美感	追求到美感
成就感	获得成功并得到认可
独立性	独立自主，不受干扰
社会地位	有较高的社会地位，受到重视和尊重
管理	获得一定的权力
社会交际	能建立广泛的交际圈
安全感	稳定、安全
舒适	工作条件好，感到轻松、享受
变异性或追求新意	工作丰富多彩，不单调枯燥
人际关系	融洽的人际关系
经济报酬	收入能保障富足的生活

自我分析小结：根据以上方面分析，自己有很多的优点，但也有很多不足。鲁迅说过，好的开头等于成功的一半。因而正确认识自己，明确什么样的工作适合自己，对自己的职业生涯做出合理的规划，可以让自己更加快脚步走向自己的成功，职业是自己一生的事情，所以必须先选好适合自己的工作，才能在以后的工作中不断地学习，不断地进步，不断地完善，以期望自己能够在未来有更大的发展。当然，工作生活与日常普通生活必须协调好，身体健康也不容忽视。总而言之，要正确选择、兢兢业业、综合协调，才能和谐发展。

六、职业生涯条件分析：

（一）家庭环境分析

对于未来从事的研究领域，家族里的人无人涉及。我出生在普通家庭，所以家中也不能给我以后就业提供资金和人脉的帮助，所以以后的发展只能是孤军奋战。然而，对我来说，家里给予最好的帮助就是支持我追求自己的梦想。

（二）学校环境分析

甘肃农业大学位于甘肃省省会兰州市，是农业部和甘肃省人民政府共同建设的大学、甘肃省重点建设大学、教育部本科教学工作水平评估优秀高校、中西部高校基础能力建设工程建设高校、国家首批卓越农林人才教育培养计划改革试点高校。

1.硬件教学设施分析

具有较为完善的科研实验器材以及文献数据系统，能够充分满足本科生的教学需要。

2.学校师资力量分析

学校有教职工 1500 多人，专任教师 1000 余人，其中高级职称人员 485 人，国务院学位委员会学科评议组成员 2 人，入选国家"百千万人才工程"一、二层次人选 4 人，教育部"新世纪优秀人才支持计划" 2 人，农业部"全国农业科技推广标兵" 1 人，农业部专家指导组成员 3 人，"甘肃省科技功臣""十大陇人骄子"各 1 人，甘肃省特聘科技专家 4 人，甘肃省领军人才 30 人，特贴专家、教学名师等 74 人。

3.在读专业优势分析

我所读的农业资源与环境专业是学校重点培养的学科之一，拥有 50 多年的发展历史，拥有一支学历层次高、职称结构梯队层次合理、学术专精的教学和科研团队，它们为给我提供了良好的理论学习环境和充足的试验实践机会。

（三）社会环境分析

人社部就业数据显示，如果加上中职毕业生和 2015 年尚未就业的学生数量，以及今年待就业的约有 1500 万人。根据教育部发布的最新信息，2016 年高校毕业生人数达到 765 万，超越 2015 年的 749 万，高校毕业人数创历史最高，堪称史上更难就业季。

（四）职业环境分析

由于中国人口多、人均资源贫乏，尤其是近年来农业资源问题日益尖锐化，中国农业可持续发展受到极大的制约。因此，党的十七届三中全会出台了加强三农工作的各项政策以支持和加强农业发展。

农资专业培养目标旨在培养具备农业资源与环境方面的基本理论、基本知识和基本技能，能在农业、土地、环保、农资等部门或单位从事农业资源管理及利用等方面的高级科学技术人才。随着国家的可持续发展战略的贯彻与落实及三农工作的迅速发展，农业院校的农业类学科发展有了更广阔的空间，农业专业的学生也有了更多的就业机会。

七、职业生涯条件分析小结

我在详细地分析了以上各项影响项之后，运用 SWOT 分析法，对我的职业规划的可行度进行主观分析总结，分析结果如下：

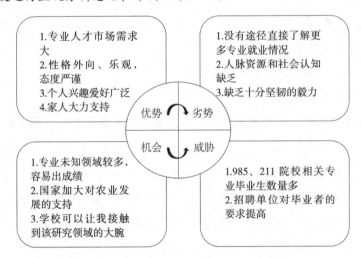

图 3　SWOT 分析结果

现在社会就业情况不容乐观，竞争压力极大，要想获得一份好的工作，就需要自己利用好学校及周围可用资源，为以后就业打下坚实基础。此外，随着国家经济的不断发展，以及遵循可持续发展理念的不断深化，农业类高等人才需求量也会不断增加。

所以，只要自己努力，时刻清楚自己的优势与劣势，并为之不断进步就可以找到满意的工作。

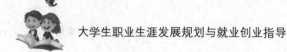

八、职业目标的确定

选择具有雄厚实力的科研单位或全球五百强的公司；从事土壤与植物营养的研究工作，然后逐步晋升。

九、职业目标的分解与组合

（一）短期计划

1.做好英语口语学习的日计划，按照遗忘曲线规律，在 3 个月内学会 3000 个英语单词；

2.加强数学模型知识的学习，每周看一篇数学建模类的论文；

3.扎实学习专业课的学习，每周看专业类论文三篇，并且大三保证班级学习成绩第一；

4.减少不必要时间的浪费，多与人交流，结识志同道合之友；

5.多给自己找专业实验学习的机会。

（二）中期计划

通过考研或保研的方式进入中国农业大学或南京农业大学进行深造。

（三）长期计划

在成功进入某单位或公司后，要扎扎实实从基层干起，继续发扬农大人不怕苦不怕累甘为农业事业奉献的精神，做出成就，从而慢慢获得领导和同事的认可。并且要求自己在 8~15 年内获得中层管理职务，在 20~25 年获得高层管理职务。

十、具体执行计划

学好自己的专业课知识，保证专业课考试在 90 分以上，利用课余时间多看一些学术论文、专业类刊物，丰富自己知识面。多参加一些课外活动，多获得一些含金量较高的证书。另外，要自学数学统计分析软件，为自己在研究生面试和学习中增光添彩。本科阶段通过这些努力，获得保送名额，然后积极主动请求学校老师推荐中农或南农的导师，让自己有途径和未来导师进行交流。

在上研究生期间，要紧跟导师步伐，尽可能学更多的知识，掌握更多实验技能，并在国家重要期刊上发表文章，增加自己的知名度，得到周围人的赏识，从而在研究生毕业就业时获得更好的就业机会。

在工作之初，要踏实肯干，做出一些成绩，同领导同事搞好关系，为自己以后晋升打好人际关系基础。同时，要把握好工作和家庭之间的关系，实现两者的双赢。

十一、评估调整

（一）评估的内容

1.职业目标评估

（1）假如在公司内一直不被器重，一直被排挤，又或重新选择公司。

（2）假如公司的管理理念与我自身的理念不相适应甚至是矛盾时，我会选择离开该公司，寻求新的公司。

（3）假如公司福利不好，或者工资水平与其他同等公司差距悬殊时，我会选择离开公司，寻求新的公司。

（4）假如公司即将倒闭，我会提前选好新的公司做准备，直到公司结束运营后再到新的公司面试就职。

2.职业路径评估

（1）如果保研不成功，我会选择考研进入中农或南农。

（2）如果考研第一次不成功，我会选择自主创业。

（3）在工作初期，假如我发现我并不适合从事科研工作，我会考取公务员，谋求新的发展。

（4）在工作中期，假如我发现我并不适合从事管理工作，我会争取机会，进修 MBA 课程，增加自己的管理能力。

（5）在工作后期，如果发现我并不适合从事高层管理工作，我会选择提前退休，或者到新的公司就职。

3.其他因素评估

（1）假如身体出现重大疾病时，我会选择辞职，待调理好身体之后，再度就业。

（2）假如家庭发生重大变故，如需要大量资金时，我会酌情选择薪酬较高的公司就职或者是抵押贷款；如需要长时间陪伴家庭时，我会选择辞职，陪伴家庭渡过难关。

3.当经济状况不足以维持整个家庭的开支时，我会尽量缩减开支，同时寻找第二份职业填补家用。

十二、评估的时间

一般情况下，我会一年做一次评估规划，并在年头制订该年具体计划，并逐月修订，将具体计划按照年、月、周细分，并做好总结工作。积极修正和核查策略和计划，保证目标有效实施。

在特殊情况下，例如职位变更或者职业变更时期，我会随时评估并进行相应调整，我会酌情缩短规划周期，做到事事有计划。

十三、规划调整的原则

（一）成功标准

我的成功标准是个人事务、职业生涯、家庭生活的协调发展。只要自己尽心尽力，能力也得到了发挥，每个阶段都有了切实的自我提高，即使目标没有实现（特别是经济目标）我也不会觉得失败，给自己太多的压力本身就是一件失败的事情。

（二）差距

1.缺乏丰富的知识储备以及管理经验。

2.作为专业技术人员所必备的技能、创新能力欠缺。

3.身体适应能力较差。

4.社交圈太窄。

（三）缩小差距的方法

1.教育培训方法

（1）充分利用在校学习的时间，为自己补充所需的知识和技能，包括参与社会团体活动、广泛阅读相关书籍、选修、旁听相关课程、报考技能资格证书等。

（2）充分利用公司给员工提供的培训机会，争取更多的培训机会。

2.讨论交流方法

（1）在校期间多和老师、同学讨论交流，毕业后选择和其中某些人经常进行交流。

（2）在工作中积极与直接上司沟通、加深了解；利用校友众多的优势，参加校友联谊活动，经常和他们接触、交流。

3.实践锻炼方法

（1）锻炼自己的注意力，在嘈杂的环境里也能思考问题，正常工作。在大而嘈杂的办公室里有意识地进行自我训练。

（2）养成良好的生活习惯，每天保证睡眠 6~8 小时，每周锻炼 3 次以上。

（3）充分利用自身的工作条件扩大社交圈、重视同学交际圈、重视和每个人的交往，不论身份贵贱和亲疏程度。

结束语

每个人都有自己的奋斗目标，既然已经制定了，就要勇敢地去向它迈进。每个人都会在此路上遇到挫折和障碍，解决它的最好办法就是把挫折当成磨炼自己的最好机会。认准目标勇往直前，当机会来临时，告诉自己，我已经准备好了！

第五章　就业指导与创业教育

就业指导与创业教育是研究国家就业政策和学生就业心理，旨在帮助大学生树立正确的择业观，增强择业意识，掌握求职技巧，不断提高主动适应社会需要能力的一门必修课程。主要从大学生就业环境及就业形势着手，涉及求职择业的准备、基本程序、方法与技巧、就业技巧与毕业生就业权益保护、就业上岗以及创业教育等。开设就业指导课，使学生能够树立正确的择业观，增强择业意识。有针对性地提高自身素质和职业需要的技能，胜任未来的工作；提高求职技能，增进心理调适能力，维护个人合法权益，进而有效地管理求职过程；了解学习与工作的不同、学校与职场的区别，引导学生顺利适应生涯角色的转换，为职业发展奠定良好的基础。

高校毕业生是国家宝贵的人才资源，是现代化建设的重要生力军。近几年，高校毕业生数量持续增长，促进高校毕业生就业任务日趋繁重。党中央、国务院高度重视高校毕业生就业工作，明确要求把高校毕业生就业摆在当前就业工作的首位。2011 年 5 月，国务院专门下发了《关于进一步做好普通高等学校毕业生就业工作的通知》（国发〔2011〕16 号），进一步明确了鼓励企业吸纳高校毕业生就业、鼓励高校毕业生面向城乡基层就业、鼓励支持自主创业、开展就业见习和技能培训、加强就业指导、就业服务和就业援助的相关政策。随后，国务院召开了全国普通高校毕业生就业工作电视电话会议，对促进高校毕业生就业工作做出了部署安排。各地、各有关部门、各高校密切协调、通力合作，采取一系列切实有效的政策措施，千方百计促进高校毕业生就业。

第一节　当前就业环境与形式

及时了解当前就业形势，准确把握就业外部环境特征，是当代大学生找到理想工作的前提条件。本节将从当前大学生面临的就业社会环境、地区人才需求、行业需求等方面对当前就业形势进行分析，帮助大学生了解目前所面临的就业状况，及时调整自己的心态，积极去寻找就业机会，纠正自己的就业方向，促进就业。

一、我国大学生面临的就业环境

美国经济学家阿瑟·奥肯提出奥肯定律（Okun's law），用它描述失业率和实际 GDP 之间的交替关系，其内容是失业率每高于自然失业率 1%，实际 GDP 便低于潜在 GDP 的 2%。

失业率与国民生产总值缺口之间的比率是 1∶2，即失业率每提升 1%，则实际国民生产总值会降低 2%左右，即高增长率使失业率降低，低增长率则会提高失业率。奥肯定律在国内外得到普遍的认同。从中国的实际情况看，虽然经济增长无疑是就业增长的前提，但是，高经济增长并没有创造出人们期望的那么多的就业岗位。中国 20 世纪 80 年代以来经济保持了较高速度的增长率，年平均达到 9.4%，但并没有带来就业的相应增长。1985—1990 年，中国 GDP 年平均增长率为 7.89%，同期就业人口平均增长率为 2.61%；1991—1995 年，中国 GDP 平均增长率为 11.56%，同期就业人口年增长率为 1.23%；1996—1999 年，中国 GDP 年平均增长率为 8.30%，同期就业人口年平均增长率为 0.96%。数据显示，1991 年以来，中国 GDP 增长对就业的拉动作用与前期相比有较大幅度的降低，奥肯定律在中国出现变异，其原因主要有以下几个方面：

1.经济结构

中国经济距离长期的良性发展还有一定差距。中国长期以来一直坚持"增长优先论"，经济在改革开放以来出现了飞速增长的势头，但中国的经济增长在很大程度上只是表现在 GDP 的大幅增长，还没有实现真正的经济全面发展。因为经济发展不仅意味着产出的增加，还意味着随着产出增加而出现的投入与产出在结构上的变化，即经济结构、经济制度和运行机制变化在内的经济进步。在中国经济快速增长的这段时期，经济中的深层次问题并没有随着 GDP 的增长而得到全面解决——中国国民生产总值中农业的比重还相当大，第三产业的比重和同时期的发达国家相比比重偏低，国有企业的诸多问题还没有彻底解决，劳动力教育和培训水平还跟不上形势的需要。

2.就业压力

中国国有企业改革加大了当前的就业压力。中国的国有企业在国民经济中占有相当大的比重，而且普遍存在人员数量庞大、效率低下的问题。在市场经济改革中，相当多的人员离岗或下岗，但由于这些被释放出的劳动力年龄普遍偏大，所拥有的技能有限，在市场竞争中没有优势，而经济增长对过剩劳动力的吸收能力又远小于市场供给，导致相当多的人员在下岗后不能重新就业。因此反映在统计中的数据是国有企业效率得到提高，盈利能力增强，GDP 逐年增长，但失业率处于上升趋势。

3.劳动力转移

农村剩余劳动力大量向城镇转移是另一原因。据统计，目前中国农村劳动力有 4.5 亿，剩余劳动力有近 2 亿人，每年有 1000 余万人转入城镇现代部门就业，而这些就业人员一般没有被列入到统计中的从业人数中去，但占据了计入统计中的城镇需就业、再就业人员的岗位，使得这些年尽管经济增长较快，但城镇登记失业在不断上升。

从以上可以看出，一个国家、一个地区在一定时期内的经济状况，直接影响其劳动就业状况。大学生选择职业，不可避免地要受到当时的社会经济状况的影响。从整个国家范围来说，经济的发展和科学技术的进步，劳动生产率的进步，职业演化速度的加快，就业岗位的增加，都是极为相关的因素。从一个国家的区域性经济发展状况来说，由于其不平衡性，往往使经济发展速度快的地区成为大学生择业的热门。目前，我国经济增长方式的转变和经济结构的调整以及科教兴国和可持续发展两大战略的实施，对大学生就业的影响已显现出来。

国家统计局局长宁吉喆谈及城镇调查失业率时表示，2018 年开始国家统计局公布的是城镇调查失业率。这个数据无论从制度方法还是样本分布都是按照国际劳工组织的标准进行的，具有代表性。由于劳工组织受欧洲影响比较大，我国调查的失业率和欧洲国家相比，方法、制度是一致的，美国的口径可能比我们窄一点。2018 年 12 月份我国城镇调查失业率为 4.9%，美国是 3.9%，美国三季度经济增长率是 3.4%，我国 2018 年全年经济增长 6.6%。欧洲国家调查失业率平均约为 8%，个别国家在 10% 以上，经济增长率在 2% 左右。日本经济增长率在 1% 左右，当然日本遇到了劳动力短缺的问题，它的调查失业率在主要发达经济体中是最低的。宁吉喆表示截至 2018 年还有许多新的企业还在进入中国，无论是服务业还是制造业，包括百亿元规模的也在进入，外资有进有出是正常的，跨国企业在全球调整布局，这会带来一部分职工的转移就业和再就业。同时也要看到，无论是在沿海还是在中西部，在相当一些企业当中也发生了技工短缺、熟练劳工短缺、新型人才短缺的现象，所以就业的结构性矛盾还是比较大的。

二、国家层面促进就业政策

李克强在政府工作报告提出 2019 年 GDP 增长预期目标 6%～6.5%；城镇新增就业 1100 万人以上，城镇调查失业率 5.5% 左右，城镇登记失业率 4.5% 以内；全国各地以习近平新时代中国特色社会主义思想为指导，全面贯彻落实党的十九大精神，坚持把高校毕业生就业摆在就业工作首位，以实施就业创业促进计划为抓手，突出创业引领、基层成长两大方向，强化政策落实、服务保障、权益维护，千方百计拓展多元化就业渠道，确保高校毕业生就业水平总体稳定、就业局势基本平稳。中华人民共和国人力资源和社会保障部也制定了一系列促进就业措施，具体如下：

（一）着力抓好就业创业政策落实

要坚定不移把政策落实作为高校毕业生就业创业工作的主线。加强统筹实施，将高校毕业生就业创业政策与经济政策、引才引智政策有机结合，在推动产业转型升级、区域协调发展、实施乡村振兴战略、支持小微企业创新发展中，多渠道开发适合毕业生的就业岗位。巩固基层就业主阵地，深入实施高校毕业生基层成长计划，统筹推进"三支一扶"计划等服务项目，加强政策引导和服务保障，鼓励毕业生到城乡基层、中西部地区、艰苦边远地区就业创业。加大宣传解读，开展"筑梦未来 与你同行"高校毕业生就业创业政策宣传推介活动，用好刊物网端等媒介，将各项政策打捆打包、广而告之，引导帮助更多毕业生熟悉政策、运用政策。优化经办流程，拓展政策申请渠道，推进政策受理、审核、发放全程网上办理，提供一站式服务、"最多跑一次"等便利。健全落实推进机制，把督促检查贯穿政策落实全程，大兴调查研究之风，及时推动解决政策实施中遇到的困难和问题，使政策更好助推毕业生就业创业。

（二）着力强化就业服务保障

要适应高校毕业生多元化、个性化就业需求，加强就业市场供需衔接和精准帮扶，指导帮助毕业生理性择业、积极就业、爱岗敬业。突出有针对性的职业指导，开展"高校毕业生就业指导百城行"活动，动员高级职业指导师等专业力量进校园、进社区，组织学生参观人力资源市场，通过指导、测评、体验等方式，提升毕业生职业素养和就业竞争力。加密就业服务专项活动，丰富民营企业招聘周、就业服务月和服务周、大中城市联合招聘等内容，运用"互联网＋"技术推进就业信息跨区域互通共享，用好高校毕业生精准招聘平台，发挥各类人力资源服务企业作用，更好促进人岗匹配。做细做实就业帮扶，推动地市人力资源社会保障部门与所在地高校开展就业信息服务对接，协调教育部门在7月份毕业生离校时同步启动未就业毕业生信息交换、报到接收、服务接续工作，完善信息核查、登记反馈、跟踪服务制度，逐一摸清需求，落实精细化帮扶措施。强化服务项目支撑，拓展一批高质量就业见习岗位，持续开展离校未就业高校毕业生技能就业行动，将有需求的毕业生都组织到就业准备活动中。更加注重就业摸底，启动实施青年就业启航计划，聚焦长期失业、就业困难毕业生等青年，加大政策服务倾斜力度，帮助他们尽快适应和融入就业市场。

（三）着力推动创业带动就业

要抓住打造"双创"升级版的有利契机，集中优质资源支持高校毕业生创业创新。强化能力素质培养，将创业培训向校园延伸，依托各类培训机构、企业培训中心等平台，创新开发一批质量高、特色鲜明、针对性强的培训实训课程，更好满足毕业生创业不同阶段、不同领域、不同形态的需求。加大政策资金支持，落实好创业担保贷款、一次性创业补贴、场租补贴等扶持政策，支持有条件的地方设立高校毕业生就业创业基金，积极引入各类社会资本，多渠道助力毕业生创业创新。优化创业指导服务，推动公共就业创业服务机构、创业孵化基地向毕业生开放，充实完善涵盖不同行业领域、资源经验丰富的专家指导团队，为毕业生创业提供咨询辅导、项目孵化、场地支持、成果转化等全要素服务，帮助解决工商税务登记、知识产权、财务管理等实际问题。搭建交流对接平台，组织"互联网＋创翼"创业创新大赛、创业项目展示推介、选树创业典型等活动，结合实际打造更多富有地方特色的创业品牌活动，为创业毕业生提供项目与资金、技术、市场对接渠道。

（四）着力加大就业权益保护

要把保障高校毕业生就业权益摆在突出位置，积极营造有利于就业公平和人才合理流动的良好环境。加强人力资源市场监管，严厉查处虚假招聘、违规收费、"黑中介"等违法违规行为，规范人力资源市场秩序。健全招聘信息管理制度，持续推进国有企业招聘应届高校毕业生信息公开，强化用人单位主体责任和招聘服务提供者信息审查责任，不得设置性别、民族等歧视性内容，确保毕业生能获得真实可靠就业信息。加大就业权益保护宣传，在招聘会现场、服务大厅和相关网站发布防范求职陷阱的专门提示、典型案例、维权警示和投诉渠道，增强毕业生风险防范意识和权益保护意识。促进就业顺畅流动，简化档案转递手续，做好集体户口落户、社会保险转移接续等工作，为毕业生跨区域、跨不同性质单位就业提供便利。

要切实加强对高校毕业生就业创业工作的组织领导，树立务实进取的工作作风，健全就业目标责任制，强化部门协同配合，加大就业宣传和舆论引导，根据就业形势变化及时采取有针对性的措施，全力保持高校毕业生就业局势总体平稳。

三、目前毕业生就业有利条件

目前高校就业的有利条件主要包括以下几点：

（一）大学毕业生的社会需求总体上仍属于供不应求。由于各行各业都需要大学生去补充科技、管理及干部队伍，提高职工文化素质和水平，因此中国目前并不应当存在大学生已经多得分不出去的问题，仍属人才紧缺的国家。

（二）目前我国宏观经济整体表现出良好态势。由劳动和社会保障部科学研究所主持完成的一项研究显示：如果今后 5 年中国经济增长率保持 7.5% 的速度，经济增长对就业吸纳能力可达每年 1400 万人。研究指出，今后几年，虽然中国劳动力市场仍继续呈现供大于求的特征，但劳动力供求的总量矛盾要比通常估计的严重程度略微缓和。高校毕业生素质比较好，有比较优越的条件，预计每年约 1400 万的就业岗位将为高校毕业生就业提供基本的空间。

（三）我国已经加入 WTO，中国经济与全球经济一体化进程将进一步加快，产业结构调整、战略性改组及国际资本和技术的进入，无疑将加大对高层次人才的需求，由此而产生的新就业机会也将有利于高校毕业生就业。随着入关后一些行业的兴衰，会引起我国社会对不同专业毕业生需求量的变化，如外语类、金融财会类、商贸类、旅游类、法律类及经济管理类等专业的毕业生需求形势将逐渐走俏，尤其可能会使近年一直不景气的国际经济贸易类等和涉外专业有关的毕业生需求量大幅度上升。

（四）非公有制经济单位对大学毕业生的需求急剧增加。非公有制经济作为社会主义市场经济的重要组成部分，正在飞速地发展，在国民经济领域中占有越来越大的比重。

（五）高新技术企业对高新技术人才的需求量非常大。目前知识经济成为世界经济发展的潮流，高新技术企业在我国飞速发展，对高新技术人才的需求量非常大，因此对与高新技术有关专业毕业生的需求非常紧俏。各地各行业都在积极吸引高新技术人才，争相提供优越条件，为其创造良好的工作、生活和学习环境。这种日益浓厚的尊重知识、尊重人才的风气，必然为毕业生就业带来更多的机遇。

（六）毕业生就业市场逐步规范。全国毕业生市场已经形成规模并走向规范化，这种变化不仅使毕业生就业逐步实现信息化、网络化的远程服务，而且也促进了毕业生就业市场从传统的劳动密集型管理向以信息技术为基础的现代模式转变。随着毕业生就业市场的建立和完善，有关的规章制度也相继出台，这样大学生就业便有了法律依据和保障。经过多年的实践和规范，我国已建立起了比较完善的以高校为基础的毕业生就业市场和就业指导服务体系，并为高校毕业生和用人单位提供了良好的服务。高校毕业生就业指导正在朝着专业化方向迈进，已就业的高校毕业生中80%是通过学校落实就业单位的；各省市也已形成良好的就业指导工作队伍，拥有比较完善的就业设施和就业工作指导经验。这些对今后做好高校毕业生就业工作提供了必要的组织机构保证和良好的工作基础。

（七）高等学校正在进行专业结构和人才培养结构的调整，提高教学质量，加强素质教育，使高校毕业生的培养质量和社会适应能力得到进一步提高。增强并提高毕业生的就业能力和创业能力是解决毕业生就业问题的最基本保证。随着高校毕业生就业制度改革的不断深化，毕业生的就业观念和心理承受能力也在逐步地改变与提高。

（八）西部大开发为大学毕业生就业提供了新舞台。西部大开发是我国跨世纪的发展战略，西部的生态重建、资源开发和城市化进程，需要大批德才兼备的人方能完成。同时，西部也出台了一系列人才优惠政策，用以吸纳有志之士。

三、大学生就业面临的不利因素

大学生就业面临的不利因素主要包括以下几点：

（一）复杂多变的国际经济环境势必影响就业工作，因为我国与国外有大量的外贸经济往来。仅靠启动内需拉动国内经济增长的难度仍然不小，全社会整体就业压力较大，在这种情况下大学生的就业可能会不容乐观。

（二）毕业生数量在短期内迅猛增加。应当说这种增长是超常规的，而社会有效需求短期内增速有限，供需的结构性矛盾将更加突出。面对严峻的就业形势，我国的用人机制和管理机制的改革相对滞后。

（三）由于各种客观环境的限制，毕业生就业制度的改革步履艰难。例如，我国人事制度改革相对滞后，户籍、编制各种指标和档案管理等都没有进行根本性的改变，人事部门对毕业生就业的申请报批手续过于繁杂，单位并没有多少真正的用人自主权，仍然需要按照接收毕业生一人一报批的手续，非公有制单位甚至没有审批进人指标的渠道。此外，目前这种审批程序和环节过多的人事管理体制还造成就业工作中的后门关系成风，有些单位当年的进人指标连照顾关系都不够用，甚至还存在毕业生就业工作部门职责不清、政策交叉矛盾等现象，这导致许多就业改革措施难以兑现。

（四）传统的毕业生就业主渠道吸纳能力下降。很多企业目前依然处于转轨改制、减负增效的改革过程中，生产经营尚未完全走出困境，下岗问题仍很突出。国有经济在原有经济结构、产业结构上继续保持快速增长的余地已经不大，因而很难为社会提供更多的就业机会。这样就使传统的毕业生就业主渠道的吸纳能力下降，大量接收毕业生存在一定困难。

（五）社会对毕业生学历层次的需求越来越高。目前我国中高层次的人才严重短缺，社会对高层次的复合型、外向型和开拓型人才的需求日益迫切，呈现对人才结构的需求层次重心上移的趋势。在毕业生就业中研究生已越来越"抢手"，本科生还能基本平衡，专科生则较明显地呈现供大于求的趋势。高校、科研单位、大机关及大公司已经基本上以接收硕士生、博士生为主，甚至连一些中小型单位都开始希望多接收研究生。这种社会现象致使现在不少用人单位对毕业生的需求出现扭曲，人为地制造了就业困难。

（六）地区间经济发展不平衡状况直接影响到毕业生的供求状况。经济发达或发展较快的地区接收毕业生较多，反之则较少。从各地反映的需求情况看，区域的差异越来越大。不少地区毕业生就业需求仍处于低迷状态，中西部及东北等省区已连续几年出现供过于求的现象。

（七）社会对不同专业需求的不平衡直接影响非热门专业毕业生的就业。随着高科技产业的迅猛发展和国家对基础设施投资的加大，对计算机、通信、电子、医药、土建、机械、自动化及师范类等专业毕业生的社会需求旺盛，而对法学、社会学、经济学、政治学、马克思主义理论、艺术学、体育学、国贸、财经、新闻、管理、职教、中医、动植物、环保、轻工食品、农业推广及农林工程等专业毕业生的社会需求相对较少。

（八）毕业生的能力素质与用人单位的要求存在较大差距。现在用人单位对高校毕业生的敬业精神、职业道德、思想道德觉悟和能力素质水平都提出了越来越高的要求，看重"人品"和能力，对专业反而越看越淡。不少单位已经开始对接收毕业生持"宁缺毋滥"的态度。学生干部、学生党员以及那些综合素质好、动手能力强、有敬业精神和有各种特长的毕业生越来越受欢迎。

（九）毕业生的就业期望值居高不下仍然是目前高校毕业生就业工作中的主要难题。毕业生们普遍感到"找不到理想的单位"，而同时有许多基层一线的用人单位急需人才但又招聘不到毕业生，这就反映出毕业生求高薪、求舒适的心态仍较普遍。目前毕业生中以事业发展为重的并不占多数，而是普遍希望能到那些大城市、大机关、大公司或大企业等大单位工作，希望能去的单位名声好、工作条件好、生活待遇好、有出国机会，甚至离家比较近等。大学生中流行着这样的话："全民保险，个体冒险。"然而，目前实际最需要毕业生的恰恰是那些边远地区、中小城市、艰苦行业的基层一线中小型单位，这些地区和单位人才奇缺，非常希望能接收到大学毕业生，年年要人却年年要不到人，没有多少毕业生愿意去这些地方。

（十）就业信息不真、不够、不畅，导致了毕业生就业工作混乱。目前社会对高校毕业生的需求信息存在着比较严重的"失真、失控、失责"现象，更缺乏科学系统的人才需求预测工作。另外，社会上的毕业生供需信息交流严重不足，供需信息渠道不畅通，一些地区、部门和单位都"各自为政"，互相封闭信息。有些地区和部门甚至对非本地区（或本系统）的毕业生"关上大门"，使毕业生求职和单位选才双方都困难重重，也使目前毕业生就业改革工作处于混乱状态。有的地区仍然在实行统一计划分配毕业生的做法，更是与当前的改革趋势不相适应。

综上所述，高等学校毕业生的就业形势是十分严峻的，即将进入就业市场的大学生应对此有足够的思想准备。但是，大学生们也应该清楚地认识到，只要能够认清形势、转变观念、调整心态并不断充实和提高自己就能够在激烈的竞争中站稳脚跟，在社会中占有一席之地。

【就业案例】

就业形势：总量高位运行　结构性矛盾存在　就业质量需提高①

2018年2月26日上午，国新办举行就业和社会保障有关情况新闻发布会。人力资源和社会保障部副部长张义珍在回答记者提问时介绍，这些年来就业工作取得了非常突出的成绩，就业状况持续改善，连续五年每年城镇新增就业都在1300万以上，特别是2017年创了1351万的新高。城镇登记失业率和调查失业率都保持在较低水平，特别是城镇登记失业率2017年年底达到了3.9%的水平，是2002年以来的新低。

张义珍指出，当前和今后一个时期的就业形势总体判断是：

一是劳动力的供给持续高位运行，就业总量一直处于比较大的状态。2017年16~59岁劳动年龄人口一直在9亿以上，预计2035年之前都会保持在8亿以上的水平。就2018年来说，劳动力的供给还是比较高位的状态，需在城镇就业的新成长劳动力在1500万以上，高校毕业生2018年就有820万人，相对来讲总量持续高位运行。

二是结构性矛盾依然存在。集中表现在一定程度上的招工难和一定程度的就业难并存。从招工的角度来讲，一些用人单位的普工和技术技能人才的招用面临短缺的状况。从人力资源市场状况可以看出，技术技能人才的用人倍率比较高，在两倍左右的水平。从劳动者的角度来看，有一部分专业的高校毕业生，还有一些大龄、低技能的劳动者找工作相对比较困难。有一些高校毕业生找好工作比较困难，求职者的技能和用人单位的需求人岗不匹配的问题存在，所以就业的结构性矛盾依然存在。

三是就业质量有待于进一步提高。随着经济社会发展、人民生活水平不断提高，劳动者对美好生活的向往也在不断提高。劳动者都希望工作条件好、工作环境好、劳动报酬高、成长发展空间大这样的劳动岗位。劳动者的需要和经济社会发展的不平衡不充分之间的矛盾存在，所以还需要进一步加大力度，提高就业质

---

①国务院新闻办公室网站 www.scio.gov.cn，2018-02-26。

量，提高就业工作水平。

【就业政策选读】

高校毕业生就业政策 100 问（新版）①

一、鼓励企业特别是中小企业吸纳高校毕业生就业

（一）国家对鼓励中小企业吸纳高校毕业生有哪些政策措施

按照《国务院关于进一步做好普通高等学校毕业生就业工作的通知》（国发〔2011〕16 号）等文件规定：

1.对招收高校毕业生达到一定数量的中小企业，地方财政应优先考虑安排扶持中小企业发展资金，并优先提供技术改造贷款贴息。

2.对劳动密集型小企业当年新招收登记失业高校毕业生，达到企业现有在职职工总数 30%（超过 100 人的企业达 15%）以上，并与其签订 1 年以上劳动合同的劳动密集型小企业，可按规定申请最高不超过 200 万元的小额担保贷款并享受 50%的财政贴息。

3.高校毕业生到中小企业就业的，在专业技术职称评定、科研项目经费申请、科研成果或荣誉称号申报等方面，享受与国有企事业单位同类人员同等待遇。

此外，2012 年 2 月 1 日，国务院常务会议研究部署进一步支持小型和微型企业健康发展，决定对小型微型企业招用高校毕业生按规定给予培训费和社会保险补贴。

（二）企业招收就业困难高校毕业生享受什么优惠政策

按照《财政部、人力资源社会保障部关于进一步加强就业专项资金管理有关问题的通知》（财社〔2011〕64 号）规定，对各类企业（单位）招用符合条件的就业困难高校毕业生，与之签订劳动合同并缴纳社会保险费的，按其为就业困难高校毕业生实际缴纳的基本养老保险费、基本医疗保险费和失业保险费给予补贴，不包括企业（单位）和个人应缴纳的其他社会保险费。

---

①选自：中华人民共和国人力资源和社会保障部国务院就业工作部际联席会议办公室（2012年 3 月）。

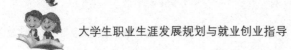

根据《就业促进法》有关规定，就业困难人员是指因身体状况、技能水平、家庭因素、失去土地等原因难以实现就业，以及连续失业一定时间仍未能实现就业的人员。就业困难人员的具体范围，由省、自治区、直辖市人民政府根据本行政区域的实际情况规定。

企业（单位）按季将符合享受社会保险补贴条件人员的缴费情况单独列出，向当地人力资源社会保障部门申请补贴。社会保险补贴申请材料应附：符合享受社会保险补贴条件的人员名单及身份证复印件、就业失业登记证复印件、劳动合同等就业证明材料复印件、社会保险征缴机构出具的社会保险费明细账（单）、企业（单位）在银行开立的基本账户等凭证材料，经人力资源社会保障部门审核后，财政部门将补贴资金支付到企业（单位）在银行开立的基本账户。

（三）企业为高校毕业生开展岗前培训享受什么优惠政策

按照《财政部、人力资源社会保障部关于进一步加强就业专项资金管理有关问题的通知》（财社〔2011〕64号）等文件规定，企业新录用毕业年度高校毕业生与其签订6个月以上期限劳动合同，在劳动合同签订之日起6个月内由企业依托所属培训机构或政府认定的培训机构开展岗前就业技能培训的，根据培训后继续履行劳动合同情况，按照当地确定的职业培训补贴标准的一定比例，对企业给予定额职业培训补贴。

企业开展岗前培训前，需将培训计划大纲、培训人员花名册及身份证复印件、劳动合同复印件等材料报当地人力资源社会保障部门备案，培训后根据劳动者继续履行劳动合同情况，向人力资源社会保障部门申请职业培训补贴。申请材料经人力资源社会保障部门审核后，财政部门按规定将补贴资金直接拨入企业在银行开立的基本账户。企业申请职业培训补贴应附：培训人员花名册、培训人员身份证复印件、就业失业登记证复印件、劳动合同复印件、职业培训合格证书等凭证材料。

（四）高校毕业生从企业到机关事业单位就业后工龄如何计算

按照《国务院关于进一步做好普通高等学校毕业生就业工作的通知》（国发〔2011〕16号）等文件规定，高校毕业生从企业、社会团体到机关事业单位就业的，其按规定参加企业职工基本养老保险的缴费年限合并为连续工龄。

（五）高校毕业生到企业特别是中小企业就业可否在当地落户

按照《国务院关于进一步做好普通高等学校毕业生就业工作的通知》（国发〔2011〕16号）规定，对各类企业招用非本地户籍的普通高校专科以上毕业生，各地城市应取消落户限制（直辖市按各自有关规定执行）。

（六）流动人员人事档案如何保管

根据《流动人员人事档案管理暂行规定》，流动人员人事档案是指：

1.辞职或被辞退的机关工作人员、企事业单位专业技术人员和管理人员的人事档案。

2.与用人单位解除劳动合同或聘用合同的专业技术人员和管理人员的人事档案。

3.待业的大中专毕业生的人事档案。

4.自费出国留学人员的人事档案。

5.外商投资企业、乡镇企业、区街企业、民营科技企业、私营企业等非国有企业聘用的专业技术人员和管理人员的人事档案。

6.外国企业常驻代表机构的中方雇员的人事档案。

7.其他流动人员的人事档案。

流动人员人事档案管理机构为县以上（含县）党委组织部门和政府人力资源社会保障部门所属的公共就业和人才服务机构，其他任何单位不得擅自管理流动人员人事档案；严禁个人保管他人人事档案。跨地区流动的流动人员人事档案，可由其户籍所在地的公共就业和人才服务机构管理，也可由其现工作单位所在地的公共就业和人才服务机构管理。

高校毕业生到具有档案管理权限的机关、事业单位、国有企业就业的，由单位直接接收、管理档案。到无档案管理权限的单位（私营企业、外资企业等）就业的，可由各地公共就业和人才服务机构负责提供档案管理等人事代理服务。高校毕业生离校时没有就业的，档案可由学校统一发回原户籍所在地公共就业和人才服务机构保管。档案不允许个人保存。

（七）什么是人事代理

公共就业和人才服务机构可在规定业务范围内接受用人单位和个人委托，从事下列人事代理服务：1.流动人员人事档案管理；2.因私出国政审；3.在规定的范围内申报或组织评审专业技术职务任职资格；4.转正定级和工龄核定；5.大中专毕业生接收手续；6.其他人事代理事项。

（八）高校毕业生怎样办理人事代理

按照《人才市场管理规定》有关规定，人事代理方式可由单位集体委托代理，也可由个人委托代理；可多项委托代理，也可单项委托代理；可单位全员委托代理，也可部分人员委托代理。

单位办理委托人事代理，须向代理机构提交有效证件以及委托书，确定委托代理项目。经代理机构审定后，由代理机构与委托单位签订人事代理合同书，明确双方的权利和义务，确立人事代理关系。

（九）高校毕业生如何与用人单位订立劳动合同

劳动合同法第七条规定，用人单位自用工之日起即与劳动者建立劳动关系。第十条规定，建立劳动关系，应当订立书面劳动合同；已建立劳动关系，未同时订立书面劳动合同的，应当自用工之日起一个月内订立书面劳动合同；用人单位与劳动者在用工前订立劳动合同的，劳动关系自用工之日起建立。

第八条规定，用人单位（企业、个体经济组织、民办非企业单位等组织）招用劳动者时，应当如实告知劳动者工作内容、工作条件、工作地点、职业危害、安全生产状况、劳动报酬，以及劳动者要求了解的其他情况；用人单位有权了解劳动者与劳动合同直接相关的基本情况，劳动者应当如实说明。

第九条规定，用人单位招用劳动者，不得扣押劳动者的居民身份证和其他证件，不得要求劳动者提供担保或者以其他名义向劳动者收取财物。

（十）什么是社会保险？我国建立了哪些社会保险制度

社会保险是指国家通过立法，按照权利与义务相对应原则，多渠道筹集资金，对参保者在遭遇年老、疾病、工伤、失业、生育等风险情况下提供物质帮助（包括现金补贴和服务），使其享有基本生活保障、免除或减少经济损失的制度安排。

社会保险法第二条规定，我国建立基本养老保险、基本医疗保险、工伤保险、失业保险、生育保险等社会保险制度，保障公民在年老、疾病、工伤、失业、生育等情况下依法从国家和社会获得物质帮助的权利。其中，基本养老保险制度包括职工基本养老保险制度、新型农村社会保险制度和城镇居民社会养老保险制度。

（十一）用人单位应该履行哪些社会保险义务，享有哪些社会保险权利

1.社会保险义务：一是申请办理社会保险登记的义务；二是申报和缴纳社会保险费的义务；三是代扣代缴职工社会保险的义务；四是向职工告知缴纳社会保险费明细的义务。

2.社会保险权利：一是有权免费查询、核对其缴费记录；二是有权要求社会保险经办机构提供社会保险咨询等相关服务；三是可以参加社会保险监督委员会，对社会保险工作提出咨询意见和建议，实施社会监督；四是对侵害自身权益和不依法办理社会保险事务的行为，有权依法申请行政复议或者提起行政诉讼。此外，还有权对违反社会保险法律、法规的行为进行举报、投诉。

（十二）参加社会保险的个人享有哪些权利

高校毕业生依法缴纳社会保险费后，享有以下权利：

1.有权依法享受社会保险待遇。

2.有权监督本单位为其缴费情况。

3.有权免费向社会保险经办机构查询、核对其缴费和享受社会保险待遇权益记录。

4.有权要求社会保险经办机构提供社会保险咨询等相关服务。

5.对侵害自身权益和不依法办理社会保险事务的行为，有权依法申请行政复议或者提起行政诉讼。

此外，还有权对违反社会保险法律、法规的行为进行举报、投诉。

（十三）目前国家对用人单位及其职工和参保个人缴纳社会保险费的费率是如何规定的

1.用人单位及其职工缴纳社会保险费的费率。根据《国务院关于完善企业职工基本养老保险制度的决定》（国发〔2005〕38号）、《国务院关于建立城镇职工基本医疗保险制度的决定》（国发〔1998〕44号）、《失业保险条例》（国务院令第258号）规定，用人单位缴纳基本养老保险、基本医疗保险和失业保险的费率，分别是原则上为本单位工资总额的20%、6%左右和2%；用人单位缴纳工伤保险费按照《工伤保险条例》（国务院令第586号）规定实行行业差别费率和浮动费率，有关费率确定按照国家相应规定执行；用人单位缴纳生育保险费的费率按照《企业职工生育保险试行办法》（劳部发〔1994〕504号）规定执行，由统筹地区政府根据实际情况自行确定，但不得超过用人单位工资总额的1%。职工本人缴纳基本养老保险、基本医疗保险和失业保险的费率，分别为本人工资的8%、2%和1%。

2.参保个人缴纳社会保险费的费率。根据《国务院关于完善企业职工基本养老保险制度的决定》（国发〔2005〕38号）规定，无雇工的个体工商户和灵活就业人员参加职工基本养老保险的缴费费率为20%，其中8%计入个人账户；无雇工的个体工商户和灵活就业人员参加职工基本医疗保险的缴费费率，按国家有关规定，统筹地区可以参照当地基本医疗保险建立统筹基金的缴费水平确定。

3.城镇居民参加居民医疗保险和农村居民参加新型农村社会养老保险及新型农村合作医疗，主要采取定额方式缴纳社会保险费。

（十四）高校毕业生如何处理劳动人事纠纷

发生劳动人事争议，可以通过协商解决。当事人不愿协商或协商不成的，可以向调解组织申请调解；不愿调解、调解不成或者达成调解协议后不履行的，可以向劳动人事争议仲裁委员会申请仲裁；对仲裁裁决不服的，除法律另有规定的外，可以向人民法院提起诉讼。

对用人单位违反劳动保障法律、法规和规章的情况，高校毕业生可向人力资源社会保障部门举报、投诉。劳动保障监察机构将依法受理，纠正和查处有关违法行为。

(十五) 什么是服务外包和服务外包企业

服务外包是指企业将其非核心的业务外包出去,利用外部最优秀的专业化团队来承接该业务,从而使其专注核心业务,达到降低成本、提高效率、增强企业核心竞争力和对环境应变能力的一种管理模式。

服务外包企业是指其与服务外包商签订中长期服务合同,承接服务外包业务的企业。

(十六) 目前服务外包产业主要涉及哪些领域及地区

服务外包分为信息技术外包服务 (ITO)、技术性业务流程外包服务 (BPO) 和技术性知识流程外包 (KPO) 等。ITO 包括软件研发及外包、信息技术研发服务外包、信息系统运营维护外包等领域。BPO 包括企业业务流程设计服务、企业内容管理数据库服务、企业运营数据库服务、企业供应链管理数据库服务等领域。KPO 包括知识产权研究、医药和生物技术研发和测试、产品技术研发、工业设计、分析学和数据挖掘、动漫及网游设计研发、教育课件研发、工程设计等领域。

我国目前有服务外包示范城市 21 个,分别是北京、天津、上海、重庆、大连、深圳、广州、武汉、哈尔滨、成都、南京、西安、济南、杭州、合肥、南昌、长沙、大庆、苏州、无锡、厦门。

(十七) 服务外包企业吸纳高校毕业生有哪些财政支持

按照《国务院办公厅关于鼓励服务外包产业加快发展的复函》 (国办函〔2010〕69 号)、《人力资源社会保障部、商务部关于加快服务外包产业发展促进高校毕业生就业的若干意见》 (人社部发〔2009〕123 号) 等文件规定,对符合条件的服务外包企业,每新录用 1 名大学以上学历员工从事服务外包工作并签订 1 年期以上劳动合同的,给予企业不超过每人 4500 元的培训支持;对符合条件的培训机构培训的从事服务外包业务人才 (大学以上学历),通过服务外包业务专业知识和技能培训考核,并与服务外包企业签订 1 年期以上劳动合同的,给予培训机构每人不超过 500 元的培训支持。

服务外包企业吸纳高校毕业生参加就业见习的，享受相关财政补助政策。服务外包企业吸纳就业困难高校毕业生就业，享受社会保险补贴等扶持政策。就业困难高校毕业生参加服务外包培训可按规定享受职业培训补贴和职业技能鉴定补贴。

二、鼓励引导高校毕业生面向城乡基层、中西部地区以及民族地区、贫困地区和艰苦边远地区就业

（一）什么是基层就业

基层就业就是到城乡基层工作。国家近几年出台了一系列优惠政策鼓励高校毕业生积极参加社会主义新农村建设、城市社区建设和应征入伍。一般来讲，"基层"既包括广大农村，也包括城市街道社区；既涵盖县级以下党政机关、企事业单位，也包括社会团体、非公有制组织和中小企业；既包含单位就业，也包括自主创业、自谋职业。

（二）国家鼓励毕业生到基层就业的主要优惠政策包括哪些

按照《国务院关于进一步做好普通高等学校毕业生就业工作的通知》（国发〔2011〕16号）等文件规定：

1.各地要根据统筹城乡经济和加快基本公共服务发展的需要，大力开发社会管理和公共教育、医疗卫生、文化等领域服务岗位，增加高校毕业生就业机会。要进一步完善相关政策，重点解决好他们在工资待遇、社会保障、人员编制、户口档案、职称评定、教育培训、人员流动、资金支持等方面面临的实际问题，鼓励和引导高校毕业生到城乡基层特别是城市社区和农村教育、医疗卫生、文化、科技等基层岗位工作。

2.对到农村基层和城市社区从事社会管理和公共服务工作的高校毕业生，符合公益性岗位就业条件并在公益性岗位就业的，按照国家现行促进就业政策的规定，给予社会保险补贴和公益性岗位补贴。

3.对到农村基层和城市社区其他社会管理和公共服务岗位就业的，给予薪酬或生活补贴，同时按规定参加有关社会保险。

4.对到中西部地区和艰苦偏远地区县以下基层单位就业并履行一定服务期限

的高校毕业生，以及应征入伍服义务兵役的高校毕业生，按规定实施相应的学费补偿和国家助学贷款代偿。

5.自2012年起，省级以上机关录用公务员，除部分特殊职位外，均应从具有2年以上基层工作经历的人员中录用。市（地）级以下机关特别是县乡机关招录公务员，应采取有效措施积极吸引优秀应届高校毕业生报考，录用计划应主要用于招收应届高校毕业生。

6.对具有基层工作经历的高校毕业生，在研究生招录和事业单位选聘时实行优先。

（三）什么是基层社会管理和公共服务岗位

所谓基层社会管理和公共服务岗位，包括大学生村干部、支教、支农、支医、乡村扶贫，以及城市社区的法律援助、就业援助、社会保障协理、文化科技服务、养老服务、残疾人居家服务、廉租房配套服务等岗位。

2009年4月，人力资源社会保障部下发《关于公布第一批基层社会管理和公共服务岗位目录的通知》（人社部函〔2009〕135号），向社会公布第一批基层社会管理和公共服务岗位目录，以指导各地做好鼓励和引导高校毕业生到基层就业的工作。这批发布的岗位目录共分为基层人力资源和社会保障管理、基层农业服务、基层医疗卫生服务、基层文化科技服务、基层法律服务、基层民政、托老托幼、助残服务、基层市政管理、基层公共环境与设施管理维护以及其他大类领域，包括在街道（乡镇）、社区（村）等基层单位从事公共就业服务、社会保障、劳动关系协调、劳动监察、农业、扶贫开发、医疗、卫生、保健、防疫、文化、科技、体育、普法宣传、民事调解、托老、养老、托幼、助残、公共设施设备管理养护等相关事务管理服务工作的50种岗位。

（四）什么是其他基层社会管理和公共服务岗位

在街道社区、乡镇等基层开发或设立的相应的社会管理和公共服务岗位。部分由政府出资，或由相关组织和单位出资。所安排使用的人员按规定享受相关补贴。

（五）什么是公益性岗位

由政府开发、以满足社区及居民公共利益为目的的管理和服务岗位。对符合条件在公益性岗位安置就业的就业困难人员，按规定给予社会保险补贴和岗位补贴。符合公益性岗位安置条件的就业困难高校毕业生，可按规定享受公益性岗位就业援助政策。

（六）什么是公益性岗位社会保险补贴

按照《财政部、人力资源社会保障部关于进一步加强就业专项资金管理有关问题的通知》（财社〔2011〕64号）规定，对就业困难人员的社会保险补贴实行"先缴后补"的办法。在公益性岗位安排就业困难人员，并缴纳社会保险费的，按其为就业困难人员实际缴纳的基本养老保险费、基本医疗保险费和失业保险费给予补贴，不包括就业困难人员个人应缴纳的基本养老保险费、基本医疗保险费和失业保险费，以及企业（单位）和个人应缴纳的其他社会保险费。社会保险补贴期限，一般最长不超过3年。

（七）什么是公益性岗位补贴

对在公益性岗位安排就业困难人员就业的单位，按其实际安排就业困难人员人数给予岗位补贴。公益性岗位补贴期限，一般最长不超过3年。

在公益性岗位安排就业困难人员就业的单位，可按季向当地人力资源社会保障部门申请公益性岗位补贴。公益性岗位补贴申请材料应附：符合享受公益性岗位补贴条件的人员名单及身份证复印件、就业失业登记证复印件、发放工资明细账（单）、单位在银行开立的基本账户等凭证材料，经人力资源社会保障部门审核后，财政部门将补贴资金支付到单位在银行开立的基本账户。

（八）为鼓励高校毕业生面向基层就业，实施学费补偿和助学贷款代偿政策的主要内容是什么

按照《财政部、教育部关于印发〈高等学校毕业生学费和国家助学贷款代偿暂行办法〉的通知》（财教〔2009〕15号）等文件规定，中央部门所属高校应届毕业生（全日制本专科、高职生、研究生、第二学士学位毕业生）到中西部地区和艰苦边远地区基层单位就业、服务期在3年以上（含3年）的，其学费由国

家实行补偿。在校学习期间获得国家助学贷款（含高校国家助学贷款和生源地信用助学贷款，下同）的，补偿的学费优先用于偿还国家助学贷款本金及其全部偿还之前产生的利息。定向、委培以及在校期间已享受免除全部学费政策的学生除外。

（九）国家实施补偿学费和代偿助学贷款的就业地域范围包括哪些

国家对到中西部地区和艰苦边远地区基层单位就业并履行一定服务期限的中央部门所属高校毕业生，按规定实施相应的学费补偿和助学贷款代偿。这里涉及的地域范围主要包括：

1.西部地区：西藏、内蒙古、广西、重庆、四川、贵州、云南、陕西、甘肃、青海、宁夏、新疆等12个省（自治区/直辖市）；

2.中部地区：河北、山西、吉林、黑龙江、安徽、江西、河南、湖北、湖南、海南10个省；

3.艰苦边远地区：由国务院确定的经济水平、条件较差的一些州、县和少数民族地区。

4.基层单位：

（1）中西部地区和艰苦边远地区县以下机关、企事业单位，包括乡（镇）政府机关、农村中小学、国有农（牧、林）场、农业技术推广站、畜牧兽医站、乡镇卫生院、计划生育服务站、乡镇文化站、乡镇劳动就业服务站等；

（2）工作现场地处以上地区县以下的气象、地震、地质、水电施工、煤炭、石油、航海、核工业等中央单位艰苦行业生产第一线。

（十）学费补偿和助学贷款代偿的标准和年限是多少

每生每学年补偿学费和代偿国家助学贷款的金额最高不超过6000元。在校学习期间每年实际缴纳的学费或获得的国家助学贷款低于6000元的，按照实际缴纳的学费或获得的国家助学贷款金额实行补偿或代偿。每年实际缴纳的学费高于6000元的，按照每年6000元的金额实行补偿或者代偿。

本科、专科（高职）、研究生和第二学士学位毕业生补偿学费或代偿国家助学贷款的年限，分别按照国家规定的相应学制计算。在校学习的时间低于相应学制规定年限的，按照实际学习时间计算补偿学费或代偿助学贷款年限。在校学习时间高于相应学制年限的，按照学制规定年限计算。

每年代偿学费或国家助学贷款总额的三分之一，三年代偿完毕。

（十一）中央部门所属高校毕业生如何申请学费补偿和助学贷款代偿

1.在办理离校手续时向学校递交学费和国家助学贷款代偿申请表和毕业生本人、就业单位与学校三方签署的到中西部地区和艰苦边远地区基层单位服务3年以上的就业协议；

2.在校学习期间获得国家助学贷款的，在与国家助学贷款经办银行签订毕业后还款计划时，注明已申请国家助学贷款代偿，如获得国家助学贷款代偿资格，不需自行向银行还款；

3.高校负责审查申请资格并上报全国学生资助管理中心。

（十二）地方所属高校毕业生到基层就业如何获得学费补偿和助学贷款代偿

按照《财政部、教育部关于印发〈高等学校毕业生学费和国家助学贷款代偿暂行办法〉的通知》（财教〔2009〕15号）要求，各地要抓紧研究制订本地所属高校毕业生面向本辖区艰苦边远地区基层单位就业的学费补偿和助学贷款代偿办法。地方所属高校毕业生到基层就业是否可以获得学费补偿或国家助学贷款代偿，以及如何申请办理补偿或代偿等，请向学校所在地政府有关部门查询。

（十三）到基层就业如何办理户口、档案、党团关系等手续

对到西部县以下基层单位和艰苦边远地区就业的高校毕业生，实行来去自由的政策，户口可留在原籍或根据本人意愿迁往就业地区；人事档案原则上统一转至就业单位所在地的县级政府人力资源社会保障部门，由公共就业和人才服务机构提供免费人事代理服务；党团组织关系转至就业单位，在工作期间积极要求入党的，由乡镇一级党组织按规定程序办理。

（十四）中央有关部门实施了哪些基层就业项目

近年来，中央各有关部门主要组织实施了4个引导高校毕业生到基层就业的专门项目，包括：团中央、教育部、财政部、人力资源社会保障部4部门从2003年起组织实施的"大学生志愿服务西部计划"；中组部、人力资源社会保障

部、教育部等 8 部门从 2006 年开始组织实施的"三支一扶"（支教、支农、支医和扶贫）计划；教育部、财政部、人力资源社会保障部、中央编办 4 部门从 2006 年开始组织实施的"农村义务教育阶段学校教师特设岗位计划"；中组部、教育部、财政部、人力资源社会保障部等部门从 2008 年起组织实施的"选聘高校毕业生到村任职工作"。

人力资源社会保障部门积极会同有关部门，按照统一征集岗位、统一发布公告、统一组织考试、统一服务管理的原则，统筹实施基层服务项目，做好各类项目之间的政策衔接，进一步落实对服务期满考核合格人员的就业政策措施。

（十五）什么是农村义务教育阶段学校教师特设岗位计划

2006 年，教育部、财政部、原人事部、中央编办下发《关于实施农村义务教育阶段学校教师特设岗位计划的通知》（教师〔2006〕2 号），联合启动实施"特岗计划"，公开招聘高校毕业生到"两基"攻坚县农村义务教育阶段学校任教，特岗教师聘期 3 年。

（十六）农村教师特岗计划实施的地区范围包括哪些

2006—2008 年"特岗计划"的实施范围以国家西部地区"两基"攻坚县为主（含新疆生产建设兵团的部分团场），包括纳入国家西部开发计划的部分中部省份的少数民族自治州，适当兼顾西部地区一些有特殊困难的边境县、少数民族自治县和少小民族县。2009 年，实施范围扩大到中西部地区国家扶贫开发工作重点县。

（十七）农村教师特岗计划招聘对象和条件是什么

1.以高等师范院校和其他全日制普通高校应届本科毕业生为主，可招少量应届师范类专业专科毕业生。

2.取得教师资格，具有一定教育教学实践经验，年龄在 30 岁以下的全日制普通高校往届本科毕业生。

3.参加过"大学生志愿服务西部计划"、有从教经历的志愿者和参加过半年以上实习支教的师范院校毕业生同等条件下优先。

4.报名者应同时符合教师资格条件要求和招聘岗位要求。

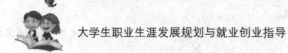

（十八）农村教师特岗计划的招聘程序有哪些

特岗教师实行公开招聘，合同管理。合同规定用人单位和应聘人员双方的权利和义务。

招聘工作由省级教育、人力资源社会保障、财政、编办等相关部门共同负责，遵循"公开、公平、自愿、择优"和"三定"（定县、定校、定岗）原则，按下列程序进行：1.公布需求，2.自愿报名，3.资格审查，4.考试考核，5.集中培训，6.资格认定，7.签订合同，8.上岗任教。

（十九）什么是选聘高校毕业生到村任职

2008年，中组部、教育部、财政部、人力资源和社会保障部出台了《关于印发〈关于选聘高校毕业生到村任职工作的意见（试行）〉的通知》（组通字〔2008〕18号），计划用5年时间选聘10万名高校毕业生到农村担任村党支部书记助理、村委会主任助理或团支部书记、副书记等职务。从2010年开始，扩大选聘规模，逐步实现"一村一名大学生村干部"计划的目标。选聘的高校毕业生在村工作期限一般为2—3年。

（二十）选聘到村任职的对象是什么，要满足哪些条件

选聘对象为30岁以下应届和往届毕业的全日制普通高校专科以上学历的毕业生，重点是应届毕业和毕业1—2年的本科生、研究生，原则上为中共党员（含预备党员），非中共党员的优秀团干部、优秀学生干部也可以选聘。

基本条件是：1.思想政治素质好，作风踏实，吃苦耐劳，组织纪律观念强；2.学习成绩良好，具备一定的组织协调能力；3.自愿到农村基层工作；4.身体健康。此外，参加人力资源社会保障部、团中央等部门组织的到农村基层服务的"三支一扶""志愿服务西部计划"等活动期满的高校毕业生，本人自愿且具备选聘条件的，经组织推荐可作为选聘对象。

（二十一）选聘到村任职的程序是什么

选聘工作一般通过个人报名、资格审查、组织考察、体检、公示、决定聘用、培训上岗等程序进行。

（二十二）什么是"三支一扶"计划

三支一扶是支教、支医、支农、扶贫的简称。2006 年，中组部、原人事部等 8 部门下发《关于组织开展高校毕业生到农村基层从事支教、支农、支医和扶贫工作的通知》（国人部发〔2006〕16 号），以公开招募、自愿报名、组织选拔、统一派遣的方式，从 2006 年开始连续 5 年，每年招募 2 万名高校毕业生，主要安排到乡镇从事支教、支农、支医和扶贫工作。服务期限一般为 2—3 年。招募对象主要为全国普通高校应届毕业生。

2011 年 4 月，人力资源社会保障部下发《关于继续做好高校毕业生"三支一扶"计划实施工作的通知》（人社部发〔2011〕27 号），决定继续组织开展高校毕业生"三支一扶"计划，从 2011 年起，每年选拔 2 万名，五年内选拔 10 万名高校毕业生到基层从事"三支一扶"服务。

（二十三）什么是大学生志愿服务西部计划

大学生志愿服务西部计划由共青团中央牵头，教育部、财政部、人力资源社会保障部共同组织实施。从 2003 年开始，每年招募 1.8 万名普通高等学校应届毕业生，到西部贫困县的乡镇从事为期 1—3 年的教育、卫生、农技、扶贫以及青年中心建设和管理等方面的志愿服务工作。

（二十四）参加中央部门组织实施的基层就业项目，服务期满后享受哪些优惠政策

根据中组部、人力资源社会保障部、教育部、财政部、共青团中央《关于统筹实施引导高校毕业生到农村基层服务项目工作的通知》（人社部发〔2009〕42 号）等政策规定，参加"选聘高校毕业生到村任职""三支一扶""大学生志愿服务西部计划""农村义务教育阶段学校教师特设岗位计划"项目、服务期满的毕业生，享受以下优惠政策：

1.公务员招录优惠：每年拿出公务员考录计划的一定比例，专门用于定向招录服务期满且考核称职（合格）的服务基层项目人员，服务基层项目人员也可报考其他职位。

2.事业单位招聘优惠：鼓励在项目结束后留在当地就业，参加各基层就业项

目相对应的自然减员空岗，全部聘用服务期满的高校毕业生。从 2009 年起，到乡镇事业单位服务的高校毕业生服务满 1 年后，在现岗位空缺情况下，经考核合格，即可与所在单位签订不少于 3 年的聘用合同。同时，各省（区、市）县及县以上相关的事业单位公开招聘工作人员，应拿出不低于 40%的比例，聘用各专门项目服务期满考核合格的高校毕业生。

3.考学升学优惠：服务期满后 3 年内报考硕士研究生初试总分加 10 分；同等条件下优先录取；高职（高专）学生可免试入读成人本科。

4.国家补偿学费和代偿助学贷款政策：参加各基层就业项目的毕业生，符合规定条件的，可享受相应的学费补偿和助学贷款代偿政策。

5.服务期满自主创业的，可享受税收优惠、行政事业性收费减免、小额贷款担保和贴息等有关政策。

6.其他：各基层就业项目服务年限计算工龄。服务期满到企业就业的，按照规定转接社会保险关系。

（二十五）高校毕业生到艰苦边远地区或国家扶贫开发工作重点县就业有什么优惠政策

根据《国务院关于进一步做好普通高等学校毕业生就业工作的通知》（国发〔2011〕16 号）规定，对到艰苦边远地区或国家扶贫开发工作重点县就业的高校毕业生，在机关工作的，试用期工资可直接按试用期满后工资确定，试用期满后级别工资高定 1—2 档；在事业单位工作的，可提前转正定级，转正定级时薪级工资高定 1—2 级。

三、鼓励高校毕业生应征入伍，报效祖国

（一）国家鼓励高校毕业生入伍，这里的"高校毕业生"如何界定

高校毕业生指中央部门和地方所属全日制公办普通高等学校、民办普通高等学校和独立学院的全日制普通本专科（含高职）、研究生、第二学士学位应届毕业生。不包括往届毕业生及成人高等教育、高等教育自学考试类学生、各类非学历教育的学生。

征集的高校应届毕业生以男性为主，女性应届毕业生征集根据军队需要确

定。

高职（专科）毕业班学生完成专业理论课程学习并取得毕业所需学分，仅需再完成毕业实习即能毕业的，可在当年冬季报名应征入伍，享受高校应届毕业生入伍有关优惠政策。

（二）公民应征入伍需要满足哪些政治条件

征兵政治审查的内容包括：应征公民的年龄、户籍、职业、政治面貌、宗教信仰、文化程度、现实表现以及家庭主要成员和主要社会关系成员的政治情况等。征集服现役的公民必须热爱中国共产党，热爱社会主义祖国，热爱人民军队，遵纪守法，品德优良，决心为抵抗侵略、保卫祖国、保卫人民的和平劳动而英勇奋斗等。

（三）公民应征入伍要满足哪些基本身体条件

公民应征入伍要符合国防部颁布的《应征公民体格检查标准》和有关规定。其中，有几项基本条件：

身高：男性 162cm 以上，女性 160cm 以上；

体重：男性不超过标准体重的 +25%、–15%；女性不超过标准体重的 ± 15%；

标准体重 =（身高 –110）kg；

视力：陆勤岗位视力标准，大学专科以上文化程度的青年入伍，右眼裸眼视力放宽至 4.6，左眼裸眼视力放宽至 4.5。

屈光不正，准分子激光手术后半年以上，无并发症，视力达到相应标准，合格。

内科：乙型肝炎表面抗原呈阴性等。

（四）应征入伍高校毕业生的年龄条件是多少

高职（专科）毕业生当年为 18 周岁至 23 周岁，本科以上学历的可以放宽到当年 24 周岁。

（五）高校毕业生应征入伍服义务兵役要经过哪些程序

1.参加网上预征报名：4 月至 7 月，有应征意向的高校毕业生登录"大学生网上预征报名系统"报名预征（http：//zbbm.chsi.com.cn 或 http：//zbbm.chsi.cn），填写、打印应届毕业生预征对象登记表和应征入伍高校毕业生补偿学费代偿国家助学贷款申请表（以下分别称登记表、申请表），交所在学校预征工作管理部门。

2.参加初审、初检，通过确认：5月至7月，按照兵役机关的统一安排，预征报名高校毕业生参加身体初检、政治初审，通过的毕业生被确定为预征对象。在毕业生离校前，高校协助兵役机关，将登记表和申请表审核盖章发给预征对象并完成网上信息确认。

3.到户籍所在地报名应征：10月底全国征兵工作开始后，预征对象携带登记表和申请表，到入学前户籍所在地县（市、区）征兵办公室报名应征（落实单位户档随迁的，在现户籍所在地应征）。通过体检政审的高校毕业生由县级兵役机关批准入伍。

（六）兵役工作由哪个部门负责

兵役法规定，全国的兵役工作，在国务院、中央军委领导下，由国防部负责。各军区按照国防部赋予的任务，负责办理本区域的兵役工作。省军区（卫戍区、警备区）、军分区（警备区）和县、自治县、市、市辖区的人民武装部，兼各该级人民政府的兵役机关，在上级军事机关和同级人民政府领导下，负责办理本区域的兵役工作。县级以上地方各级人民政府组织兵役机关和有关部门组成征集工作机构，负责组织实施征集工作。

高校毕业生预征工作在学校由学生管理部门或武装部门牵头，有意向参军入伍的高校毕业生可向所在学校学工部（处）、就业中心、武装部咨询。

（七）高校毕业生应征入伍服义务兵役享受哪些优惠政策

高校毕业生应征入伍服义务兵役，除享有优先报名应征、优先体检政审、优先审批定兵外，还享受优先选拔使用、考学升学优惠、补偿学费或代偿国家助学贷款、就业安置帮扶等优惠政策。

（八）如何理解高校毕业生应征"优先"政策

征兵报名前，县级兵役机关通知预征对象报名时间、地点、注意事项等。高校毕业生本人持登记表到户籍所在地县级兵役机关报名应征。

高校毕业生预征对象体检由县级征兵办公室统一组织，同级卫生部门具体负责。征兵前，县级兵役机关要通知预征对象体检时间、地点、注意事项，安排其上站体检。

组织高校毕业生政审时，严格按照《征兵政治审查工作规定》进行。应征公民政治审查表中的"就读学校鉴定意见"栏的鉴定意见以登记表意见为准，不再填写鉴定意见。入伍前，登记表作为政审表的附件装入新兵档案。

县级兵役机关召开定兵会议审批定兵时，优先批准体检、政审合格的高校应届毕业生预征对象入伍。

同等条件下，高校毕业生士兵在选取士官、安排到技术岗位等方面优先；具有普通本科学历、取得相应学位的高校毕业生士兵，表现优秀、符合总部有关规定的可以直接选拔为军官。有关具体规定按照军队有关部门出台的文件执行。

（九）应征入伍服义务兵役给予学费补偿和助学贷款代偿的内容是什么

从 2009 年起，国家对应征入伍服义务兵役的高校应届毕业生在校期间缴纳的学费实行补偿。在校期间获得国家助学贷款的，学费补偿款首先用于偿还助学贷款本金及其全部偿还之前产生的利息。

（十）高校毕业生应征入伍享受学费补偿和助学贷款代偿的标准是多少

按照《财政部、教育部、总参谋部关于印发〈应征入伍服义务兵役高等学校毕业生学费补偿和国家助学贷款代偿暂行办法〉的通知》（财教〔2009〕35 号）规定，国家对服义务兵役的高校毕业生每学年补偿学费或代偿国家助学贷款本息的金额，最高为 6000 元；毕业生在校期间每学年实际缴纳的学费或获得的国家助学贷款本息高于 6000 元的，按照每年 6000 元的金额实行补偿或者代偿；高校毕业生在校学习期间每年实际缴纳的学费或获得的国家助学贷款本息低于 6000 元的，按照学费和国家助学贷款本息两者就高的原则，实行补偿或代偿。

（十一）高校毕业生应征入伍都可以享受学费补偿或助学贷款代偿政策吗

在校期间已享受免除全部学费政策的学生、定向生、委培生、国防生、按部队生长干部条件招收的大学毕业生，以及从高校毕业生中直招的士官等其他形式到部队参军的高校毕业生，均不享受学费补偿和助学贷款代偿政策。

（十二）高校毕业生应征入伍享受学费补偿和助学贷款代偿的年限如何计算

对本科、专科（高职）、研究生和第二学士学位毕业生补偿学费或代偿国家助学贷款本息的年限，不论服役时间长短，分别按照国家规定的相应学制计算，在高校毕业生入伍时，实行一次性补偿或代偿。在校学习时间低于相应学制规定年限的，按照实际学习时间计算。在校学习时间高于相应学制规定年限的，按照学制规定年限计算。专升本、本硕连读、中职高职连读、第二学士学位毕业生补偿学费或代偿国家助学贷款本息的年限，分别按照完成本科、硕士、高职和第二学士学位阶段学习任务的实际时间计算（即按完成最终学历阶段学习任务的实际时间计算）。

（十三）高校毕业生应征入伍申请学费补偿或助学贷款代偿的程序是什么

1.填写有关表格：预征工作开始后，有应征意向的普通高校应届毕业生登录"大学生预征网上预征报名系统"（http：//zbbm.chsi.com.cn 或 http：//zbbm.chsi.cn），填写、打印并向就读高校递交登记表、申请表。在校学习期间获得国家助学贷款的，还需提供与经办银行签订的还款计划书复印件。其中，应注明已申请国家助学贷款代偿。

2.高校初审盖章：离校前，高校对被确定为预征对象的毕业生补偿学费和代偿国家助学贷款本息的条件资格、具体金额及相关信息资料进行初审，确认无误后，在申请表上加盖公章，连同登记表一起交给学生本人。

3.表格递交县征兵办：10月31日前，高校毕业生到入学前户籍所在地报名应征时将登记表及申请表交县（市、区）人民政府征兵办公室。

4.县征兵办审批入伍、复核材料并盖章。12月31日前，县（市、区）人民政府征兵办公室批准高校毕业生应征入伍后，向其发放应征入伍通知书，并会同同级教育行政部门对应征入伍的高校毕业生申请补偿学费和代偿国家助学贷款本息等情况进行复核。确认无误后，分别在申请表上加盖公章。

5.学生资助中心审核并确定最终名单：次年1月15日前，县（市、区）教育行政部门将户籍为本县（市、区）的入伍高校毕业生的应征入伍通知书复印件及申请表原件，寄送至应征入伍毕业生原就读高校学生资助管理机构。各高校按隶属关系，分别报各省（区、市）学生资助管理中心和全国学生资助管理中心审核。最终，汇总至全国学生资助管理中心复核、备案后，确定当年享受补偿学费和代偿国家助学贷款本息政策的最终名单及具体金额。

（十四）补偿、代偿的经费如何发放到符合条件的高校毕业生手中

各中央部门所属高校和地方所属高校在收到补偿学费和代偿国家助学贷款本息资金的 15 个工作日内，向毕业生补偿学费；对于申请助学贷款代偿的毕业生，由学校代替毕业生按照还款协议，向银行偿还其在本校办理的国家助学贷款本息，并将银行开具的偿还国家助学贷款本息的凭据交寄毕业生本人或其家长，将剩余资金汇至高校毕业生指定的地址或账户。

入学前在户籍所在县（市、区）办理了生源地信用助学贷款的应征入伍毕业生，在收到代偿资金后 1 个月内，根据与银行签订的还款协议，由学生本人或家长（或其他法定监护人）一次性向银行偿还生源地信用助学贷款本息。

（十五）因个人原因被部队退回，毕业生已获补偿、代偿的经费是否被收回

高校毕业生因本人思想原因、故意隐瞒病史或违法犯罪等被部队退回的，取消其补偿学费和代偿国家助学贷款的资格。已获补偿或代偿资金由毕业生户籍所在地县（市、区）教育行政部门会同同级征兵办公室收回，并逐级汇总上缴至全国学生资助管理中心。

（十六）高校应届毕业生入伍服义务兵役年限是多少

我国现行的义务兵役制度是两年。

（十七）具有高等教育学历的士兵退役后，享受哪些升学考学优惠政策

1.参加政法院校为基层公检法定向岗位招生时，同等条件下优先录取，且专列一定比例招收退役毕业生报考者；

2.退役后三年内参加全国硕士研究生招生统一入学考试，初试总分加 10 分；

3.立二等功及以上的，退役后免试（指初试）攻读硕士研究生；

4.具有高职（高专）学历的，退役后免试入读成人本科；或经过一定考核(计划单列、专升本考试、单独录取)，30%比例入读普通本科。

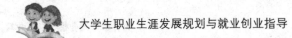

（十八）什么是政法院校为基层公检法定向岗位招生

2008 年，政法院校开展招录培养体制改革试点工作，重点从军队退役士兵和普通高校毕业生中选拔人才，为西部和经济欠发达地区的基层公、检、法、司机关定向招录培养专科以上层次的各类人才。

（十九）高校毕业生应征入伍服义务兵役，其户口档案存放在哪里，如何迁转

高校毕业生在 4 月至 7 月份参加预征，身体初检和政治初审合格，填写登记表，将户口迁回入学前户籍所在地，档案可转到入学前户籍所在地公共就业和人才服务机构存放。批准入伍后，其学籍档案放入新兵档案。

（二十）高校毕业生退役后就业及户档迁移有何优惠政策

入伍高校毕业生退出现役后，可参照普通高等学校应届毕业生，凭用人单位录（聘）用手续，向原就读高校再次申请办理就业报到证（从退出现役当年的 12 月 1 日起至次年 12 月 31 日止），户档随迁（直辖市按照有关规定执行）。到各地公共就业和人才服务机构求职的，可按规定免费享受公共就业和人才服务。参加户籍所在地省级毕业生就业指导机构、原毕业高校就业招聘会，享受提供信息、重点推荐、就业指导等就业服务。

（二十一）什么是士官，与义务兵有什么区别

我军现役士兵按兵役性质分为义务兵役制士兵和志愿兵役制士兵。义务兵役制士兵称为义务兵，志愿兵役制士兵称为士官。士官属于士兵军衔序列，但不同于义务兵役制士兵，是士兵中的骨干。义务兵实行供给制，发给津贴；士官实行工资制和定期增资制度。预征指的是义务兵。

（二十二）没有参加网上预征报名的高校毕业生是否还可以应征入伍并享受有关优惠政策

离校前未报名的应届毕业生，可在冬季征兵前到入学前户籍所在地乡（镇、街道）武装部报名并进行兵役登记，合格者确定为预征对象，择优送站体检。体检、政审合格被批准入伍后，补办补偿代偿等手续，仍可享受国家鼓励高校毕业生应征入伍的各项优惠政策。

四、积极聘用高校毕业生参与国家和地方重大科研项目

（一）国家和地方重大科研项目包括哪些

按照《科技部、教育部、财政部、人力资源社会保障部、国家自然科学基金委员会关于鼓励科研项目单位吸纳和稳定高校毕业生就业的若干意见》（国科发财〔2009〕97 号）规定，由高校、科研机构和企业所承担的民口科技重大专项、973 计划、863 计划、科技支撑计划项目以及国家自然科学基金会的重大重点项目等，可以聘用高校毕业生作为研究助理或辅助人员参与研究工作。其他项目，承担研究的单位也可聘用高校毕业生。

（二）哪些高校毕业生可以被吸纳为研究助理或辅助人员

吸纳对象主要以优秀的应届毕业生为主，包括高校以及有学位授予权的科研机构培养的博士研究生、硕士研究生和本科生。

（三）科研项目吸纳的高校毕业生是否为在编职工

不是项目承担单位的正式在编职工，被吸纳高校毕业生需与项目承担单位签订服务协议，明确双方的权利、责任和义务。

（四）科研项目承担单位与被吸纳高校毕业生签订的服务协议应包含哪些内容

1.项目承担单位的名称和地址。

2.研究助理的姓名、居民身份证号码和住址。

3.服务协议期限。

4.工作内容。

5.劳务性费用数额及支付方式。

6.社会保险。

7.双方协商约定的其他内容。

服务协议不得约定由毕业生承担违约金。

（五）服务协议的期限如何约定

根据《人力资源社会保障部办公厅关于重大科研项目单位吸纳高校毕业生参与研究工作签订服务协议有关问题的通知》（人社厅发〔2009〕47 号）等文件规定，服务协议期限最多可签订 3 年，3 年以下的服务协议期限已满而项目执行

期未满的，根据工作需要可以协商续签至 3 年。

（六）服务协议履行期间能否解除协议

服务协议履行期间，毕业生可以提出解除服务协议，但应提前 15 天书面通知项目承担单位。

项目承担单位提出解除服务协议的，应当提前 30 日书面通知毕业生本人。研究助理被解除服务协议或协议期满终止后，符合条件的毕业生可按规定享受失业保险待遇。

（七）被吸纳高校毕业生如何获取报酬

由项目承担单位向高校毕业生支付劳务性费用，具体数额按照国家有关规定、参照相应岗位标准，由双方协商确定。

（八）项目承担单位是否给被吸纳的高校毕业生上保险

项目承担单位应当为毕业生办理社会保险，具体包括基本养老保险、基本医疗保险、失业保险、工伤保险、生育保险，并按时足额缴费。参保、缴费、待遇支付等具体办法参照各项社会保险有关规定执行。

（九）被吸纳的高校毕业生户档如何迁转

毕业生参与项目研究期间，根据当地情况，其户口、档案可存放在项目承担单位所在地或入学前家庭所在地公共就业和人才服务机构。项目承担单位所在地或入学前家庭所在地公共就业和人才服务机构应当免费为其提供户口、档案托管服务。

（十）服务协议期满后如何就业

协议期满，如果项目承担单位无意续聘，则毕业生到其他岗位就业。同时，国家鼓励项目承担单位正式聘用（招用）人员时，优先聘用担任过研究助理的人员。项目承担单位或其他用人单位正式聘用（招用）担任过研究助理的人员，应当分别依据《劳动合同法》《国务院办公厅转发人事部关于在事业单位试行人员聘用制度意见的通知》（国办发〔2002〕35 号）等规定执行。

（十一）毕业生服务协议期满被用人单位正式录（聘）用后，如何办理落户手续，工龄如何接续

担任过研究助理的人员被正式聘用（招用）后，按照有关规定，凭用人单位录（聘）用手续、劳动合同和普通高等学校毕业证书办理落户手续；工龄与参与项目研究期间的工作时间合并计算，社会保险缴费年限合并计算。

五、鼓励支持高校毕业生自主创业，稳定灵活就业

（一）高校毕业生自主创业，可以享受哪些优惠政策

按照《国务院关于进一步做好普通高等学校毕业生就业工作的通知》（国发〔2011〕16号）、《国务院办公厅转发人力资源社会保障等部门关于促进以创业带动就业工作指导意见的通知》（国办发〔2008〕111号）等文件规定，高校毕业生自主创业优惠政策主要包括：

1.税收优惠。持就业失业登记证（注明"自主创业税收政策"或附着高校毕业生自主创业证）的高校毕业生在毕业年度内（指毕业所在自然年，即1月1日至12月31日）从事个体经营的，3年内按每户每年8000元为限额依次扣减其当年实际应缴纳的营业税、城市维护建设税、教育费附加和个人所得税。对高校毕业生创办的小型微利企业，按国家规定享受相关税收支持政策。

2.小额担保贷款和贴息支持。对符合条件的高校毕业生自主创业的，可在创业地按规定申请小额担保贷款；从事微利项目的，可享受不超过10万元贷款额度的财政贴息扶持。对合伙经营和组织起来就业的，可根据实际需要适当提高贷款额度。

3.免收有关行政事业性收费。毕业2年以内的普通高校毕业生从事个体经营（除国家限制的行业外）的，自其在工商部门首次注册登记之日起3年内，免收管理类、登记类和证照类等有关行政事业性收费。

4.享受培训补贴：对高校毕业生在毕业年度内参加创业培训的，根据其获得创业培训合格证书或就业、创业情况，按规定给予培训补贴。

5.免费创业服务：有创业意愿的高校毕业生，可免费获得公共就业和人才服务机构提供的创业指导服务，包括政策咨询、信息服务、项目开发、风险评估、

开业指导、融资服务、跟踪扶持等"一条龙"创业服务。各地在充分发挥各类创业孵化基地作用的基础上，因地制宜建设一批大学生创业孵化基地，并给予相关政策扶持。对基地内大学生创业企业要提供培训和指导服务，落实扶持政策，努力提高创业成功率，延长企业存活期。

6.各城市应取消高校毕业生落户限制，允许高校毕业生在创业地办理落户手续（直辖市按有关规定执行）。

（二）高校毕业生怎样提升自主创业的能力

各高校要广泛开展创业教育，积极开发创新创业类课程，完善创业教育课程体系，将创业教育课程纳入学分管理。

各地人力资源社会保障部门已形成一些成熟的创业培训模式，如"GYB"（产生你的企业想法）、"SYB"（创办你的企业）、"IYB"（改善你的企业）；高校毕业生可选择参加创业培训和实训，并可按规定享受培训补贴，以提高创业能力。

（三）什么是小额担保贷款，小额担保贷款的用途是什么

小额担保贷款是指通过政府出资设立担保基金，委托担保机构提供贷款担保，由经办商业银行发放，以解决符合一定条件的待就业人员从事个体经营自筹资金不足的一项贷款业务。

小额担保贷款主要用做自谋职业、自主创业或合伙经营和组织起来创业的开办经费和流动资金。

（四）申请小额担保贷款额度是多少，贷款期限有多长

国家规定对符合条件的高校毕业生自主创业的，可在创业地按规定申请小额担保贷款；从事微利项目的，可享受不超过 10 万元贷款额度的财政贴息扶持。各地区对申请小额担保贷款额度有不同规定。对合伙经营和组织起来就业的，可根据需要适当提高贷款额度。

小额担保贷款的期限一般不超过 2 年，可展期 1 年。

（五）怎样申请小额担保贷款，在哪些银行可以申请小额担保贷款

小额担保贷款按照自愿申请、社区推荐、人力资源社会保障部门审查、贷款

担保机构审核并承诺担保、商业银行核贷的程序，办理贷款手续。

各国有商业银行、股份制商业银行、城市商业银行和城乡信用社都可以开办小额担保贷款业务，各地区根据实际情况确定具体经办银行，在指定的具体经办银行可以办理小额担保贷款。

（六）哪些项目属于微利项目

微利项目由各省、自治区、直辖市人民政府结合当地实际情况确定，并报财政部、中国人民银行、人力资源和社会保障部备案。对于从事微利项目的，财政据实全额贴息，展期不贴息。

（七）针对高校毕业生灵活就业有什么政策措施

根据《国务院关于进一步做好普通高等学校毕业生就业工作的通知》（国发〔2011〕16号）、《财政部、人力资源社会保障部关于进一步加强就业专项资金管理有关问题的通知》（财社〔2011〕64号）等规定，鼓励支持高校毕业生通过多种形式灵活就业，并给予相关政策扶持。对符合就业困难人员条件的灵活就业高校毕业生，要按规定落实社会保险补贴政策。对申报灵活就业的高校毕业生，各级公共就业和人才服务机构按规定提供人事、劳动保障代理服务，做好社会保险关系接续工作。

对就业困难人员灵活就业后缴纳的社会保险费，给予一定数额的社会保险补贴，补贴数额原则上不超过其实际缴费的 2 / 3。灵活就业的就业困难人员按规定向当地人力资源社会保障部门申请社会保险补贴。社会保险补贴申请材料应附：由灵活就业人员签字、人力资源社会保障部门盖章确认的、注明具体从事灵活就业的岗位、地址等内容的相关证明材料，灵活就业人员身份证复印件、就业失业登记证复印件、社会保险征缴机构出具的社会保险费明细账（单）等凭证材料，经人力资源社会保障部门审核后，财政部门将补贴资金支付给申请者本人。

六、支持高校毕业生参加就业见习和技能培训

（一）什么是就业见习

就业见习是指由各级人力资源社会保障部门根据离校未就业高校毕业生本人意愿，组织其到经政府认定的就业见习单位进行见习锻炼、积累工作经验、提升

就业能力的一项就业促进措施。

2009 年起，人力资源社会保障部会同教育部、工业和信息化部、国资委、工商总局、全国工商联和共青团中央联合下发《关于印发三年百万高校毕业生就业见习计划的通知》（人社部发〔2009〕38 号），决定自 2009 年至 2011 年，拓展和规范一批用人单位作为高校毕业生见习基地，用 3 年时间组织 100 万离校未就业高校毕业生参加就业见习。

未就业高校毕业生如参加就业见习可向当地人力资源和社会保障部门及当地团组织咨询，当地人力资源和社会保障部门是就业见习的组织实施单位。

（二）离校后未就业高校毕业生如何参加就业见习

人力资源社会保障部门通过媒体、公共就业和人才服务机构以及电视、网络、报纸等多种渠道，发布就业见习信息，公布见习单位名单、岗位数量、期限、人员要求等有关内容，或者组织开展见习单位和高校毕业生的双向选择活动，帮助离校未就业高校毕业生和见习单位对接。离校后未就业回到原籍的高校毕业生可与原籍所在地人力资源社会保障部门及当地团组织联系，主动申请参加就业见习。

（三）就业见习期限有多长

高校毕业生就业见习期限一般为 3—12 个月。

高校毕业生就业见习活动结束后，见习单位对高校毕业生进行考核鉴定，出具见习证明，作为用人单位招聘和选用见习高校毕业生的依据之一。在见习期间，由习单位正式录（聘）用的，在该单位的见习期可以作为工龄计算。

（四）就业见习单位给毕业生上保险吗

见习期间所在见习单位为毕业生办理人身意外伤害保险。

（五）离校未就业高校毕业生参加就业见习享受哪些政策和服务

1.获得基本生活补助（基本生活补助费用由见习单位和地方政府分担，各地要根据当地经济发展和物价水平，合理确定和及时调整基本生活补助标准）。

2.免费办理人事代理。

3.办理人身意外伤害保险。

4.见习期满未被录用可继续享受就业指导与服务。

（六）见习单位能享受什么优惠政策

对企业（单位）吸纳离校未就业高校毕业生参加就业见习的，由见习企业（单位）先行垫付见习人员见习期间基本生活补助，再按规定向当地人力资源社会保障部门申请就业见习补贴。

就业见习补贴申请材料应附：实际参加就业见习的人员名单、就业见习协议书、见习人员身份证、登记证复印件和大学毕业证复印件、企业（单位）发放基本生活补助明细账（单）、企业（单位）在银行开立的基本账户等凭证材料，经人力资源社会保障部门审核后，财政部门将资金支付到企业（单位）在银行开立的基本账户。

见习单位支出的见习补贴相关费用，不计入社会保险缴费基数，但符合税收法律法规规定的，可以在计算企业所得税应纳税所得额时扣除。

（七）高校毕业生如何申请参加职业培训

职业培训由各地人力资源社会保障部门负责组织实施。高校毕业生可到当地人力资源社会保障部门咨询了解职业培训开展情况，选择适宜的培训项目参加。

职业培训工作主要由政府认定的培训机构、技工院校或企业所属培训机构承担。

（八）高校毕业生能否享受职业培训补贴政策，如何申请职业培训补贴

高校毕业生毕业年度内参加就业技能培训或创业培训，可按规定向当地人力资源社会保障部门申请职业培训补贴。毕业后按规定进行了失业登记的高校毕业生参加就业技能培训或创业培训，也可向当地人力资源社会保障部门申请职业培训补贴。

按照《财政部、人力资源社会保障部关于进一步加强就业专项资金管理有关问题的通知》（财社〔2011〕64号）等文件规定，申请材料经人力资源社会保障部门审核后，财政部门按规定将补贴资金直接拨付给申请者本人。职业培训补贴申请材料应附：培训人员身份证复印件、就业失业登记证复印件、职业资格证书（专项职业能力证书或培训合格证书）复印件、就业或创业证明材料、职业培训机构开具的行政事业性收费票据（或税务发票）等凭证材料。

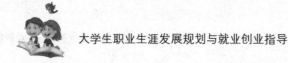

高校毕业生参加就业技能培训或创业培训后，培训合格并通过职业技能鉴定取得初级以上职业资格证书（未颁布国家职业技能标准的职业应取得专项职业能力证书或创业培训合格证书），6个月内实现就业的，按职业培训补贴标准的100%给予补贴。6个月内没有实现就业的，取得初级以上职业资格证书，按职业培训补贴标准的80%给予补贴；取得专项职业能力证书或创业培训合格证书，按职业培训补贴标准的60%给予补贴。

（九）高校毕业生如何获取职业资格证书

高校毕业生个人可向职业技能鉴定所（站）自主申请职业技能鉴定。职业技能鉴定要参加理论知识考试和操作技能（专业能力）考核。经鉴定合格者，由人力资源社会保障部门核发相应的职业资格证书。

（十）高校毕业生能否享受职业技能鉴定补贴政策，如何申请技能鉴定补贴

按照《财政部、人力资源社会保障部关于进一步加强就业专项资金管理有关问题的通知》（财社〔2011〕64号）等文件规定，对高校毕业生在毕业年度内通过初次职业技能鉴定并取得职业资格证书或专项职业能力证书的，按规定给予一次性职业技能鉴定补贴。

通过初次职业技能鉴定并取得职业资格证书或专项职业能力证书的，可向职业技能鉴定所在地人力资源社会保障部门申请一次性职业技能鉴定补贴。职业技能鉴定补贴申请材料应附：申请人身份证复印件、就业失业登记证复印件、职业资格证书复印件、职业技能鉴定机构开具的行政事业性收费票据（或税务发票）等凭证材料，经人力资源社会保障部门审核后，财政部门按规定将补贴资金支付给申请者本人。

七、为高校毕业生提供就业指导、就业服务和就业援助

（一）主要有哪些机构为高校毕业生提供就业服务

1.公共就业和人才服务机构

由各级人力资源社会保障部门举办的公共就业和人才服务机构，为高校毕业生免费提供政策咨询、就业信息、职业指导、职业介绍、就业援助、就业与失业登记或求职登记等各项公共服务，按规定为登记失业高校毕业生免费提供人事档

案管理等服务。此外，还定期开展面向高校毕业生的公共就业和人才服务专项活动，比如每年 5 月"民营企业招聘周"、每年 9 月"高校毕业生就业服务月"、每年 11 月"高校毕业生就业服务周"等，为高校毕业生和用人单位搭建供需对接平台。

2.高校毕业生就业指导机构

目前，各省教育部门、各高校普遍建立了高校毕业生就业指导机构，为毕业生提供就业咨询、用人单位招聘及实习实训信息、求职技巧、职业生涯辅导、毕业生推荐、实习实践能力提升和就业手续办理等多项就业指导和服务。

3.职业中介机构

主要包括从事人力资源服务的经营性机构，政府鼓励各类职业中介机构为高校毕业生提供就业服务，对为登记失业高校毕业生提供服务并符合条件的职业中介机构按规定给予职业介绍补贴。

（二）职业中介机构如何享受职业介绍补贴

按照《财政部、人力资源社会保障部关于进一步加强就业专项资金管理有关问题的通知》（财社〔2011〕64 号）等文件规定，在工商行政部门登记注册的职业中介机构，可按经其就业服务后实际就业的登记失业人员人数向当地人力资源社会保障部门申请职业介绍补贴。

职业介绍补贴申请材料应附：经职业中介机构就业服务后已实现就业的登记失业人员名单、接受就业服务的本人签名及居民身份证（以下简称身份证）复印件、就业失业登记证（以下简称登记证）复印件、劳动合同等就业证明材料复印件、职业中介机构在银行开立的基本账户等凭证材料。申请材料经人力资源社会保障部门审核后，财政部门按规定将补贴资金支付到职业中介机构在银行开立的基本账户。

（三）高校毕业生获取就业信息的主要渠道有哪些

1.浏览各类就业信息网站，包括中央有关部门主办的全国性就业信息网站、地方有关部门主办的就业信息网站、各高校就业信息网站及校内 BBS 求职版面、其他专业性就业网站等（主要网址见附表二）。

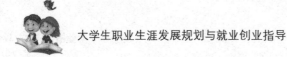

2.参加各类招聘和双向选择活动，包括国家有关部门、各地、学校、用人单位等相关机构组织的各类现场或网络招聘活动。

3.参与校企合作实习，包括社会实践、毕业实习等活动。

4.查阅媒体广告，如报纸、杂志、电台、电视台、视频媒体等。

5.他人推荐，如导师、校友、亲友等

6.主动到单位求职自荐等。

（四）在校期间高校毕业生可以通过哪些途径提升就业能力

在学好专业知识技能的同时，根据学校要求或安排，毕业生可以通过选修或必修就业指导课程、参与学校组织的就业实习、技巧辅导、模拟招聘等活动，学习和了解相关职业的资料和信息，充分借助社会实践平台，全面提升就业能力。

高校毕业生还可通过学校实施的毕业证书与职业资格证书"双证书"制度、组织到企业顶岗实习、参加人力资源社会保障部门认定的定点机构开展的职业技能培训等，切实增强自身的岗位适应能力与就业竞争力，促进职业素养的养成。

（五）困难家庭高校毕业生包括哪些毕业生，享受哪些帮扶政策

困难家庭高校毕业生是指：来自城镇低保家庭、低保边缘户家庭、农村贫困家庭和残疾人家庭的普通高校毕业生。

各级机关考录公务员、事业单位招聘工作人员时，免收困难家庭高校毕业生的报名费和体检费。

为帮助困难家庭的高校毕业生求职就业，高校一般都会安排经费作为困难家庭毕业生的求职补助，或对已成功就业的困难家庭毕业生给予奖励。困难家庭的毕业生可向所在院系书面申请。学校也应根据平时掌握的情况，对困难家庭的毕业生给予主动帮助。

（六）面对求职困难，高校毕业生该如何应对

1.主动了解国家促进就业的相关政策，努力争取各方支持。

2.主动联系学校就业指导老师和专业教师，并保持经常沟通。

3.积极参加校园招聘会和各类人才洽谈会。

4.主动到各级人力资源社会保障部门所属的公共就业和人才服务机构进行求

职登记，获得免费的政策咨询、就业信息、职业指导、职业介绍、就业援助等服务。

5.通过网络等各种渠道，广泛搜集社会需求信息。

6.充分利用亲友、校友、学校社团等资源，积极获取就业信息。

7.了解社会发展动态，树立正确的就业观，合理调整求职预期。

（七）高校毕业生如何办理就业登记和失业登记，离校后未就业如何获得相应的就业指导和服务

各级公共就业和人才服务机构要按照就业促进法的规定，为已就业高校毕业生免费办理就业登记，并按规定提供人事、劳动保障代理服务。对未就业的高校毕业生可按规定办理失业登记，并纳入户籍所在地失业人员统一管理，落实相关就业扶持政策。各级人力资源社会保障部门、教育部门和各高校将进一步完善以实名制为基础的高校毕业生就业统计制度，做好高校毕业生毕业前后的信息衔接和服务接续。

回到原户籍所在地报到的未就业高校毕业生，能够免费享受当地人力资源社会保障部门提供的公共就业和人才服务。

（八）离校未就业高校毕业生登记失业后，可以享受哪些服务和政策

登记失业高校毕业生可免费获得政策咨询、职业指导、职业介绍和人事档案托管等服务政策。有意愿参加就业见习的，可按规定提供基本生活补助并办理一次性人身意外伤害保险；参加职业培训和技能鉴定的，可以按规定申请培训补贴和鉴定补贴。有创业意愿的，可以享受有关税收优惠、小额担保贷款及贴息、行政事业性收费减免、创业服务等扶持政策。

各级公共就业和人才服务机构已将就业困难的高校毕业生纳入当地就业援助体系，建立专门台账，实施"一对一"职业指导和重点帮扶，并向用人单位重点推荐，或通过公益性岗位安置就业。符合就业困难条件的高校毕业生可按规定得到就业援助，并落实社会保险补贴或公益性岗位补贴等政策。

【就业政策】

甘肃省高校毕业生就业创业扶持政策简编（2018 年版）

一、就业扶持政策

（一）未就业高校毕业生实名登记。未就业的毕业生离校后应登录"甘肃省人力资源和社会保障厅"网站进行网上报到登记，并到县区人社部门进行报到证登记盖章，经报到登记的高校毕业生可获得公共就业和人才服务机构提供的就业信息推介、就业指导、政策咨询等服务。

办理渠道：毕业生通过网上办理并到县区人社部门登记。

（二）毕业生人事代理服务。毕业生可通过单位集体委托或个人委托，办理档案委托管理、落户及户籍管理、社会保险代缴、职称评定等相关人事代理业务。

办理渠道：毕业生到就业单位所在地人社部门申办。

（三）高校毕业生精准招聘平台。高校毕业生可通过网络或微信登录人社部"高校毕业生精准招聘平台"，免费进行登记注册、个人职业能力测评，完善简历信息，系统自动将毕业生信息推送给用人单位，用人单位可对符合条件的毕业生发出面试邀请，在线下洽谈对接。

办理渠道：毕业生登陆"中国国家人才网高校毕业生精准招聘平台"或微信公众号"高校毕业生精准招聘服务"进行注册。

（四）引导高校毕业生到基层工作。省级机关录用公务员，除特殊职位外，按照有关规定一律从具有 2 年以上基层工作经历的人员中考录。加大机关事业单位在基层服务项目人员中定向招录（聘）的比例。通过各类基层服务项目就业的毕业生服务满 1 年且考核合格后，可按规定参加职称评定。对到我省 4 类以上艰苦边远地区县以下机关事业单位工作的高校毕业生，录用为公务员的，试用期满考核合格后的级别工资档次高定三档；招聘为事业单位正式工作人员的，试用期满考核合格后的薪级工资高定三级。

（五）学费补偿和助学贷款代偿。高校毕业生自愿到我省艰苦边远地区基层单位就业，连续服务满 3 年以上，其学费及生源地信用助学贷款，按规定给予本专科学生每人每年最高不超过 8000 元、研究生每人每年最高不超过 12000 元的代偿。

办理渠道：到就业服务地的县学生资助中心申办。

（六）引导高校毕业生进企业就业项目。未就业普通高校毕业生参加省上组织的引导毕业生进企业就业项目的，省财政给予每人每月 1500 元的生活补贴，用人单位支付不低于当地最低工资标准的工资报酬，并按规定为毕业生办理社会保险。优先推荐城乡低保家庭、贫困家庭和就业困难毕业生。

办理渠道：毕业生向所在县区人社部门报名，与用人单位双向选择。

（七）应征入伍退役毕业生政策。入伍经历可作为毕业实习经历和基层工作经历；具有高职（专科）学历的毕业生，退役后免试入读成人本科；退役后 3 年内参加全国硕士研究生招生考试，初试总分加 10 分；应届毕业生应征服兵役，退役后 1 年内可同等享受离校未就业毕业生就业扶持政策。

办理渠道：根据需要到教育或人社等相关部门办理。

（八）公务员考录报名考试费减免。农村特困户、城市低保户家庭高校毕业生和残疾高校毕业生报考公务员考录的，可减免报名考试费。

办理渠道：报考省直单位（包括垂直管理系统）及其直属单位的，不用进行网上缴费，在省考录办申办费用减免手续；报考市州及以下单位的，不用进行网上缴费，在报考职位所在市州考录办申办费用减免手续。

（九）就业见习补贴。离校 12 个月内未就业高校毕业生可参加就业见习，对吸纳离校 12 个月内未就业高校毕业生参加就业见习并支付见习人员见习期间基本生活费的单位，给予每人每月 1000 元的就业见习补贴。见习人员见习期满留用率达到 50% 以上的单位，见习补贴标准提高到每人每月 1200 元。

办理渠道：毕业生向当地人社部门申请参加就业见习。

（十）就业技能培训补贴。毕业年度高校毕业生参加定点培训机构组织的就业技能培训，培训后取得职业资格证书（或专项职业能力证书或培训合格证书）的，给予每人 300—1200 元职业培训补贴。每人每年可享受一次，当年内不得重复申请。

办理渠道：毕业生向当地人社部门申请参加培训。

（十一）职业技能鉴定补贴。毕业年度高校毕业生通过初次职业技能鉴定并取得职业资格证书或专项职业能力证书的，可申请一次性职业技能鉴定补贴。职业技能鉴定补贴标准不超过 300 元／人。职业技能鉴定费标准高于 300 元的，按 300 元补贴；鉴定费标准低于 300 元的，按实际发生额补贴。

办理渠道：毕业生向当地人社部门申请鉴定。

（十二）求职创业补贴。省内普通院校在毕业年度有就业创业意愿，并积极求职创业的城乡居民低保家庭、贫困残疾人家庭、建档立卡贫困家庭和特困人员中的高校毕业生，残疾及获得国家助学贷款（包括学校所在地或生源地助学贷款）的高校毕业生，每人发放一次性 1000 元求职创业补贴。

办理渠道：毕业生到所在学校申请办理。

（十三）社会保险补贴。对招用毕业年度高校毕业生，与之签订 12 个月以上劳动合同并为其缴纳社会保险费的小微企业，给予最长 12 个月的社会保险补贴。

对离校 12 个月内未就业的高校毕业生灵活就业后缴纳的社会保险费，给予一定数额的社会保险补贴，补贴标准原则上不超过其实际缴费的 2/3，补贴期限最长不超过 24 个月。

办理渠道：企业和灵活就业毕业生要到所在地县区人社部门申办。

（十四）公益性岗位安置。被认定为就业困难的高校毕业生，可以优先用各级政府开发的公益性岗位进行兜底安置，享受公益性岗位补贴和相关优惠政策。

办理渠道：毕业生到户籍所在地街道社区认定办理。

二、创业扶持政策

（一）就业失业登记。高校毕业生可在常住地公共就业服务机构进行就业失业登记，申领就业创业证，享受政策咨询、职业介绍、职业指导、创业服务等公共就业服务，符合条件的享受相关就业扶持政策。

办理渠道：毕业年度内高校毕业生按规定到创业地公共就业服务机构申领就业创业证，或委托所在高校就业指导中心按规定代为其申领；毕业年度内高校毕业生离校后直接向创业地公共就业服务机构按规定申领就业创业证。

（二）创业培训补贴。毕业年度高校毕业生参加创业培训的，根据其获得创业培训合格证书或就业创业情况给予每人不超过 1300 元的创业培训补贴。

办理渠道：毕业生向当地人社部门申请参加培训。

（三）创业指导服务。有创业意愿的高校毕业生，可免费获得公共就业和人才服务机构提供的创业指导服务，包括政策咨询、信息服务、项目开发、风险评估、开业指导、融资服务、跟踪扶持等"一条龙"创业服务。

办理渠道：毕业生到县级以上公共就业和人才服务机构申办。

（四）创业担保贴息贷款。对符合条件的高校毕业生自主创业的，可在创业地按规定申请创业担保贷款，贷款额度为 10 万元。对符合条件的借款人合伙创业或组织起来共同创业的，可给予不超过 50 万元的贷款。

办理渠道：毕业生到县级以上公共就业和人才服务机构申办。

（五）高校毕业生初始创业补助（不包含教育部门已扶持在校大学生就业创业项目）。毕业 5 年内的高校毕业生初始创业，符合连续经营 1 年以上、带动就业 5 人以上并签订劳动合同、足额缴纳社会保险费等条件的，可给予每户 5 万元的一次性补助。

办理渠道：项目单位向县市区人社部门申报。

（六）创业典型补助（不包含教育部门已扶持在校大学生就业创业项目）。对经省级人社部门评选认定的创业明星或创业典型，符合吸纳就业 30 人以上并签订劳动合同、足额缴纳社会保险费等条件的，可给予每户 10 万元的一次性补助。

办理渠道：项目单位向县市区人社部门申报。

（七）创业项目补助。对专家评审认定的市场前景好、发展潜力大、吸纳就业多的优秀创业项目或参加国家、省级有关部门组织的创业大赛且获奖的优秀创业项目，给予 5 万元的一次性补助。

办理渠道：项目单位向县市区人社部门申报。

（八）税费减免优惠。对持有就业创业证（就业失业登记证）的高校毕业生创办个体工商户、个人独资企业，符合相关条件的，可依法享受税收减免政策，按每户 9600 元为限额一次扣减其当年实际应缴纳的营业税、城市维护建设税、教育费附加、地方教育费附加、价格调节基金和个人所得税。

办理渠道：毕业生到创办企业所在地税务部门申办。

第二节　求职择业的基本程序

本节主要介绍毕业生就业工作管理部门的工作流程及毕业生自身的择业程序。通过课堂讲授使学生掌握毕业生就业工作管理部门的工作流程，了解相关的就业政策，收集整理分析就业信息，做好资料及心理准备、应聘和签约、违约办理及其后果、报到及应注意的问题、调整改派、走向社会等情况。

本节重点：毕业生自身的择业程序。本节难点：如何使学生掌握求职择业的基本程序。

一、毕业生就业工作管理部门的工作流程

我国毕业生就业工作的最高管理部门是中华人民共和国教育部。例如，甘肃省毕业生就业工作管理部门是甘肃省教育厅，高校毕业生就业工作管理部门是学校择业指导中心，各学院成立就业工作小组，学生工作办公室。

教育部每年 12 月前确定年度就业工作意见，各省按要求制定本省的具体实施意见。每年 11 月 20 日起，各高校就业管理部门组织各类毕业生就业市场，毕业生双向选择，并签订就业协议。每年 6 月底，各高校根据所签协议制定就业方案，上报审批后进行派遣、发放报到证，办理离校手续。7 月初，毕业生按规定到用人单位报到。各高校就业单位将初次就业率进行统计，最终上报国务院。

（一）高校就业管理部门的工作流程

1.收集就业信息

在资格审查时，学校着手准备制定毕业生的专业介绍，制作完成后将专业介绍和生源信息表在本校就业网站公布。同时，学校将通过走访用人单位、向用人单位邮寄用人信息函、发送电子邮件等方式广泛收集就业信息，并积极了解各地

区就业政策，加强与用人单位的联系，建设毕业生就业基地。

2.发放就业的相关材料

高校择业指导中心将向通过毕业生资格审查的毕业生发放毕业生推荐表和全国普通高等学校毕业生就业协议书。毕业生推荐表每人一份，是学校对毕业生综合情况的证明。全国普通高等学校毕业生就业协议书一式三份，签约后由用人单位、学校和毕业生各执一份。毕业生推荐表和全国普通高等学校毕业生就业协议书是毕业生就业过程中的重要材料，毕业生要妥善保管。如有遗失需按照有关规定到就业管理部门办理相关手续。

3.毕业生的就业指导

各高校的就业管理、服务部门将通过就业指导课、就业指导讲座、就业咨询等形式对毕业生进行就业指导。

4.组织校园招聘会及就业市场

对申请来校的用人单位进行审核后，为其安排举办校园招聘会的时间、地点，并在恰当的时间举办分科类的专场就业招聘会场。学校的就业市场针对性较强，是当前毕业生就业的主渠道，毕业生要充分利用这些机会实现就业。

5.就业方案的形成

每年5月份开始，学校根据签订的就业协议制定就业方案。在此过程中应遵循以下原则：

（1）有具体用人单位的毕业生直接派往用人单位；

（2）录取研究生和专升本的毕业生不派遣，不发放报到证；

（3）对毕业生出国学习办理完相关手续后，可派遣到生源地；

（4）没有落实单位的毕业生按各生源地毕业生就业主管部门的要求，派回生源地所在人事部门，发放择业通知书。

6.就业方案审核

形成就业方案并上报教育部，经过教育部审核后打印全国普通高等学校本专科毕业生就业报到证，报到证经所在省市的教育主管部门验印后生效，学校按此方案进行派遣。学校有关部门根据就业方案办理户口迁移证明、党团关系转移证明、档案转递等手续，就业方案将存档永久保存。

7.报到证等材料发放办理

学校相关部门为毕业生发放相关材料，并办理离校手续。

(二)毕业生资格审查

目的：是确认和核实每一位毕业生的入学资格，通过审查后才能取得毕业资格、就业资格。

依据：各省招办出具的招生底册。

内容：毕业生生源地、姓名、专业、学制、培养方式。

流程：秋季开学后，学校就业管理部门要求各学院按上报的毕业生生源情况进行初审，初审后对于有问题的毕业生要求其出具相关材料，一般有以下集中情况：

1.姓名不符：毕业生的姓名与招生底册不一致，须出具公安部门的改名手续，注明曾用名、现用名。

2.生源地变迁：毕业生现在的家庭所在地与招生底册不符，需出具户籍变动手续。

3.学籍变动：包括降级、休学、转专业等情况，需出具相关手续。

学校择业指导中心收集以上材料后进行二审，二审后到省级主管部门进行资格审查。之后形成本校生源数据库，并形成数据表，向社会各界发布，供用人单位参考。

【案例分析】

五年前，家住兰州市七里河区的赵某在兰州市第二十七中学（兰州市城关区）毕业参加高考，当年高考失败，随后在兰炼一中（兰州市西固区）补习，次年顺利考入甘肃农业大学。岁月如梭，四年后，赵某将要毕业走向社会。现对赵某进行毕业生资格审查，试问，赵某的生源地是哪儿？

分析：生源地是指毕业生高考录取时的县区，生源所在地应与考生入学前户口所在地相同。赵某同学的生源地显然与户口所在地不同，此时，赵某应提供户口证明，调整生源地为兰州市七里河区。

【案例分析】

2013 年 9 月，家住定西市的李某在定西市二中参加高考，考入甘肃农业大学，9 月份李某的户口随升学迁至甘肃农业大学（甘肃省兰州市安宁区营门村 1 号），李某办理新身份证，身份证住址为：甘肃省兰州市安宁区营门村 1 号。现对李某进行毕业生资格审查，李某的生源地是哪儿？李某是否需要提供户口证明？

分析：因为升学户口迁至学校的，不需提供证明，毕业后户口迁至原籍。

（三）毕业后户口如何迁转

毕业生户口关系的转移，是由学校户籍管理部门到辖区公安机关按规定办理，公安机关按就业报到证上标明的地址迁移户口，毕业生不得自行指定迁移地址。同学们毕业时，拿到手的是一张户口迁移证（户口未转入学校的同学无此证），毕业生应仔细核对并妥善保管，不要折皱污损，更不能丢失，有错漏不能自行涂改，否则作废。具体如下：

毕业后持就业报到证的择业生，到家庭所在地县（市、区）公安户籍部门办理落户手续；

家庭是非农业户口的，直接落到家庭户口簿上；

家庭是农业户口的，户口落到县（市、区）人事部门集体户口簿上；

在择业期内落实就业单位的，凭就业报到证办理户口迁转手续；

签三方协议的毕业生，持就业报到证、户口迁移证及单位介绍信，直接到单位所在地公安户籍部门办理落户手续。

（四）就业协议书

就业协议也叫三方协议，是全国普通高等学校毕业生就业协议书的简称，是明确毕业生、用人单位和学校在毕业生就业过程中权利和义务的书面协议，是学校制订毕业生就业计划和派遣的依据。毕业生、用人单位和学校三方应严格履行协议，任何一方若单方面终止协议，应承担违约责任。

就业协议书一式三份，分别由学校、用人单位、学生保管。

就业协议书在毕业生到单位报到、用人单位正式接收后自行终止。

（五）报到证

报到证是国家教育部印制，由省（直辖市、自治区）级普通高等学校毕业生就业管理部门签发，只有列入国家或省毕业生就业方案的普通高校毕业生才能持有的有效报到证件。

很多毕业生不把报到证当回事，认为就是一张"介绍信"，殊不知，报到证是存入个人档案的必备材料，其作用主要有：

1.报到证是教育主管部门正式派遣毕业生的凭证；

2.是毕业生到用人单位报道的凭证，凭报到证报道以后，方可计算工龄；

3.报到证是用人单位接收毕业生的重要文字证明。

4.报到证是任何一个合法的人才中心、档案管理机构接收毕业生档案的证明。

5.报到证是用人单位给毕业生落户、接管档案的重要凭证和依据。

6.持报到证的毕业生是纳入国家统一招生计划的学生。

7.报到证一式两页，正本为蓝色由毕业生本人持有，到单位报到时交给单位。副本为白色，应装入毕业生本人档案。

（六）改派

办理调整改派需要的材料：

1.原报到证；

2.原单位的退函；

3.新单位的接收函。

办理调整改派的要求：毕业后一年内可办理调整改派手续，待上述材料齐全后由学校择业中心报省级主管部门审批。一年后，按在职人员调动办理，学校将无权受理。

（七）档案

个人档案非常重要，个人档案是记录一个人的主要经历、政治面貌、品德作风等个人情况的文件材料，起着凭证、依据和参考的作用。在个人转正定级、职称申报、办理养老保险以及开具考研等相关证明时，都需要使用档案。而且，随着人事服务工作的发展，个人档案的作用会越来越重要。毕业生档案的迁转主要有以下几个方面：

1.毕业生离校后，学校在一个月内将其档案统一寄送到毕业生工作单位所归属的人事档案管理部门。

2."择业生"的档案由学校统一寄送至生源市（州）人力资源和社会保障局。

3.其他持就业报到证的同学，如果单位有权接收毕业生档案，其档案直接转至就业单位的人事部门；如果单位无权接收毕业生档案，其档案会被转至受托管的人才交流服务中心。

总之，持就业报到证的同学，其档案会被转至就业报到证左上角标注的第一个单位。例如：某同学的就业单位是"新疆新和县人社局"，则就业报到证上标注的单位名称是"新疆新和县人社局"，其档案就会被寄往新疆新和县人社局。还有一些同学的就业单位可能是民营企业或其他一些无人事管理权的单位，需要特别注意的是这部分同学的档案是不在用人单位的，比如某同学的就业单位是"××房地产公司"，则该同学的就业报到证上标注的单位就是"××人才交流服务中心（××房地产公司)"，其档案就会被转递至××人才交流服务中心。

二、毕业生自身的择业程序

(一)了解相关的就业政策

就业政策信息可以分为国家就业政策信息和各地方政府就业政策信息两类。国家层面也出台了一系列相应的文件，例如，中共中央办公厅国务院办公厅印发《关于引导和鼓励高校毕业生面向基层就业的意见》的通知（中办发〔2005〕18号），中组部、教育部、人力资源和社会保障部、共青团中央关于印发《高校毕业生基层培养计划实施方案》的通知（中组发〔2011〕13号），教育部办公厅《关于进一步做好高校学生参军入伍工作的通知》（教学厅〔2015〕3号），教育部办公厅《关于做好2015年离校未就业高校毕业生就业服务工作的通知》（教学厅函〔2015〕43号）等文件，毕业生要详细了解这些文件的内容，把握国家就业政策的大方向。国家就业政策信息比较稳定，我国政府坚持通过发展经济、调节经济结构、深化改革、协调发展城乡经济以及完善社会保障体系促进就业，并采取各种有效措施，千方百计增加就业，扩大就业规模，努力把失业率控制在社会可承受的限度内。确立了"劳动者自主就业，市场调节就业，政府促进就业"的就业方针：比如发展经济、调整结构、积极创造就业岗位，完善公共就业服务体系，培育发展劳动力市场，促进下岗失业人员再就业，还有国家志愿西部有关政策、国家"三支一扶"政策、农村义务教育阶段学校教师特设岗位计划、基层就业奖励计划等政策。建议毕业生要适当了解。十九大报告指出，要坚持就业优先战略和积极就业政策，实现更高质量和更充分就业。

地方政府就业政策各不相同，发达地区、欠发达地区、沿海地区或者西部地区所实施的就业政策通常会根据经济发展水平、自然环境条件等因地制宜。因此，毕业生一旦确定求职地域后，应当关注当地的人事政策，如就业优惠政策、晋升待遇、户口迁移、养老保险、社会保障、公积金、应届大中专毕业生准入条件等相关内容。比如，广东省人力资源和社会保障厅转发人力资源社会保障部《关于国有企业招聘应届高校毕业生信息公开的意见》（人社发〔2015〕16号）。此外对于就业法规信息如《劳动合同法》《劳动法》等也要有一定的了解，这样在求职就业过程中才知道如何维护自己的合法权益。

(二)就业信息收集整理分析

1.获取就业信息的渠道

(1) 关注学校的毕业生就业机构，如本校或兄弟院校的就业信息网、就业微信公众号等。

(2) 浏览各类就业信息网站，包括中央有关部门主办的全国性就业信息网站、地方有关部门主办的就业信息网站、各高校就业信息网站及校内 BBS 求职版面、其他专业性就业网站等。如中华人民共和国人力资源和社会保障部网站（http：//www.mohrss.gov.cn/）、应届生求职网（http：//www.yingjiesheng.com/）、新职业（http：//www.ncss.org.cn/）等。

(3) 参加各类招聘和双向选择活动，包括国家有关部门、各地、学校、用人单位等相关机构组织的各类现场或网络招聘活动。

（4）参与校企合作实习，包括社会实践、毕业实习等活动。

（5）查阅媒体广告，如报纸、杂志、电视台、视频等媒体。

（6）他人推荐，如导师、校友、亲友等；

（7）主动到单位求职自荐、自己刊登求职广告、发求职信、电话联系或亲自拜访等。

2.就业信息的筛选

（1）有针对性地进行比较选择。

（2）按不同内容进行整理分析。

（3）对所获的信息进行分析。

（4）就业信息的反馈。

（三）毕业生就业相关手续

1.应聘和签约

（1）应聘

①毕业生本人去用人单位面谈、应试。

②毕业生在各级就业指导管理部门举办的毕业生招聘会或就业市场应聘。

（2）签约

①签约的原则：主体合法、平等协商。

②签约的程序如下：

A.毕业生和用人单位达成协议并分别在就业协议书上签名盖章，用人单位应在就业协议上注明毕业生档案的邮寄接收地址。

B.用人单位用人指标须经上级主管部门同意的，则应报上级主管部门批准。

C.用人单位将协议书（学校和毕业生留存联）寄到学校毕业生就业部门。学校审核后，将毕业生留存联返还给毕业生。

③签约时应注意的问题：

A.要充分了解有关就业政策、法规和规定。

B.注意单位性质、单位级别和单位主管部门。

C.注意部分省市的特殊要求。

D.查明用人单位的主体资格。

E.按规定的程序签约。

F.有关条款的内容必须明确。

G.注意与劳动合同的衔接。

H.对合同的解除条件做事先约定。

2.违约、违约办理及其后果

违约是指毕业生与用人单位签订就业协议后，因单位原因或自身原因不能履行约定的情况。违约形成后，毕业生持盖有单位人事部门公章的解约函到学校相关部门办理有关手续。

违约造成的不良后果主要有：第一，就用人单位而言，花费一定的物力、财力、人力，最终造成人才计划的落空；第二，就学校而言，有损于学校形象，会引起用人单位对学校的误解，认为学校培养的毕业生没有诚信，进而不再录用学校毕业生；第三，就其他毕业生而言，造成有效信息资源的浪费，失去就业机会。

办理违约手续的流程

```
┌─────────────────────┐
│  毕业生与原签约单位达成   │
│       违约意向        │
└─────────────────────┘
           │
┌─────────────────────┐
│  单位出具违约证明并盖章，  │
│     退还三份协议书      │
└─────────────────────┘
           │
┌─────────────────────┐
│ 毕业生在就业网下载违约    │
│ 申请表，如实填写后提交    │
│       所在学院        │
└─────────────────────┘
           │
┌─────────────────────┐
│  学院负责就业老师审核后   │
│       签字盖章        │
└─────────────────────┘
           │
┌─────────────────────┐
│  毕业生持三份协议书、违    │
│  约证明、申请表到就业中   │
│        心办理         │
└─────────────────────┘
           │
┌─────────────────────┐
│  就业中心审核后发放新协    │
│        议书          │
└─────────────────────┘
```

3.报到及应注意的问题

毕业生去用人单位报到时，应注意以下几点：

（1）材料的准备：就业报到证、毕业证、学位证、身份证、户籍迁转单、党团关系、照片等。

（2）报到期限：严格按照规定期限报到，超过报到期达 3 个月者，按国家规定取消其就业资格。

（3）报到受阻，积极和单位联系，如若不成，就与单位上级部门联系。

4.就业报到证遗失补办程序

就业报到证遗失补办程序主要有：

（1）用人单位出具未报到的证明材料。

（2）写挂失申请，到所在学院出具证明材料，在遗失所在地省级日报登报挂失。

（3）提交补办申请书。

（4）学校出具相关材料报省级毕业生就业主管部门审批。

（5）补办期限：就业报到证签发 1 年以内有效。

5.改派

改派是指毕业生毕业时已派遣到具体用人单位，现与原单位违约，找到新的单位，需要重新派遣的毕业生就业手续。

办理改派手续流程是省级毕业生就业主管部门下达就业方案后，毕业生与单位达成解除就业意向，由用人单位出具退函，毕业生向学校提出改派申请。毕业生凭原就业报到证、原单位退函以及新单位接收函，到择业指导中心办理报批手续，待省级毕业生就业主管部门审批后换发新的报到证。改派时间为毕业生毕业当年 9 月至次年 6 月。

三、用人单位的招聘程序及性质介绍

（一）用人单位的招聘程序

1.制订人才需求计划

每年人力资源部根据公司的发展战略和年度经营计划进行人员需求预测，内

外部人员供给情况进行人员供给预测，制订公司人力资源规划和费用计划，报总经理审批；各用人部门于每季度最后一个月初提出人员调整计划，报人力资源部。

2.发布用人信息，进行企业宣传

企业一般会在制订每年的进人计划后，通过互联网、媒体、报纸和校园招聘公告发布招聘简章，并进校园进行企业宣讲活动。

3.参加校园招聘会

一般学校在大四第一学期，也就是9月份就开始举行各种校园招聘，校园招聘会都是就业中心的老师通过认证仔细的筛查后的一些单位，这些单位都具有合法的资质，因此参加校园招聘会是最佳选择。大多数学校会在每年秋季和春季举办大型的双选会，邀请各行各业企业来参加，因此毕业生一定要抓住双选会的机会积极就业。

4.面试

人力资源部通过与应聘人员面谈，考察应聘者的工作态度、求职动机、沟通能力、应变能力、综合能力等，对合格者通知复试；由用人部门负责对面试合格者复试，主要对应聘者的岗位专业技能、岗位知识学习能力、实际解决问题能力、团队合作精神进行考察。

5.笔试

笔试是一种与面试对应的测试，是用以考核应聘者特定的知识、专业技术水平和文字运用能力的一种书面考试形式。这种方法可以有效地测量应聘人的基本知识、专业知识、管理知识、综合分析能力和文字表达能力等素质及能力的差异。笔试形式主要有7种：多种选择题、是非题、匹配题、填空题、简答题、回答题、小论文。每一种笔试形式都有它的优缺点，比如论文笔试，它以长篇的文章表达对某一问题的看法，并表达自己所具有的知识、才能和观念等。该方式有下列优点：易于编制试题，能测验书面表达能力，易于观察应聘者的推理能力、创造力及材料概括力。同时它也存在下列缺点：评分缺乏客观的标准，命题范围欠广博，不能测出应聘者的记忆能力等。

6.签约

是应届毕业生与单位、学校签署的正式协议，对单位、学校、个人都有很强的约束力，也是正式的签约形式。签约前，一定要向 HR 或其他人打听清楚以下信息：

第一，户口。签约前要问清楚，这个单位是"保证解决户口""尽力解决户口""不保证解决户口"还是"不管户口"。尤其对于签约北京、上海单位的同学，这点非常重要。因为北京、上海对于双外卡得比较严，所以，用人单位能否给你解决户口，这点非常重要。一般来讲，大多数国企、事业单位、研究所、公务员都是有能力解决户口的，但是，除了公务员外，其他还是要问清楚。外企和私企解决户口的能力跟前面的单位比要差很多，但是不同的单位间也有很大的差别，像 IBM 华为每年就能拿到很多名额。所以，对于招聘单位，更要问清楚，到底有多大可能性解决户口。

第二，待遇。签约前必然要谈的部分。这里面的因素非常多，但记住：不要看面上的钱，也不要看 HR 说可能的收入，要看你实际真正能到手的年收入以及当地的消费水平。待遇主要包括：工资、奖金、补贴、福利、股票（期权）、保险、公积金。

第三，工资。一定要问清楚是税前还是税后，这点不用多说。另外，还要问清楚，发多少个月。例如：税前工资 7000，发 13 个月，则年收入 7000 × 13=91000。很多单位有年底双薪，还有一些单位会发 14 个月至 16 个月不等，例如：IBM 就是发 14 个月。因此，一定要看年收入。

第四，奖金。很多单位奖金都占收入很大一部分，例如：联想、百度、中航信都有季度奖、年终奖，另外还有项目奖，华为也有项目奖、年终奖，瞬联就没有奖金。不同的单位情况不同，奖金的数额也不一样，通常几千至数万不等，所以关于这一点，一定要问清楚，而且要问确定能拿到的奖金，取最低数。

第五，补贴。有些单位会有各种补贴，例如：通讯补贴、住房补贴、伙食补贴等。华为有 1000 元的餐补，中兴好像也有 500 元的餐补。有些单位这些补贴加一块收入会非常可观，也要问清楚。

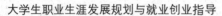

第六，福利。对于一些国企和事业单位来说，往往会有一些福利，例如：过节费、防暑降温费、取暖费、购物券、电影票、生活用品等。这些最好跟企业内部的学长学姐打听一下。

第七，保险、公积金。即人们常说的"五险一金"。"五险"指的是：养老保险，医疗保险，失业保险，人身意外伤害保险，生育保险；"一金"指的是住房公积金。

第八，工作内容。要问清楚自己的具体职位、这个职位的工作内容及其在公司所处的地位。一般来讲，如果是公司的核心业务部门，会比较受重视，发展前景会更好，如果是其他辅助部门，可能受重视程度会差一些，当然没有绝对的，关键还有看工作有没有技术含量，对于个人能力的提高、职业生涯有没有帮助。

第九，加班和出差情况。对于有些公司来说，加班是在所难免的，如华为、中兴、微软、IBM 等 IT 企业基本上都要加班；而对于有些职位来说，频繁出差是在所难免的，如现场工程师、HR、销售等。对于这些，要提前有所了解，有思想准备。

第十，培训。对于应届毕业生来说，公司的培训体系是一个非常重要的考虑因素，如果一家公司有非常好的培训体系的话，那么可以让毕业生在几年内迅速成长为一个出色的人才，对个人的职业生涯无疑是有巨大帮助的。像宝洁、玛氏、Infosys，最出名的都是其完善的培训体系，确实可以在短时间内个人能力得到极大的提高，所以每年才吸引那么多同学去应聘。从某种程度上来讲，良好的培训是比优厚的待遇更有吸引力的。所以，在签约前，一定问清楚单位有哪些培训计划，再看这些培训计划对个人的成长是否有帮助。

第十一，发展机会。这也是非常关键的一个因素。笔者认为，在找工作时，它应该作为要考虑的第一要素，在考虑发展机会这个因素时，应主要考虑三个方面：1.行业背景，要综合考虑公司所处这个行业的背景和发展现状，更重要的是，要对这个行业的发展前景有准确的预测。2.公司背景，要考虑这家公司在行业中所处的地位、目前的发展状况、经营业绩，以及未来的发展预期。3.个人机会，主要看自己所处的部门在公司的地位，自己的职位的升职机会、发展前景。

总之，部门越重要越好，人越少越好，这样你的机会越多。

第十二，三方违约金。三方违约金和劳动合同违约金是不一样的，它只约束毕业生在公司报到前的行为，所以，也要清楚三方的违约金，通常公司在签约时会主动提出三方违约金是多少，然后写到三方协议的备注栏里。

第十三，公司口碑。这一点也非常重要，要通过其他途径去打听。具体的，可以到网上搜索关于这家公司的评价，也可以向在里面工作的师兄、师姐或其他熟人打听一下，大家对这家公司的评价。如果大多数人对这家公司都是负面评价，建议还是要慎重考虑。

毕业生与用人单位达成一致后，签约程序是：（1）毕业生认真如实填写基本情况及应聘意见，并签名；（2）用人单位、主管部门及人事调配部门签订意见；（3）用人单位一定将档案详细转递地址填好；（4）各院系签意见；（5）学校就业指导中心签意见；（6）省就业指导中心签证。

7.接受毕业生，办理入职手续

毕业生到单位报到，应办理以下手续：

（1）持报到证向单位报到。

（2）办理落户手续（由个人或单位办理）。

（3）查阅人事档案：一般情况下，人事档案到单位后才能办理其他相关手续。

（4）和用人单位签订劳动合同，合同条款要与协议书补充条款一致。合同的签订请参阅劳动法及合同法。个别用人单位以试用期为由，毕业生报到后迟迟不与毕业生签订用工合同，这是错误做法。试用期应包含在合同期内。毕业生报到后应与单位签订劳动合同，维护自身的合法权益。毕业生离开单位也必须办理相关手续。

（5）人事关系托管的毕业生持报到证到托管机构报到，妥善处理好自己的人事关系后到单位工作。

(二)单位性质介绍

1.国有企业：是指所有制形式上属国家所有或国家控股的企业。

2.国有事业单位：是为党政机关和国民经济、社会生活各个领域服务的，为国家创造或改善生产，增进社会福利，满足人民文化、教育、科学、卫生等方面的需要，不以为国家积累资金为直接目的的单位。

3.非国有企事业主要包括外商投资企业、民办企事业单位。（1）外商投资企业是建立在我国领土上，根据我国有关法律规定，由一个或一个以上的国外投资方独立经营或与我国投资方共同经营，实行独立核算、自负盈亏的经济实体；（2）民办企事业单位是指所有制关系上属于劳动者个体所有或联合经办的企事业单位。

4.公务员：一般指政府机关工作人员，即在各级国家行政机关依法行使政权、执行国家公务的在职人员（工勤人员除外）。要想成为公务员必须通过国家公务员考试。

【就业案例】

怎样写出一份优秀的简历

突出实习

实际上，实习工作的性质或内容同许多工作相似，它们都需要自律以完成多项任务。你也有可能早已学习过许多与你应聘工作有直接关联的事物。这些事物必须在技术栏目中体现出来，就如你在工作经历栏目体现出相关的工作经历。

突出社团

比方说，在社团中曾经担任过社长（或是创立社团）有时就说明具有领导能力；独立参与或经由团队合作安排跨校联谊、建教合作等活动，可能代表拥有协调力、谈判力、团队重视程度或者开发市场的能力，利用参与社团的经验，可以有效帮助主管猜测你的个人特质与个性，也是另类彰显能力与评估发展性的指针。

不过，在这里要注意的是，并不是每项社团经历对求职者都有帮助，也不是每一次的校内活动都有正面的意义，建议毕业生们在处理这个部分的时候要稍微做一番整理和选择。

学习至上

你应该强调你的极强的学习能力能够有效地弥补你所欠缺的工作经验，同时辅佐以大量真实、详细的例子作为补充。你在简历中简单地陈述，你熟悉最新的趋势与技术，并且能够马上运用到新工作中。

而且，既然你有学习、研究新事物的能力，你有能力更好更快地学习新工作所要求的技术，那么简历中你也可以有效地陈述出那些你在其他行业的工作技巧，尽管看上去与你应聘的工作没有直接关系，那些工作经验同样提供可适用、可转移运用技术来支持你应聘的工作。

勤能补拙

你应该在简历中的工作技能部分强调"勤奋苦干""可适应的技术来弥补你所欠缺的工作经验"等。这样就可以给你未来的雇主留下较深的印象。同时，你也必须考虑表达接受困难条件的意愿以实现转行和增加工作经验的目的，例如"愿意在周末和晚上加班"或"能够出差或外派"，也许这样就能为你获取工作的机会。

简历技巧

33 原则：工作经历中写 3 大条经历，每一条经历写 3 小个点，主要介绍一下工作内容以及在这个过程中的收获。

用数字说话原则：在描述工作内容时，不能只说"做了什么"，要说"做了多少"。HR 每天需要筛选的简历量很大，如果没有能够让他们快速直观地看到你的亮点，那么无论真实的你有多么优秀，你的简历也只能"泯然众人矣"。

GPA 低怎么办

成绩的"好"与"不好"本身就是一个相对的概念，因为不同的行业对于成绩的要求也是不一样的。比如投行，咨询对于成绩的要求较高，而 Industry 的公司则相对没有那么高。在一个行业里面，不同的公司要求也是不一样的。比如在咨询公司里，BCG 对于成绩的看重程度就比别的咨询公司要高。同时，一些专业性较强的公司，比如 IT 公司，就会更看重相关课程的成绩，而不是总的成绩。针对这种情况，大家可以从以下几个方面来着手。

突出相关高分的课程

建议大家将"相关的""相对高分的"课程写到你的简历里面去，而"不相关""相对低分的"的课程就可以从简历中删除。成绩不高的同学可以采取这种方法来从一定程度上弥补这个硬伤。

突出工作、实习、社团经历

"理论"与"实践"不可能总是"两全其美"。当你"理论"知识基础不扎实、学习成绩不高的理由是因为你更多地关注了"相关实践活动"积累的话，那么一般情况下，HR他（她）会选择原谅这位应聘者的。

表 5-1　高校毕业生就业日历

一月	求职：利用寒假实习丰富简历，总结经验为节后求职做准备。 留学：主动与学校进行联系，跟踪录取情况。 公务员：国家公务员笔试成绩可查询，面试通知陆续发布。 入伍：男兵入伍报名开始，可登录"全国征兵网"进行兵役登记以及应征报名，报名时间一般为1月至8月小贴士：1.面试时注意衣着谈吐，少犯低级错误；2.不断总结经验教训，提升能力；3.赴外地面试时，注意安全，密切防范求职诈骗。
二月	考研：初试成绩陆续公布，及时查询进行复试准备。考研失利则抓紧"金三银四"求职季。 求职：利用回家过年，了解家乡就业环境，寻找回乡就业机会。 公务员：国家公务员考试录用开始，部分省市招考公告陆续发布。 入伍：男生可登录"全国征兵网"进行兵役登记以及应征报名。
三月	考研：自主招生线和国家线相继发布，未进入复试可考虑调剂。 求职：春招进入笔试面试高峰期，关注网申、招聘会和招聘信息，抓住"金三银四"招聘季。 留学：陆续收到 Offer，根据情况确定要去的学校。 公务员：部分省市公务员联考公告陆续发布，关注相关公告。 入伍：男兵可登录"全国征兵网"进行兵役登记以及应征报名。 三支一扶：各省多在3月至6月开始报名，关注相关省市招募及报考公告。
四月	考研：确认复试时间及调剂。 求职：关注企业招聘信息、招聘会，积极投递简历参与面试，抓住招聘季"尾巴"。 公务员：部分省市举行公务员联考。 村干部：各省市根据本省安排在4月至9月进行村干部报名及考试工作，详情关注相关省市招录公告。 入伍：男兵可登录"全国征兵网"进行兵役登记以及应征报名。 三支一扶：根据招考公告安排，参与考试，关注具体省市考试信息。 西部计划：登录大学生志愿服务西部计划信息系统进行报名（按照公开招募、自愿报名、组织选报、集中派遣方式）。 特岗教师：各省市集中安排在4月至9月进行招录工作，详情关注相关省市招录公告。

（续表）

五月	求职：毕业前抓紧时间投递简历，寻求面试机会，招聘会进入淡季小贴士：1.找到工作的毕业生，面临职场过渡问题，提前做功课，让自己更快适应职场；2.还没有找到工作的毕业生，调整心态，适当降低求职要求，把握就业机会。 留学：联系学校，办理护照，申请签证等。 公务员：部分省市公务员联考笔试成绩陆续公布，关注相关公告。 村干部：关注相关省市招录公告。 入伍：男性可登录"全国征兵网"进行兵役登记以及应征报名。 三支一扶：关注相关省市报名及考试信息。 西部计划：根据公告要求参与笔试、面试。 特岗教师：大部分省份特岗教师招录资格、初审开始。
六月	考研：陆续收到录取通知书。 求职：完成学校就业手续办理，领取报到证小贴士：1.办理离校手续时，户籍、档案、组织关系等一个都不能少；2.企业不能落户时，要记得把户口挂靠在人才市场或迁回原籍。 公务员：部分省市公务员联考面试、录用陆续开始，关注相关公告。 村干部：关注相关省市招考公告。 入伍：登录"全国征兵网"进行兵役登记、应征报名，女性报名时间一般为6月至8月。 三支一扶：关注相关省市报名及考试信息。 西部计划：统一体检、公示、录取。 特岗教师：部分省市进行笔试、资格复审。
七月	留学：进行身体健康免疫检查，办理公证文件，完成入学准备。注：因意向学校和国家不同，留学时间安排有差异。 村干部：关注相关省市招考公告。 三支一扶：关注相关省市报名及考试信息。 入伍：登录"全国征兵网"进行兵役登记、应征报名。 西部计划：集中派遣培训。 特岗教师：部分省市进入面试、体检及公示阶段。
八月	考研：各招生单位招生简章、招生专业目录发布，积极备考。 求职：暑期实习，不断完善简历，学习面试等相关技巧。 留学：提升语言成绩，选择院校和专业，制定留学方案。 公务员：关注部分省市下半年招考信息，备考。 村干部：各省报名时间不一，请及时关注相关省市报名及考试信息。 入伍：2018男性应征报名截至8月5日，网上报名后，经过初审初检、体检政审、走访调查、预定新兵、张榜公示等程序，最终批准入伍。

（续表）

九月	**考研**:考研公共课、统考专业课大纲发布,进行网上预报名,网上预报名时间:2018年9月24日至9月27日,每天9:00至22:00。 **求职**:完善求职简历,校招网审相继开始,关注心仪企业校园宣讲会及招聘信息,及时投递简历小贴士:1.多关注心仪企业的动态,企业文化、招聘要求等;2.准备多份简历,根据不同单位有的放矢,突出关键词。 **留学**:制作个人简历,寄出联系信,根据学校要求准备材料,联络导师等。 **公务员**:关注部分省市下半年报考信息,做好应试准备。 **村干部**:关注相关省市报名及考试信息。
十月	**考研**:全国硕士研究生入学统一考试网上报名,网上报名时间:2018年10月10日至10月31日,每天9:00至22:00。 **求职**:校园招聘高峰期,关注企业校园宣讲会、招聘会及网审信息;搜索、查询与自己专业紧密相关单位的信息。 **留学**:准备自荐和推荐材料,开具成绩单、GPA等证明。 **公务员**:国家公务员考试公告及职位表发布,网上报名开始。网上报名时间:2018年10月30日至11月8日。
十一月	**考研**:现场确认报名,到指定地点确认、缴费、照相,具体时间关注各省级招生考试机构公告。 **求职**:招聘信息最密集时段,各大高校陆续举行现场招聘会,较早开始招聘的企业开始笔试和面试小贴士:①参加现场招聘会要做好体力和脑力双重准备。除精心制作简历外,还要准备自我介绍。②接到笔试面试通知后,多查阅相关"笔经""面经",也可向师兄师姐请教。 **留学**:根据意向学校,填写申请表,寄出申请材料。 **公务员**:公共科目笔试11月或12月举行。
十二月	**考研**:冲刺备考阶段,下载打印准考证,参加研究生招生初试。 **打印准考证时间**:2018年12月14日至12月24日;初试时间:2018年12月22日至12月23日(每天上午8:30至11:30,下午14:00至17:00)。超过3小时的考试科目在12月24日进行(起始时间8:30,截止时间由招生单位确定,不得超过14:30)。注:考试时间以北京时间为准。 **求职**:笔试、面试高峰期,抓住目标企业,有针对性地参加招聘会;关注学校就业网站,充分利用网络渠道投递电子简历。 **留学**:练习口语,熟悉专业知识,准备电话面试。

第三节 求职择业的材料准备

HR 在每份简历上所花的平均时间为 15 秒，每 245 份简历中有 1 份获得面试机会。

某些大公司一年内会收到超过 10 万份的简历，所有简历中，85% 以上的简历是被扔进垃圾桶……

在求职之前，一些必要的材料准备是必不可少的，准备充分的材料就是为了使用人单位能够对自己感兴趣，使自己最终被录用。求职材料一般分为自荐信、毕业生推荐表、简历和其他材料。

一、自荐信

自荐信也是书信的一种，只是它比一般的家书更严肃、隆重些而已。格式上是一样的，都有称呼、问候语、敬辞，有写信人及日期。

写自荐信首先要说明自己求职的原因。其次，要懂得推销自己，写清楚自己在校期间的学习成绩、社会实践经历和获得的奖励与所谋求职位的契合点，让企业 HR 了解自己，并且能够吸引 HR 的眼球，让其觉得你很适合这个工作岗位，在最后一段表达求职者对企业的认识和理解，并表明自己的态度和立场，如"本人非常愿意去贵单位工作，如果给我一次机会，我一定为公司的发展尽职尽责"等。

写自荐信还需要注意的几个问题：

（一）实事求是。把自己的学历、资历、专长如实介绍给对方，不弄虚作假，不夸大其词。

（二）投其所好。尽可能根据用人单位的要求介绍自己，这是在已知职位的条件下，针对对方的需求，有选择地突出自己的专长。

（三）言简意明。不仅反映自己的写作水平，同时会给对方以精明练达的好印象，所以应当直截了当，避免冗长累赘。

（四）书写工整。自荐信自然是有求于人，需给对方留下美好的第一印象。否则，极可能求职受挫，白白错过良机。

【求职信范例】

求职信

尊敬的××先生/女士：

　　您好！

　　我作为一名应届大学毕业生，即将结束自己的大学生活，憧憬能在社会上开拓出一片属于自己的天地，实现自己最大的价值。在这里，我希望贵公司能够给我一个平台，让我能施展才能。

　　我就读于××大学档案学专业，由于学校一直都很重视素质教育，所以我们都具有较强的理论和实践能力。幸闻贵公司拟招聘人事管理人员两名，我认为我非常适合这个岗位。因为我具有扎实的专业基础，熟悉档案管理的相关流程，能够熟练掌握公文的撰写、办公室日常工作。我还自学了人力资源管理、心理学方面的知识，并能够熟练掌握Office等办公软件，掌握了一定的网络技术。

　　虽然我是应届毕业生，没有工作经验，但常言说："一张白纸，好做文章"。长时间的学习使我具备了很强的自学能力，能够很快适应环境，充分发挥自己的实力，使团体的作用发挥到最大。

　　我真诚希望成为贵公司的一员，希望尽自己全力在贵公司有所作为，为它的发展和壮大贡献自己的一分力量。如果您给我一个发展的机会，那我会尽力创造出最美丽的色彩。如果能够与您面谈，您会更了解我。

　　此致

敬礼

诚挚的秦晓潇

××年××月

二、毕业生推荐表

　　毕业生推荐表是学校毕业生就业指导办公室发给每一位毕业生填写的并附有学院及学校毕业生就业指导办公室意见（鉴定、评价）的书面推荐表格。

　　该表一般由三部分组成：

一是毕业生本人的情况介绍；

二是毕业生所在院系推荐意见；

三是毕业生所在学校就业主管部门的推荐意见。

三、简历

简历顾名思义就是反映求职者个人的简要经历。简历类似个人广告，是自我推销的工具，用来展示一个人的工作技能以及这些技能对未来老板的价值，也可以说是一个人生活、学习、工作经历与成绩的概括总结。求职简历的基本内容，如图 5-1 所示：

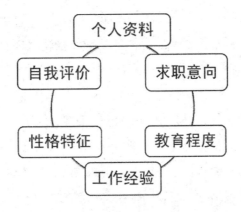

图 5-1　求职简历的基本内容

(一)求职简历的制作原则

1.研究招聘广告，有针对性制作简历

一份目标明确的求职简历是每个 HR 希望看到的，求职者要知道公司招聘新人不一定是找最优秀的，而是要最适合的。怎样向 HR 表明你是最适合的那个人才呢？让简历有个明确的目标，就会让你显得专业且真诚。以下五种原则可以让简历更有针对性①。

（1）要有求职意向

求职意向非常重要，它让 HR 迅速锁定你所要求职的目标，因此一定要放在

①选自朗识职业测评网站：求职经验板块。

显眼位置

（2）简历内容以求职意向与岗位要求为中心展开

这里有两点非常重要：一是对求职岗位没用的信息别写；二是对求职岗位有用的关键信息再小也可以写。网投简历的时候最容易出现的状况就是，看到单位的招聘信息直接发简历过去，这其实是非常不理智的，极可能浪费面试机会。正确的做法是以它的招聘条件为提纲组织自己的简历，覆盖到它的所有岗位要求，投其所好。

（3）可以考虑加入职业规划

已经给了求职意向，如果简历上还能写上职业生涯规划，会让企业觉得你方向明确、有想法。更重要的是公司想要了解你选择它的目的，也希望你的规划与他们的培养机制相符合，所以可以提高你拿到 offer 的概率。

（4）切忌一份简历投到底。

不要有惰性的心理，以为制作一份精美的简历就可以一劳永逸。其实 HR 一眼就能看出你的简历是"万金油"还是精心为其制作的，绝大多数 HR 对前者都非常反感。他们更希望看到的是你对公司的了解、对企业文化的认同，所以大家一定要在简历中体现出与公司和岗位相关的信息，以显示出足够的诚意。为了节约时间，还可以分行业建立不同的文件夹存放简历，以便修改。

（5）删减无用信息

无论是哪个板块的内容，把握住精简与相符这两个原则。有的同学一看写多了就觉得应该保留奖学金和大的成就，其实不然。例如，假设你应聘一份销售工作，有两个内容只能选择一个：学校得奖学金和在某公司打短工的经历，你会选择哪个？建议保留后者。

（二）简历写作技巧

1.掌握写作技巧，灵活调整简历结构

有些工作岗位对求职者的某些专业技能会有特殊要求，或者公司比较注重某一方面的能力，这就需要求职者根据公司需求调整自己的简历结构，可以将公司比较注重的技能放在第一位。简历的写作主要以公司的性质和要求为主，例如设计创意类的公司，简历可以添加一些创新性的元素，这样和公司的性质比较贴合，被 HR 选用的概率也会大。

2.把握合适性原则，适度表现个人能力

简历撰写时对自己的能力、兴趣特长等方面的描述要实事求是，不能夸大其词，也不能牵强附会，最好用数字来说话，比如获得软件设计大赛几等奖几次，在校篮球队担任前锋，获得比赛奖励，切记假、大、空。通过实例来说明自己的能力，这样才能让企业 HR 信服。

3.创新符合需要，慎用"个性简历"

有些求职者为了吸引眼球，将简历制作得很花哨，这样会适得其反。简历以简明扼要，突出重点为宜，不要轻易使用一些"有个性"的设计，这种简历会给人一种不稳重、不慎重的感觉。

世界 500 强如何看简历

花旗中国区人事部门招聘经理：求职者首先需要换位思考。希望看到简历是：求职目标明确；一页纸的简历；感觉很舒服。

英特尔中国区招聘经理陈女士：中英文对照或全英文书写。希望看到简历是清晰明了、主要工作经历与申请职位相关，英语表达能力强、负责任、诚实的简历。

贝塔斯曼集团 HR 总监吉先生：不太喜欢美化简历的人，花哨不被看好，降低信任度的简历，简历或许应该反映他该做的，而不是他不该做的。

爱立信人力资源部副总裁牛女士：希望看到简历是不肉麻，目的性强，表述简洁平实有力，语言清晰，逻辑性强。

联邦快递公司亚太区副总裁：简历不能太夸张，也不能太平淡。要花时间突出自己的不同之处。简历中要阐述三个问题：为什么申请这份工作？为什么你适合这个工作？未来你怎样为公司做贡献……

——摘自《世界 500 强企业面试实录与面试试题全案》

【自荐信模板】

尊敬的贵公司领导：

您好！

感谢你在百忙之中抽出时间来阅读我的求职信。

我是××大学资源与环境学院环境工程专业 2017 届本科毕业生。通过我对贵公司事业、业务的了解，并结合所学的专业知识，我认为贵公司提供的岗位是我的理想选择。因此冒昧地向您递上了这封自荐信，并真诚地希望能成为贵公司的一员，为贵公司的发展添砖加瓦，同时也为获得一个发展自我、完善自我的机会。

我在大学期间意识到：现代竞争社会需要具备较强综合素质的复合型人才。所以我在平时的学习生活中一直注重自身能力的培养。在专业知识方面，我十分重视专业课、基础课的学习，认真对待每一次课堂学习、社会实践等。我并未满足于现有的知识水平，我参加了计算机自学考试，以提升计算机技能。在校期间，我积极参加全国大学生数学建模竞赛，锻炼我的整体思维能力和知识运用能力。

我还积极参加社会实践活动、兼职，参加学校组织的暑期的甘肃省农村饮水安全社会调查活动并撰写总结报告。对每一项工作我都投入了 100% 的热情和努力，我的组织能力、沟通能力、表达能力都得到了充分的锻炼和很大的提高。

在农村长大的我从小就学会了自立，生活的历练使我具备了吃苦耐劳的精神。我积极乐观，敢于面对自身的不足，敢于挑战生活中的挫折。如能有幸被贵公司录用，我将尽力在短期内熟悉公司的工作环境和工作内容，了解企业业务。我为人诚实大方，热情开朗，有很好的协作能力和较强的团队意识。

最后谨祝贵公司事业蓬勃发展！

此致

敬礼

求职人：×××

2017 年 10 月

第四节　求职择业的方法与技巧

【案例导读】

　　小王在班上学习成绩还不错。临近毕业，许多同学都找到了满意的工作，但小王一直瞻前顾后。面试了十几家单位，但是每次参加完面试后，用人单位想和小王签约，都被小王婉言拒绝了。其实在小王面试的单位中，有几家不错的单位，也符合小王的期望，但小王总觉得可能还会有其他更好的单位，挑来挑去，总是拿不定主意。小王在心里默默地想："还会有下一家单位，可能会比现在单位更好……"马上再过一周就要离校了，小王陷入了迷茫之中。

　　小李在班上专业课成绩一直很好，但每次参加用人单位的面试，不到几分钟就被淘汰了。原因是小李在去职面试的过程中非常紧张，回答问题结结巴巴、面红耳赤、语无伦次，甚至紧张得全身发抖。每次面试前背下的"台词"，一到面试关键时刻忘得一干二净……

一、求职择业的心理准备

　　在当前就业形势下，大学生就业过程中会遇到各种意料不到的困难和挑战，这些困难会给大学生心理带来压力或负面影响。大学生在求职择业的过程中要尽量避免出现一些心理问题，要做好自我心态的调整，积极应对面临就业压力。一般大学生在就业过程中会遇到心理问题主要有从众心理、羞怯心理、嫉妒心理、自卑心理、盲目攀比心理、坐享其成心理、依赖心理等。据甘肃农业大学针对2019届大学生心理调查结果显示，个人前途和就业已成为心理压力中最大的因素，而且压力会随着年级增加、毕业邻近呈上升趋势，且农村学生的焦虑水平高于城市学生。有许多大学生对自己择业目标定位不清晰、期望值较高，希望找到一份"干活少，离家近，挣钱多、稳定"的职位。但现实就业岗位和大多数毕业生想象得不一样，当发现理想和现实落差较大时，往往容易出现"高不成、低不就"现象，有些大学生宁愿回家继续当"啃老族"，也不愿意降低标准再就业。

　　解决大学生就业心理问题主要是要学会自我调适，客观地分析自我，适应环境变化，积极主动的化解心理上的冲突和矛盾，把握机会，不怨天尤人；自我心

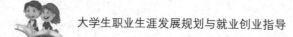

理调适还要做到调整自己的期望值，树立正确的择业观，全面客观地认识和评价自己，不要盲目自大，也不要过分自卑，正确面对自己的不足，克服困难，根据自己的特点和自我客观的认识和评价，找到适合自己的工作岗位。

自我心理调整的方法主要有理性情绪法、合理宣泄法、自我慰藉法、情绪转移法、自我激励法、松弛练习法等。

二、参加面试的方法与技巧

(一)面试

面试：是一种面试人与求职者之间相互交流信息的有目的的会谈。它使招聘方和受聘方都能得到充分的信息，以便在招聘中作出正确的决定。面试是一个双方彼此考量和认知的过程。

面试的目的：对求职者来说，面试的目标是在限定时间内向主考人推销自己，使他们认为你是最适合的申请人。求职者亦应该透过面试去了解所应聘的公司及工作性质，看看是否配合自己的期望；对主考人来说，透过面试问答，看清楚你所提供的资料及推荐书上的意见是否可信，面对面观察申请人的仪容、态度、谈吐等，用各种办法评估申请人的性格、各方面的才能及知识等，以考虑申请人是否有能力及诚意担当此职，并是否适合在该公司工作。

(二)面试的基本类型

1.结构化面试与非结构化面试

结构化面试：是指面试题目、面试实施程序、面试评价、考官构成等方面都有统一明确的规范的面试。

半结构化面试：是指只对面试的部分因素有统一要求的面试。

非结构化面试：是对与面试有关的因素不做任何限定的面试，也就是通常没有任何规范的随意性面试。

2.单独面试与集体面试

单独面试：指面试官与应聘者单独面谈。

集体（小组）面试：指多位应聘者同时面对面试考官的情况。

3.压力性面试与非压力性面试

压力性面试：将应聘者置于一种认为的紧张气氛中，让应聘者接受诸如挑衅性的、非议性的、刁难性的刺激，以考察其应变能力、压力承受能力、情绪稳定性等。

非压力性面试：在没有压力的情景下考察应聘者有关方面的素质。

4.一次性面试与分阶段面试

一次性面试：指用人单位对应聘者的面试集中于一次进行，应聘者是否能面试过关，甚至是否被最终录用，就取决于这一次面试表现。（时间紧，人数多要求同学要把最精华的部分展示出来。）

分阶段面试：依序面试、逐步面试，一般分为初试、复试与综合评定三步。（大公司大多采取此类，步骤严密，要做好充分准备。）

5.常规面试、情景面试与综合性面试

常规面试：就是我们日常见到的、面试官和应聘者面对面以问答形式为主的面试。

情景面试：引入无领导小组讨论、公文处理、角色扮演、演讲、答辩、案例分析等人员甄选中的情景模拟方法。

综合性面试：兼有前两种面试的特点，而且是结构化的，内容主要集中在与工作职位相关的知识技能和其他素质上。

(三)面试前的准备

1.物质材料准备

材料：推荐表、个人简历、自荐信、身份证、各种证书的原件及复印件、照片等，所有准备好的文件都应平整地放在一个袋子中。

物品：黑色笔、笔记本、包。

资料：用人单位的各种材料，自我介绍、面试的参考材料。

2.心理准备

以平常心对待面试。不要对面试官报以很高的神秘感，可以尝试作为一个"售货员"的心态推销自己，一切都是建立在你情我愿的基础上的，所以没必要

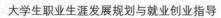

紧张。

巧妙运用"肢体语言"。坐直或站直，闭上眼睛深呼吸，或者想一些愉快、舒适或可笑的事，使自己心情调节到最愉快的程度，想一想约翰·库迪斯，对自己说"Nothing is impossible"。

提前到场。提前15分钟到达，这时要带一份报纸、一本书或杂志，等候时翻阅。

带一个公文包或文件夹。带一个事先整理得井井有条的公文包或文件夹，可能会在消除面试紧张心理时发挥奇特效果。公文包内要多带一些有关工作的资料或有助于谈话的东西。

说错话也不要紧。回答封闭式问题，最好说话前沉思5秒，如果发现自己说错了一些话，不妨等到双方都比较自在的时候再补救。如果事情进展顺利，你承认自己曾经紧张过，反而能使你更主动地接近面试官。

3.仪容礼仪

着装打扮，要围绕应聘的行业、职业和岗位特点，符合求职者的身份，给人以干净利落、有专业精神的印象。最基本的原则是干净、整齐、清香，仪容要整洁。首先是要保持面部的清洁，尤其是要注意局部卫生，如眼角、耳后、脖子等易被人们忽略的地方。其次，作为女学生，最好化一些淡妆，将面部稍作修饰，做到清新、淡雅，色彩和线条运用都要"宁淡勿浓"，恰到好处，使人显得精神、干练即可。化妆适度，面试适合化淡妆。基本原则有三：自然，协调，不在公共场合化妆。化妆要注意自然。"清水出芙蓉，天然去雕饰"，达到妆而不露、化而不露的效果，免得给人留下过分招摇和落俗的印象。男生则需要修面，不可胡子拉碴，显得无精打采、邋遢。另外，还要注意身体异味的问题，勤洗澡，不抽烟，面试前保持口气清新。

发型既要与个人的特点相符，也要与服饰相配。但在面试时，许多学生很注意着装，却忽略了发型的设计，认为头发只要干净就好。其实，发型在整个仪表美中，占有很重要的位置。所以，除了发型要适合个人的脸型、个性特点和当时的着装以外，还要注意面试的特殊要求。面试时，对发型总的要求是端庄、文雅、自然，避免太前卫、太另类的发型，同时还应与所要申请的职位要求相宜。比如，秘书要端庄、文雅，营销人员要干练，与机器打交道则要求要短发或盘发。一些长发披肩的女生要注意，在面试时，头发切忌遮住脸庞，除非是为了掩饰某种生理缺陷，否则会让主考官对你印象模糊。男生的发型以短发为主，做到前不覆额，侧不遮耳，后不及领。

4.着装礼仪

在衣服搭配上也需要注意，一位人力资源部经理曾说过："你不可能仅仅因为打了一根领带而获取某个职位，但你肯定会因戴错了领带而失去一个职位。"由此可见，得体的衣着对求职的顺利进行有着不容忽视的作用。

大学生求职时的着装应注意些什么呢？保留学生装清新自然的风格。很多同学误以为求职时的服装要高档、华丽、时髦，其实学生装纯真自然的本色才是它最大的魅力，年轻人蓬勃的朝气、清新脱俗的风格，都可以从中显露出来，进而赢得主考官的青睐。但这并非就是说面试时就可以穿成平时的样子，在服饰色彩的搭配、细节等方面还是要做精心的准备。首先，服装要整洁。整洁意味着你重视这份工作，重视这个单位。整洁也不要求过分的花费，洗得干净、熨烫平整即可。其次，要简洁大方。尽可能抛弃各种装饰，如繁杂的花边、色彩鲜艳的刺绣、叮当响的配饰等，同时还要忌穿那些过短、过紧、过透和过露的衣服。女生一般以样式简洁的套装套裙、连衣裙等为主，男生则是清爽的衬衣、平整的夹克或西服都可以。第三，颜色的选择要适宜。过于鲜艳夺目或跳跃度过大的颜色都不宜穿，这会让主考官很不舒服。一般柔和的颜色具有亲和力，而深色则显得比较庄重，你可根据所求职位的要求，选择不同的色系。最后，还要注意与服饰搭配的其他饰物，尽量不要戴太贵重的和一走动就发出响声的饰物，配饰一定要与服装统一；穿裙子时，一定不要光着腿，宜穿肉色长筒丝袜；鞋子不能穿类似拖鞋的后敞口鞋，皮鞋要擦拭干净，不能带灰带泥。总之，出门前对着镜子再好好审视一下自己的仪容仪表，务求做到整洁、大方、端庄、得体。

(四)面试礼仪

1.准时赴约

守时是一种美德，也是一个人良好素质修养的表现。因此，面试时一定要准时守信。迟到，既是一个人随随便便、马马虎虎、缺乏责任心的表现，同时也是对一种不礼貌、对主考官不尊重的行为。特别是外资企业，对不守时的员工都随时会解雇，更何况是在面试的时候呢。一般最好提前15~20分钟到达，这样既可以熟悉一下考场周围的环境，也有时间让自己调整心态，稳定情绪，以避免仓促上阵。

2.尊重接待人员

到达面试地点后，应主动向接待人员问好，并做自我介绍，同时要服从接待人员的统一安排。要知道，有些单位对你的考核从这一刻就已经开始。

3.重视见面礼仪

首先，进门时应先敲门，即使房门虚掩，也应礼貌地轻轻叩击两三下，得到允许后，轻轻推门而进，然后顺手将门再轻轻地关上，整个过程要自然流畅，不要弄出大的声音，以显示个人良好的习惯。

其次，进入面试室后，先向各位主考人员问好，当对方说"请坐"时，一定要说了"谢谢"后，方可按指定的位置坐下，并保持良好的坐姿。

握手是人们相互见面和离别时的礼节，表示欢迎、祝贺和相互鼓励，而且握手的姿势是有一定标准可以参照的。忌握手无力，靠近试者过近。

4.说与听的礼仪

一个好的聆听着会做到以下几点：记住说话者的名字适当地做出一些反应，如点头、会意地微笑，如果有不懂之处，就反问确认一下，听完对方的讲述再阐述自己的观点，不要中途打断和打岔。与面试官交谈时要注意：发音清晰，语调得体，声音自然，音量适中，语速适宜。

5.注意表情礼仪

面试的时候，大多数人都会很紧张，这会使应试者的表情不自然。其实，保持自信的微笑，从容镇定，把自己的真挚和热情"写"在脸上，才能让人产生值得信赖的好感。另外面试时的目光也很重要，应大方地注视着对方，不可游移不定、左顾右盼，让人怀疑你的诚意。

6.站与坐的礼仪

在面试中，正确的站姿是站得端正、稳重、自然、亲切，做到上身正直，头正目平，面带微笑，微收下颌，肩平挺胸，直腰收腹，两臂自然下垂，两腿相靠直立，脚跟靠拢，脚尖呈"V"字形。

7.适时告退

当考官有意结束面试时，要适时起身告辞，面带微笑地表示谢意，与考官等人道别，离开房间时轻轻带上门。出场时，别忘了向接待人员道谢、告辞。

8.致信道谢

面试结束后，为给对方加深印象，或弥补面试时的不足，最好再给主考人员写封感谢信，篇幅要短，在信中一方面致谢，另一方面可再次表达对该单位的向往之情。

(五)面试应答技巧

自信是成功应答的首要条件，在应答中要确立对方意识。在面试过程中掌握如何和考官沟通技巧是面试成败的关键。面试的应答技巧主要有以下几方面：

1.把握重点，简洁明了，条理清楚，有理有据

一般情况下回答问题要结论在先，议论在后，先将自己的中心意思表达清晰，然后再做叙述和论证。否则，长篇大论，会让人不得要领。面试时间有限，神经有些紧张，多余的话太多，容易走题，反倒会将主题冲淡或漏掉。

2.讲清原委，避免抽象

用人单位提问总是想了解一些应试者的具体情况，切不可简单地仅以"是"和"否"作答。应针对所提问题的不同，有的需要解释原因，有的需要说明程度。不讲原委，过于抽象的回答，往往不会给主试者留下具体的印象。

3.确认提问内容，切忌答非所问

面试中，如果对用人单位提出的问题，一时摸不到边际，以致不知从何答起或难以理解对方问题的含义时，可将问题复述一遍，并先谈自己对这一问题的理

解，请教对方以确认内容。对不太明确的问题，一定要搞清楚，这样才会有的放矢，不至于答非所问。

4.有个人见解，有个人特色

用人单位有时接待应试者若干名，相同的问题问若干遍，类似的回答也要听若干遍。因此，用人单位会有乏味、枯燥之感。只有具有独到的个人见解和个人特色的回答，才会引起对方的兴趣和注意。

5.知之为知之，不知为不知

面试遇到自己不知、不懂、不会的问题时，回避闪烁、默不作声、牵强附会、不懂装懂的做法均不可取，诚恳坦率地承认自己的不足之处，反倒会赢得主试者的信任和好感。

【就业案例】

一天，一家公司的人力资源部经理来上班，在公司大楼的大厅里有很多人在等电梯。电梯来了，人们一拥而进，十分挤满，于是站在电梯按钮旁的人就开始为大家按要到的楼层。这时，一个陌生的小伙子想从人群中挤到按钮跟前自己去按，旁边的人说："你就说你到几楼吧，前面的人会帮你的。"小伙子说了声"9楼"，别人就替他按了一下"9"，小伙子再也没吭气。等人力资源部经理到了办公室，刚坐下一会儿，助理就来说有人来应聘，经理一看，就是刚才在电梯里的小伙子。经理询问了一下他的专业学习情况，说实话，经理对他的专业水平很满意，但一想到他刚才在电梯里的表现，还是决定不录取他。旁边的助理很奇怪，问经理原因，经理说："电梯里那么挤，他还要自己去按，说明他缺乏合作精神；别人帮助了他，他连个'谢谢'都不说，说明这个人没礼貌，所以，我不能要他。"

案例分析：礼貌——一个人的介绍信。不管在什么样的情况之下，这都是做人最基本的修养和应具备的素质。如果连这一点都做不好，即使有再高的专业水平，也只能是枉然。

【就业案例】

外企面试三分钟自我介绍①

许多外企在面试自我介绍时都是一分钟，那么如果是三分钟该如何来分配时间呢？以下专家介绍了外企面试三分钟自我介绍有效途径。

一分钟谈一项内容

自我介绍的时间一般为三分钟，在时间的分配上，第一分钟可谈谈学历等个人基本情况，第二分钟可谈谈工作经历，对于应届毕业生而言可谈相关的社会实践，第三分钟可谈对本职位的理想和对于本行业的看法。如果自我介绍要求在一分钟内完成，自我介绍就要有所侧重，突出一点，不及其余。

在实践中，有些应聘者不了解面试自我介绍的重要性，只是简短地介绍一下自己的姓名、身份，其后补充一些有关自己的学历、工作经历等情况，大约半分钟左右就结束了自我介绍，然后望着考官，等待下面的提问。这是相当不妥的，白白浪费了一次向面试官推荐自己的宝贵机会。而另一些应聘者则试图将自己的全部经历都压缩在这几分钟内，这也是不明智的做法。合理地安排自我介绍的时间，突出重点是首先要考虑的问题。

切勿采用"背诵"口吻

人力资源专家指出，自我介绍可以事前准备，也可以事前找些朋友做练习，但自我介绍应避免书面语言的严整与拘束，而应使用灵活的口头语进行组织。切忌以背诵朗读的口吻介绍自己，如果那样的话，对面试官来说，将是无法忍受的。自我介绍还要注意声线，尽量让声调听来流畅自然，充满自信。

只说与职位相关的优点

自我介绍时要投其所好摆成绩，这些成绩必须与现在应聘公司的业务性质有关。在面试中，你不仅要告诉考官你是多么优秀的人，更要告诉考官，你为什么适合这个工作岗位。那些与面试无关的内容，即使是你引以为荣的优点和长处，你也要忍痛舍弃。

---

①选自：一览煤炭英才网 coal.job1000.com。

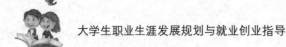

在介绍成绩时，说的次序也极为重要，应该把你最想让面试官知道的事情放在前面，这样的事情往往是你的得意之作，也可以让面试官留下深刻的印象。

以说真话为前提

面试自我介绍时，要突出个人的优点和特长，你可以使用一些小技巧，比如可以介绍自己做过什么项目来验证具有某种能力，也可以适当引用别人的言论，如老师、朋友等的评论来支持自己的描述。但无论使用哪种小技巧，都要坚持以事实说话，少用虚词、感叹词之类。自吹自擂一般是很难逃过面试官的眼睛的。至于谈弱点时则要表现得坦然、乐观、自信。

【就业案例】

面试自我介绍范文

您好：

非常荣幸能参加这次面试，我叫xx，来自xx（户籍），是某大学某专业本科的应届毕业生，希望通过这次面试能寻到我梦寐以求的职位。

在校期间我刻苦学习，不负众望分别获得两次二等奖学金和一次三等奖学金，用实际努力报答父母和师长的养育之恩。

除了学习之外，我还积极参加各种社会实践活动。我曾担任班级的宣传委员，组织了几次班级和学院的公益活动：如青年志愿者助残活动，向孤儿院儿童献爱心活动等。组织这些活动以及活动中和成员的相处让我学到了很多东西，对培养自己的能力和人际关系的处理有很大的好处，为我更快地走向社会提供了良好的平台。

此外，计算机和篮球是我业余最大的爱好，我通过了计算机国家二级，除熟悉日常电脑操作和维护外，还自学了网站设计等，自己设计了个人主页。我是班级的篮球队主力，我觉得篮球不仅可以强身健体还可以培养一个人的团队精神。

回顾自己大学四年的学习生活，我掌握了专业知识，培养了自己各方面的能力，这些对今后的工作都将产生重要的帮助。除此之外，也应该看到我的一些缺点，如有时候做事情比较急于求成，在工作中实际经验不足等。但"金无足赤，人无完人"，每个人都不可避免地存在缺点，有缺点并不可怕，关键的是如何看待自己的缺点，只有正视它的存在，通过不断学习就能改正自己的缺点。今后我将更严格要求自己，努力工作，刻苦学习，发扬优点，改正缺点，开拓前进。

选择这个职位一方面和我的专业对口，另一方面它有很强的挑战性，我想依靠自身的努力实现自我的人生价值，为公司尽微薄之力，再次感谢给我这次机会，我感到很荣幸。

以上的这则面试自我介绍，不仅讲出了优点，也标注了自己的缺点，并重点强调了克服的方法，这是面试自我介绍时需要注意的地方。考官在了解你的同时，更希望看到你的未来工作的态度，以及一种积极乐观的心态，所以求职者一定要认真地对待自我介绍的这个面试环节。

三、毕业生就业协议书

（一）毕业生就业协议书

《全国普通高等学校毕业生就业协议书》，简称"就业协议书"，俗称"三方协议"，是由教育部高校学生司统一制定的，各省市（自治区）教育主管部门印制的，为维护国家就业计划的严肃性，明确毕业生、用人单位、学校三方在毕业生就业工作中的权利和义务，由毕业生、用人单位、学校三方签订的协议。①

1.就业协议书内容

就业协议书的主要内容包括：

（1）毕业生基本情况主要包括姓名、性别、名族、出生日期、政治面貌、培养方式、招生类别、学历、所在学院、专业、身份证号、学号、家庭地址、个人电话、E-MAIL、家庭电话。

（2）用人单位基本情况包括单位名称、组织机构代码、单位性质、联系人及联系方式、档案接收地、档案接收人电话等。

（3）高校毕业生和用人单位约定的有关内容，可包括工作地点及工作岗位、户口迁入地、违约责任、协议自动失效条款、协议终止条款、双方约定的其他事宜。

---

①关于修订《普通高等学校毕业生就业协议书》若干意见的通知(教学司〔2009〕28号)。

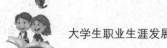

（4）各方应严格履行协议，任何一方若违反协议，应承担违约责任。

（5）其他补充协议。协议包括由甲方（用人单位）和乙方（高校毕业生），同意签订如下协议：甲方应如实向乙方介绍情况，经了解，同意接受乙方，并负责有关接收手续；乙方应如实向甲方介绍情况，同意到甲方工作，服从甲方的工作安排；甲乙双方如有其他约定，应在备注栏明确，并视为本协议书的一部分；双方中有一方要变动协议，须提前一个月征得对方的同意，否则按违约处理；本协议一式三份，分别由甲方、乙方和学校就业工作部门留存，复印件无效；就业协议书由各省级高校毕业生就业工作主管部门或高等学校印制，由高等学校统一发放给毕业生。

2.就业协议书签订原则①

（1）主体合法原则

签订就业协议的当事人必具备合法的主体资格。

对毕业生而言，就是必须要取得毕业资格，如果学生在派遣时未取得毕业资格，用人单位可以不予接收而无须承担法律责任。对用人单位而言，用人单位必须具有从事各项经营或管理活动的能力，单位应有录用毕业生计划和录用自主权，否则毕业生可解除协议而无须承担违约责任。

（2）平等协商原则

就业协议的双方在签订就业协议时的法律地位是平等的，一方不得将自己的意志强加给另一方。学校也不得采用行政手段要求毕业生到指定单位就业（不包括有特殊情况的毕业生），用人单位亦不应在签订就业协议时要求毕业生交纳过高数额的风险金、保证金。双方当事人的权利义务应是一致的。除协议书规定内容外，双方如有其他约定事项可在协议书"备注"内容中加以补充确定。

3.就业协议书签订步骤

（1）用人单位在对毕业生综合考察的基础上初步确定用人意向，由用人单位出具加盖公章的接收函，毕业生凭此函到学校就业主管部门领取三方协议。

---

①本节摘自百度百科《就业协议》。

（2）毕业生与用人单位就协议书所列事项平等协商，认真填写各项基本资料并签名盖章，如另有其他约定条款的，需在就业协议书上注明或另附补充协议。

（3）毕业生应在用人单位签字盖章后到学校就业主管部门登记盖章。学校需对其内容及签字盖章的效力进行形式审查，签署意见。

（4）学校签署意见后，学校保留一份协议，毕业生自己执一份，并由毕业生将另一份协议及时反馈给用人单位。

由于毕业生就业工作比较烦琐和具体，有时很难明确分为签约和承诺两个步骤。比如：有的毕业生参加公务员考试，达到面试线后，到用人单位参加面试、体检，用人单位也对毕业生进政审、阅档，表示同意接收。在这种情况下，毕业生应与该用人单位签订就业协议，而不应再选择其他单位。又如，用人单位到学校挑选毕业生，毕业生自己主动报名，经学校积极推荐，用人单位也表示同意接收，但要回到单位后再正式发函签协议。在这种情况下，毕业生也应安心等待与用人单位签约，而不能出尔反尔，以未正式签协议为由，置学校信誉于不顾，在这过程中与其他单位签约，这样也浪费了其他毕业生的就业机会。

4.就业协议书签订注意事项

（1）查明用人单位的主体资格

【案例】毕业生张某在人才市场与一家投资咨询公司达成就业意向后当场签订就业协议，并约定了较高数额的就业违约金。后来张某到该公司实地一查看，才知该公司的实际情况与在人才市场向他介绍的情况存在着天壤之别，于是提出解除协议，用人单位要求张某承担高额的违约金。

【分析】就业市场的招聘单位类型多样，应该说绝大多数用人单位诚实守信，具有从事经营或管理活动的能力，有录用毕业生的自主权，但也有个别鱼目混珠的情况。毕业生查明用人单位的主体资格，应从两方面着手：一是了解用人单位是否具有招聘毕业生的资格，根据现有的就业规范，凡上海用人单位招聘上海高校毕业生应到上海市高校毕业生就业指导中心办理信息登记，毕业生应聘时可询问用人单位的信息登记号；二是了解用人单位在就业市场介绍的情况是否与该单位的实际情况相符，这要求毕业生不仅仅要了解单位的宣传材料，还需要到单位进行实地考察。只有全面了解用人单位的基本情况，才能作出正确的判断，以避免浪费其他的就业机会。

(2) 协议有关条款的内容必须明确

【案例】毕业生王某与一家用人单位签订就业协议，用人单位口头答应每月薪资为4000元，单位代缴相关"四险"，但该内容并未在就业协议中注明。王某上班后用人单位提出4000元薪资已包含"四险"，单位不再代缴，于是双方发生争议。

【分析】毕业生与用人单位订立就业协议时，应尽可能采用就业主管部门制定的示范条款，涉及福利待遇、工作期限、违约责任等内容应明确，否则日后一旦发生纠纷，可能由于事先约定不明确，不利于自身合法权益的维护。如确有必要对条款作变更，亦应在内容上明晰，不要产生歧义。如无附加条款应将就业协议中的空白部分划去，注明以下空白。由于就业协议签订在前，有关的劳动合同（或聘用合同）订立在后，应尽可能将劳动合同（或聘用合同）的主要内容体现在就业协议所约定的条款中，注意两者的衔接。

(3) 按规定的程序订立协议

【案例】毕业生林某与一家化工企业经面试达成就业意向，双方同意订立就业协议。林某为图方便，要求学校先在空白的就业协议上加盖签章意见书，然后自己也在协议书上签字，手持协议到用人单位签约。一到该企业，企业人事部以单位内勤请假在家为由，要求林某将学校已签章和其已签名的空白就业协议留在该企业，要林某第二天来取。待第二天林某去取就业协议时，他目瞪口呆，原来该单位在就业协议中增加了若干不利于林某的条款。而此时学校、单位、林某均已在协议上签名或盖章。

【分析】毕业生向学校领取就业协议后，与用人单位签订协议，然后将就业协议送交学校就业工作部门签章，学校签章是就业协议订立的最后环节。但有些毕业生往往为图方便，本人在就业协议书上签字后，要求学校先签章，再交用人单位签约。而个别用人单位利用最后签约时机，在就业协议书上另附有损害毕业生权益的其他条款后再签字盖章。待毕业生和学校知晓时，协议已生效，最终发生纠纷只能由毕业生承担不利的法律后果。

（4）对就业协议的解除条件可事先约定

【案例】毕业生丁某想继续升学深造，于是在毕业当年报考了研究生。1月份参加研究生考试后，结果要到4月份出来，因此丁某又不敢放弃找单位的机会。2月下旬一家律师事务所来学校招聘，丁某参加面试并被录用，丁某如实告诉单位自己考研的情况，用人单位表示理解。于是双方在就业协议中约定：如丁某考上研究生，该协议解除。后丁某为某大学录取为研究生，他与事务所的就业协议按约解除。

【分析】就业协议一经订立，就对当事人具有约束力，一方不得随意解除，否则应承担违约责任。毕业生如对用人单位的情况不是很了解或感到不是很如愿，又担心就业市场的变化，一旦放弃签约后再选择其他单位可能更困难，或本人在考研、准备出国过程中难以取舍。在这种情形下，毕业生可与用人单位在就业协议中就解除条件作约定。若约定条件一旦成就，毕业生可依约定解除协议，无须承担违约责任。

5.毕业生就业协议的违约金条款

就业协议的违约金条款是毕业生就业协议条款中的重要组成部分，也是毕业生在用人单位违约情形下追究其责任的依据，因此毕业生必须对该条款的适用有明确的了解。

（1）违约金的性质

就业协议的违约金是约定违约金，也就是说如果毕业生与用人单位未在协议中就违约金进行约定，则日后一方违约，另一方无权就违约金进行追索。从目前的就业规范来看，并无法定的违约金。

（2）违约金的数额

一般而言，违约金的数额由协议当事人自行约定，有关部门提出的违约金指导性限额并无法律依据。当然如违约金约定的数额畸高畸低，如日后产生纠纷，可由有权机关（如仲裁机关或人民法院）进行调整。因此，毕业生与用人单位约定违约金额要根据自身的实际情况来选择。

（3）违约的事由

【案例】毕业生刘某参加某银行组织的面试后，该银行迟迟未有是否录用的答复。在这过程中一家外贸企业来招聘，刘某参加面试后被录用，刘某担心银行不一定有结果，遂与外贸企业签约，约定违约金为 4000 元。签约后不久，刘某接到了银行的录用通知，于是刘某向外贸企业提出违约并承担违约责任，外贸企业不同意。刘某通过邮局电汇 4000 元违约金到该企业后，向学校再领取就业协议准备与银行签约，学校告诉他应先提交解除协议的证明，方可办重新签约手续，刘某与企业交涉无结果，很是懊恼。

【分析】一般而言，如无法律规定的免责事由，一方擅自解除就业协议（此行为即为违约）必须承担违约责任。从法律意义而言，毕业生违约无法定义务向用人单位说明违约原因，但其本人应承担违约责任，即当学生承担违约责任后，就业协议应自动失效。

我们认为既要鼓励毕业生诚信就业，又要切实维护毕业生在就业过程中应当享有的就业权益。诚信就业包括求职方式方法的诚信和诚信履行就业协议两个方面。学校对毕业生有教育者的功能，因此我们要引导毕业生诚信就业，公平客观真实地参与就业市场的竞争。根据有关法律规定，违约者应承担违约责任，这种责任既包括经济责任，也包括其他方面的责任，因而引导学生严格履行就业协议应通过规范违约责任来进行，这样既可以教育毕业生诚信就业，又能切实维护毕业生就业权益。

（4）发生违约情形的期限

【案例】毕业生吴某与单位签订了就业协议，双方未在协议中约定工资福利和工作期限，只约定违约金 3000 元。吴某 7 月中旬持报到证到该单位报到，两天后与单位订立劳动合同，约定试用期一个月，工作期限一年。吴某在试用十天后提出解除劳动合同，单位要求吴某承担 3000 元的违约责任。吴某认为他到单位报到，并订立劳动合同，则意味着就业协议已终止。根据《劳动法》规定，试用期内劳动合同一方当事人可单方解除合同，而无须承担责任。

【分析】从一般协议来看，其效力始于成立，终于终止。但就业协议是在就业过程中订立的，其有一定的特殊性，就业协议从成立之日即对双方当事人有约束力，效力终止于毕业生到用人单位签订劳动合同或聘用合同之日。即就业协议的生效期限为成立之日到订立劳动合同或聘用合同之日这一段时间。违反就业协议也只可能在此期间产生，在此期间之外不存在违约情形。

以上是针对就业协议的相关问题进行的探析。毕业生只有充分掌握就业协议的法律属性，才能在选择用人单位时按规定程序订立合法有效的就业协议，以维护自身的就业权益。

6.就业协议书的解除

就业协议书的解除分为单方解除和三方解除。单方解除，包括单方擅自解除和单方依法或依协议解除；三方解除是指毕业生、用人单位、学校三方经协商一致，解除原订立的就业协议书，使协议书不发生法律效力。

四、劳动合同

根据《中华人民共和国劳动法》（以下简称《劳动法》）第十六条第一款规定，劳动合同是劳动者与用工单位之间确立劳动关系，明确双方权利和义务的协议。根据这个协议，劳动者加入企业、个体经济组织、事业组织、国家机关、社会团体等用人单位，成为该单位的一员，承担一定的工种、岗位或职务工作，并遵守所在单位的内部劳动规则和其他规章制度；用人单位应及时安排被录用的劳动者工作，按照劳动者提供劳动的数量和质量支付劳动报酬，并且根据劳动法律、法规规定和劳动合同的约定提供必要的劳动条件，保证劳动者享有劳动保护及社会保险、福利等权利和待遇。

（一）劳动合同的含义

劳动合同又称劳动契约或劳动协议，是指劳动者与用人单位之间确立劳动关系、明确双方权利和义务的协议。

（二）劳动合同的内容

劳动合同的内容包括法定条款和约定条款。法定条款主要包括以下内容：

1.单位名称、住所、法定代表人或主要负责人。

2.劳动者的姓名、住址和居民身份证或其他有效身份证号码。

3.劳动合同期限（合同起止时间）。

4.工作内容和工作地点（工作内容是劳动者的义务条款，包括工种、岗位和工作的数量、质量等）。

5.工作时间和休息休假（工作时间是法定的劳动标准之一，是劳动者履行义务应当从事工作的时间；休假是指带薪休息）。

6.劳动报酬（劳动者的权利和单位的义务）。

7.社会保险（主要是单位法定义务，包括登记、申报、足额缴纳和代扣代缴）。

8.劳动保护、劳动条件和职业危害防护（单位的法定义务）。

9.法律、法规规定的其他事项：

《劳动法》第十七条第二款规定：劳动合同除前款规定的必备条款外，用人单位与劳动者可以约定试用期、培训、保守商业秘密、补充保险和福利待遇等其他事项。这一规定明确了劳动合同的约定条款。约定条款主要包括试用期、培训、保守商业秘密、竞业限制、补充保险和福利待遇等。劳动合同的约定条款是当事人双方经过协商取得一致意见并纳入合同条款的内容。

根据《劳动》的规定，劳动合同双方当事人除对必备条款协商达成一致意见外，如果认为有必要，还可将试用期、培训、保守商业秘密、补充保险和福利待遇等的一项或数项写进合同条款。这些内容是合同当事人双方自愿协商确定的，不是法定的。不同行业、不同用人单位、不同工作岗位的情况不同，决定了劳动合同的该项条款也有一定的区别。对那些特殊岗位的特殊情况，用人单位和劳动者可以在协商取得一致意见的基础上，作为约定条款加以规定。

用人单位和劳动者在协商约定条款时，要符合法律法规的规定，不得违反相关法律法规对约定事项的规定，否则，所约定的条款即为无效条款，不能发生法律效力。

（三）劳动合同订立的原则

合法：双方当事人主体合法，合同内容合法，合同的形式合法，订立合同的程序合法。

公平：在劳动合同的订立过程中，双方地位平等，在劳动合同的内容上，双方的权利义务对等，不能显失公平。

平等自愿：平等，双方法律地位平等，互相选择的权利平等，表达意志的权利和效力平等；自愿，合同的订立，应完全出于双方当事人的意愿，任何一方都不得把自己的意志强加于对方。除合同管理机关依法监督外，任何第三人都不得干涉。平等是自愿的前提，自愿是平等的体现。

协商一致：劳动合同的订立过程、合同订立与否、合同内容等，都只能通过双方协商达成一致的基础上确定。违反协商一致的原则，合同无效。订立合同的过程，就是双方协商达到"合意"的过程。

诚实信用：订立合同过程中，要讲求信誉，恪守诺言，诚实不欺，不损害他人和社会利益。劳动关系的特殊性决定了双方应当以善意的方式行使权利，履行义务。

（四）劳动合同的期限[①]

劳动合同的期限是劳动合同的法定条款。《劳动合同法》12条规定：劳动合同的期限分为固定期限、无固定期限和以完成一定的工作任务为期限。

1.固定期限劳动合同

固定期限劳动合同，是指用人单位与劳动者约定合同终止时间的劳动合同。

《劳动合同法》规定，用人单位与劳动者协商一致，可以订立固定期限劳动合同，不论期限是1年、2年甚至是5年、10年，都由双方约定而成。

2.无固定期限劳动合同

无固定期限劳动合同，是指用人单位与劳动者约定无确定终止时间的劳动合同。

用人单位与劳动者协商一致，可以订立无固定期限劳动合同。但是有下列情形之一，劳动者提出或者同意续订、订立劳动合同的，除劳动者提出订立固定期

---

①选自《易法通》。

限劳动合同外，应当订立无固定期限劳动合同：

(1) 劳动者在该用人单位连续工作满十年的。

(2) 用人单位初次实行劳动合同制度或者国有企业改制重新订立劳动合同时，劳动者在该用人单位连续工作满十年且距法定退休年龄不足十年的。

(3) 连续订立二次固定期限劳动合同，且劳动者不存在在试用期因不符合录用条件或不能胜任工作且在经过培训或者调整工作岗位后仍不能胜任工作的情形，续订劳动合同的。

用人单位自用工之日起满一年不与劳动者订立书面劳动合同的，视为用人单位与劳动者已订立无固定期限劳动合同。

3.以完成一定工作任务为期限的劳动合同

以完成一定工作任务为期限的劳动合同，是指用人单位与劳动者约定以某项工作的完成为合同期限的劳动合同。该项工作或者工程一经完成，劳动合同即终止。

需要注意的是，签订劳动合同可以不约定试用期，也可以约定试用期，具体如下：

(1) 以完成一定工作任务为期限的劳动合同或者劳动合同期限不满 3 个月的，不得约定试用期。

(2) 同一用人单位与同一劳动者只能约定一次使用期，即对于在同一用人单位工作的劳动者无论其是否转换工作岗位、变更劳动合同或者续订劳动合同，用人单位都不得再次约定试用期。

(3) 劳动合同期限 3 个月以上不满 1 年的，试用期不得超过 1 个月。

(4) 劳动合同期限 1 年以上不满 3 年的，试用期不得超过 2 个月。

(5) 3 年以上固定期限和无固定期限的劳动合同，试用期不得超过 6 个月。

(6) 试用期包含在劳动合同期限内。劳动合同仅约定试用期的，试用期不成立，该期限为劳动合同期限。

（五）劳动合同的履行

1.全面履行原则

按照《劳动合同法》规定，合同的法定内容有合同期限、工作内容和地点、工作时间和休息休假、劳动报酬、社会保险、劳动保护和劳动条件等，一不能缺项；二是双方要全面履行。

全面履行原则，意味着用人单位要全面承担法定义务：必须全面保障劳动者劳动报酬、休息休假、社会保险等合法权益，这意味着劳动力成本将提高。

2.继续履行原则

用人单位变更名称、法定代表人、主要负责人或者投资人等事项，不影响劳动合同履行；用人单位发生合并或者分离等情况，劳动合同由承继其权利和义务的用人单位继续履行。

3.合法履行原则

劳动关系双方，享受权利，履行义务，应当建立在合法的基础上。劳动者拒绝违章指挥、强令冒险作业，行使批评、检举、控告等权利，不违反全面履行的原则。劳动者出现法定情形被解除，也不违反全面履行的原则。

（六）劳动合同的变更

劳动合同的变更是指双方当事人对尚未履行或尚未完全履行的合同，依照法律规定的条件和程序，对原劳动合同进行修改或增删的法律行为。劳动合同变更应遵循平等自愿、协商一致的原则，不得违反法律、行政法规的规定。任何一方不得擅自变更劳动合同，否则要承担相应的法律责任。

【案例】李某大学会计专业毕业后到一家外资公司工作，在单位的工作岗位一直是会计，劳动合同书上也是这么约定的，收入为2800元左右。但是，不久前单位销售科的一名职工离职了，于是单位提出，要将李某的岗位变更为销售员，报酬也变更为基本工资1000元，绩效工资随销售业绩浮动。李某表示不同意，认为自己不适合做销售，并且调动岗位要协商一致。但不管他同意不同意，单位就发出一份通知书，宣布他的岗位调整为销售员，双方于是发生争议。李某到劳动仲裁委员会申诉，要求公司继续履行劳动合同。李某的要求能得到支持吗?

本案争议的焦点是:单位能否单方变更劳动合同?

【分析】劳动合同一经订立就具有法律效力,双方当事人必须全面履行劳动合同所规定的义务。《劳动合同法》允许当事人在一定条件下可以变更劳动合同,但要符合法定的条件和程序。任何一方不得随意单方变更劳动合同。根据《劳动合同法》第四十条第三款的规定,劳动合同订立时所依据的客观情况发生重大变化,是劳动合同变更的一个重要的法定事由。另外,变更劳动合同应采用书面形式,变更后的文本应由双方各执一份。因此,本案中单位的单方变更行为是无效的。

(七)劳动合同的解除

劳动合同的解除是指劳动合同当事人在劳动合同期限届满之前依法提前终止劳动合同关系的法律行为。劳动合同的解除可分为协商解除、用人单位单方面解除、劳动者单方面解除以及自行解除等。

【案例】李某系某国有企业职工,与企业签有3年期限的劳动合同。在劳动合同期限内,李某听说在某外商投资企业工作每月月薪1800元,相比之下原企业每月只有800元的工资太低,遂向原企业口头提出解除劳动合同。原企业未马上给出答复。15日后,李某离开原企业,已到了外资企业上班。李某的离开,给原企业的生产造成了影响,原企业要求李某回厂上班,但李某以已向企业提出了解除劳动合同为由而拒不回厂。于是原企业向劳动仲裁委员会提起申诉,要求李某承担违约赔偿责任。劳动仲裁委员会经审理,认定李某违反合同约定,应承担违约赔偿责任,外资企业承担连带赔偿责任。

【分析】《劳动法》第二十四条规定:"经劳动合同当事人协商一致,劳动合同可以解除。"《劳动法》第三十一条规定:"劳动者解除劳动合同,应当提前30日以书面形式通知用人单位。"此案中,首先,职工李某只是以口头的形式通知企业,单方解除劳动合同的行为显然是违反了《劳动法》的有关规定。其次,李某在15日后即离开单位,到了新的单位,这显然是不符合《劳动法》关于提前30日通知的规定。第三,企业没有对其解除劳动合同的请求给出答复,说明双方未就解除劳动合同的事项达成一致，原劳动合同就依然应当有效，李某就必须承担其劳动合同规定的义务。因此，李某应当承担违约责任。而且，作为招用他的外商投资企业，也应承担连带赔偿责任，因为《劳动法》第九十九条规定："用人单位招用尚未解除劳动合同的劳动者，对原用人单位造成经济损失的，该用人单位应当依法承担连带赔偿责任。"

（八）劳动合同的终止

劳动合同的终止是指符合法律规定或当事人约定的情形时，劳动合同的效力即行终止。我国《劳动法》规定："劳动合同期满或者当事人约定的劳动合同终止条件出现，劳动合同即行终止。"

五、《全国普通高等学校毕业生就业协议书》与劳动合同区别

（一）签订时间不同

三方协议是学生在校期间签订的，而劳动合同是在毕业生毕业离校后到单位正式报到后签订的。

（二）主体不同

三方协议的主体是三方，即学校、毕业生和用人单位。劳动合同的主体是两方，即劳动者和用人单位。

（三）内容不同

三方协议的主要内容是毕业生如实介绍自身情况，并表示愿意到用人单位就业，用人单位表示愿意接收毕业生，学校同意推荐毕业生并列入就业方案；而劳动合同是记载劳动者和用人单位的权利和义务，是劳动关系确立的法律凭证。

（四）目的不同

三方协议是毕业生和用人单位关于将来就业意向的初步约定，是编制毕业生就业方案和将来双方订立劳动合同的依据。而劳动合同主要是劳动关系确立后使劳动者和用人单位的合法权益得到应有的保障。

（五）适用的法律不同

三方协议的制定发生争议后的解决主要依据是《国家关于高校毕业生就业的规定》《民法》《合同法》等，而劳动合同的订立以及发生争议后主要是依据

《劳动法》和《劳动合同法》来解决。

六、劳动合同与试用期合同区别

根据《劳动部关于贯彻执行〈中华人民共和国劳动法〉若干问题的意见》的规定：劳动者被用人单位录用后，双方可以在劳动合同中约定试用期，试用期应包括在劳动合同期限内。这就是说，试用期不是劳动合同中的法定条款，可以约定也可以不约定。而如果约定试用期，则只能在劳动合同中约定，劳动合同是试用期存在的前提条件。不允许只签订试用期合同，而不签订劳动合同。这样签订的"试用期合同"是无效的，但"试用期合同"的无效，并不导致劳动法对劳动者的保护失效。

七、劳动合同与实习合同

我国劳动法以及劳动合同法都要求建立劳动关系需要双方签订劳动合同，而在校生在学习期间到用人单位进行实习，无论是学生还是接收实习生的单位都没有签订正式劳动合同的意图。在校生参加实习是为了积累实践经验，不是作为谋生的基本手段；而用人单位也没有为实习生付出的劳动支付等价报酬的义务，有的实习单位会在实习中发给实习生一定数额的费用，但这种费用只是一种补偿性的报酬而不是劳动关系意义上的工资。在校实习生在实习期间虽然得服从实习单位的实习管理，但是对实习单位并不具有依附性。

因此在校生在实习期间与用人单位建立的不是劳动关系，学习期间到用人单位进行实习尽量与实习单位签订书面实习协议。

八、不可忽视的社会保障

社会保障体系包括社会保险、社会救济、社会福利、社会优抚安置和国有企业下岗职工基本生活保障以及再就业等方面，其中社会保险包括养老保险、医疗保险、失业保险、工伤保险和生育保险5个项目。

（一）养老保险制度

养老保险是国家和社会根据一定的法律法规，为解决劳动者的基本生活，在达到国家规定的解除劳动义务的劳动年龄界限，或因年老丧失劳动能力退出劳动岗位而建立的一种社会保险制度。

1.由国家立法，强制实行，企业单位和个人都必须参加，符合养老保险条件的人，可向社会保险部门领取养老金。

2.养老保险费用来源，由国家、单位和个人三方或单位和个人共同负担，并实现广泛的社会互助。

3.养老保险具有社会性，影响较大，享受人较多且时间较长，费用支出庞大。

（二）失业保险制度

失业保险是指国家通过立法强制实行的，由社会集中建立基金，对因失业而暂时中断生活来源的劳动者提供物质帮助的制度。

（三）医疗保险制度

医疗保险制度是保障城镇职工基本医疗保险的制度，即适应社会主义市场经济体制，根据财政、企业和个人的承受能力，建立保障职工基本医疗需求的社会医疗保险制度。

九、大学生求职陷阱防范

【求职案例】

2015 年 7 月，小君到郑州会展中心参加了一场大型招聘会，看到郑州用友云管理咨询有限公司（以下简称"郑州用友"）正招聘会计，她便投了简历。小君说，该公司宣传单页上承诺的年薪十分诱人：3 年内平均年薪 5 万~10 万元，3 年至 5 年平均年薪 10 万~20 万元，享受国家各项保险福利待遇。

经过初试、复试，会计专业毕业的小君顺利进入郑州用友。不过，郑州用友并没有马上跟小君签订劳动合同，工作人员告诉小君，因为她没有工作经验，需培训 3 个月。培训结束后，不在本企业上班，而是推荐到客户企业工作，都是大企业，保证是会计岗，一线城市的月工资可达到 4500 元以上，在郑州工作可以达到 3500 元以上，但条件是要缴纳 12765 元的"培训费"。

对于刚毕业的大学生来说这不是一个小数目，小君犹豫了。这时候，郑州用友为学生提出了一个经济上的"解决方案"——贷款。

工作人员表示，考虑到她刚毕业，没有收入，前 4 个月的贷款由郑州用友还，之后每月由本人定期偿还。

"将来能拿到高薪，即便每个月还点钱也无所谓。"考虑到实训期满后月薪能达到 3500 元以上，小君犹豫最终还是同意了。随后，她与郑州用友签订了会计培训就业协议，并与该企业介绍的信贷公司签订了借款协议，共贷款 12765 元。

小君说，当时她所在的会计班有七八个人都贷了款。但没过多久，他们就后悔了。签字贷款后，钱从未打进他们的账户，公司此举也很可疑。但刚出校门的学生，觉得找到一份专业对口的工作不易，所以慢慢放低了戒心。在贷款手续办完后，他们陆续进行"培训"。两个多月后，郑州用友开始为他们推荐企业，参加面试。

小君面试的第一家企业是某知名公司，对方表示，试用期工资 1800 元，转正之后 2300 元，与之前郑州用友的承诺大相径庭。"要是没有贷款，我能接受，可一个月要还 900 元贷款，剩下的钱根本没法生活。"更让小君不能接受的是，到了企业后，她被安排的岗位不是会计，而是导表员。没过几天，小君便辞职了。

随后，小君给郑州用友打电话，要求再次推荐工作。第二次，公司为小君介绍了一份财务经理助理的工作，试用期每月 2500 元，转正后 3000 元，但面试之后，企业并未录取她。第三次，郑州用友又推荐小君到开封一家玻璃厂做会计，但小君说，对方以她没有经验为由拒绝了聘用她。

工作一直没安顿下来，小君却从 2015 年 12 月开始，走上了还贷的日子。"前 5 个月，一个月还 200 多元，后来一个月要还 900 元，没工作没收入，还得张口找家里要钱还贷。"小君委屈地说。

问题：请总结出该案例中有多少求职的陷阱？

_____

_____

（一）求职陷阱的种类

1.假借岗前培训收费

【案例】先以人才招聘为由签订就业协议并扣押身份证，再告知应聘者无工作经验需要培训，承诺外出培训 3 个月。每个月培训费 5000 元需要应聘者承担，培训前需交清 15000 元的培训费才能上岗。

《劳动合同法》规定：用人单位违反本法规定，以担保或者其他名义向劳动者收取财物的，由劳动行政部门责令限期退还劳动者本人，并以每人500元以上2000元以下的标准处以罚款；给劳动者造成损害的，应当承担赔偿责任。劳动者依法解除或者终止劳动合同，用人单位扣押劳动者档案或者其他物品的，依照前款规定处罚。

2.对工作待遇模糊，哑巴吃黄连

【案例】小宋的女朋友在网上应聘到一家私立高中任教，签合同时，该校承诺月薪2000元，包食宿，如果学生期末成绩考得好，另有奖金。合同规定签约的教师最少要任教一年，一年之内解除劳动合同的，要赔偿学校损失9000元。她觉得没什么问题就签了合同。等她正式上班时，才发现这家学校食宿条件恶劣，工资也不按时发放，学校还以种种理由克扣她的工资。她有心辞职，但9000元的违约金也不是个小数目，让她左右为难，她只好安慰自己，算了，做完今年就不做了。

3.不签订劳动合同

【案例】应届毕业生王某与某私企达成工作意向，双方签订了高校毕业生就业协议。一个月后，王某毕业，并顺利进入用人单位开始工作。但该企业始终不愿意与小王签订劳动合同，得到的答复是：双方在就业协议书中并没有明确要求何时签订劳动合同，更何况关于工资、劳动期限等条款在就业协议书中已有约定，双方没有必要为此再另行签订劳动合同。王某觉得双方确实没有约定什么时候签订劳动合同，而单位不签劳动合同似乎也有道理，就不再向单位提起此事。不料一日忽被裁员，公司一分赔偿金也没给。王某后悔莫及。

4.传销陷阱

【案例1】"只要你加入我们的团队，3个月后，你的月薪就能拿到8000元，并且随着业绩的增加，工资将逐月增加。"这种以高薪诱惑求职者加入传销行列的招聘，是近年来常见的招聘陷阱，一些大学生甚至在被骗至外地，花了冤枉钱后，才明白是被骗来搞传销的，真是有苦说不出。

5.以招聘之名盗取个人信息

【案例】小王是某大学的应届毕业生。她想通过网络求职，于是将个人资料在互联网上公开，并将手机、寝室电话同时公布。一段时间后，小王接到一个自称是上海一家公司的电话，称为了核实其大学生身份和家庭情况，要求小王告知其家庭电话号码。小王觉得用人单位想核实她的真实情况也是正常的，于是将家庭电话告诉了对方。就在这段时间里，远在郑州家中的王父接到一自称是武汉市某医院急救中心主任的电话，称胡女因交通事故在医院抢救，需汇款30000元到院方指定的账户，否则将影响抢救。胡父在与校方、女儿同室同学多方联系未果的情况下，救女心切，当日先后分三次共汇款25000元到指定账号。几个小时后，王父通过电话联系上女儿，才得知这一切竟是个骗局。

6.以招聘之名非法敛财

【案例1】大学毕业后，小吴在一家职业中介交了10元注册费，成为会员又交了150元的信息费后，中介将为他联系5个用人单位进行面试。没想到，小吴5次面试均碰壁，对方要么称"已招到人"，要么称"不合适"。小吴发现，其他在该中介注册的大学生也遇到了和他一样的情况，他明白自己碰上了"黑职介"。

"黑职介"利用大学生缺少社会经验，同时又挣钱心切的心理，收取信息费后提供虚假信息，找几家用人单位来回"忽悠"学生。甚至有些中介在收费后便人间蒸发，让学生投诉无门。

【案例2】大学毕业生小刘在郑州北环一家电器贸易公司面试通过后，被要求交360元服装费，然后才能签合同、培训，再开始工作。交费后，她同该公司签了劳动合同，上面还特别注明：如因个人原因辞职或自动离职，公司不予退还，服装费由自己承担。上班后，小刘因一直未被安排工作就要求辞职并退还服装费，被对方以签有协议为由拒绝。

7.以招聘之名诱人犯罪

【案例3】小林是某高校的应届毕业生，转眼就7月了还没有找到工作。7月28日他接到同班同学的电话，说在安徽蚌埠有个好工作，做质检员，工资高，待遇好。小林听了心动了，就赶了过去。到了蚌埠，那个朋友把他领到了一个很偏僻的宿舍，里面还住着男男女女十来个"同事"。其中几个同事特别热情地向小林招手说："哎，帅哥辛苦了！辛苦了！怎么样？一路上怎么样？有没有吃过饭？……"当她们把小林东西放好之后，就问小林："借你的手机玩一下嘛！"就这样，对方要走了小林的手机，然后直言不讳告诉他，新工作不是什么质检员，而是传销。产品是 2800 元一套，小林身上没有这么多钱，他们就要求小林以在这边学驾驶为名，从家里骗钱或骗同学、朋友过来。

8.盲目签约，不合理条款上当

【案例 4】王某，大学毕业生，由于急于找到工作，没来得及仔细推敲合同里的条款，结果不但失去了这份工作还付了一笔违约金。据其称，他与公司签合同时还未毕业，但公司要求其进入实习期。在 4 个月的实习期里他卖力地工作，却只能得到 300 多元钱的"实习工资"。实习结束后，他以为工作已经敲定，打算回学校修完剩下的一些课程，9 月再回到公司正式上班。但当他向公司请假时，公司却以合同中"工作前两年不得连续请假一周以上"的条款为由，认定王某违约，索要违约金。王利只好交了 2000 元的违约金。

在大学生择业的过程中，像王某这种情况的比较普遍，由于就业形势比较严峻，大学生在求职过程中往往处于弱势地位，很多用人单位都提出了一些明显不合理的条款，如违约金、服务期等。对于毕业生来讲，虽然知道这些附加条款是有失公平的，但也不敢明确表示异议。现实生活中，在职场上把"试用期"当成"剥削期"已经成了一些无良老板逃避法定义务的惯用伎俩。

9.粉饰职位信息骗取劳动力

【案例 5】24 岁的小刘去年毕业于郑州某高校经贸管理系，当年 7 月，他在一家公司应聘"市场部经理"成功。第一天去上班时，公司老总让小刘这个"经理"去推销产品，美其名曰"了解市场"。

"我在那儿干了快一个月，天天出去推销。"小刘说，一名与他关系不错的员工偷偷告诉他，公司最初招聘时就是要招推销员，怕招不来人，故意说成是"市场部经理"，他这才发现自己上了当。

典型的"粉饰岗位"的招数。因担心招不来业务员、推销员、代理员等，招聘单位就把职位"美化"成"市场部经理""事业部总监"等，以此来诱惑大学生。当应聘成功后，招聘单位便会以"先熟悉工作"或"到一线先锻炼锻炼"为幌子，欺骗求职者继续工作下去。

这类招聘信息一般比较简单，涉及细节方面的东西都未明确注明，比如没有岗位职责和应聘条件等。因此求职者应聘时要提前搞清楚职位的具体内容，询问工作细节，认真考虑后再做打算。

10.虚假广告陷阱

【案例6】小张看到一条"诚聘有事业心人士担任市场经理"的招聘广告，考虑再三，准备充分后前往应聘。工作后才知道，自己的工作是推销公司的产品，"市场经理"就是一个好听的头衔而已。

(二)求职陷阱的应对措施

1.仔细鉴别各类就业信息，有效识别就业陷阱。

2.了解国家有关就业的政策和法律法规，切实提高自身法律意识。

3.端正就业态度，平等地与用人单位交往。

4.慎重签订就业协议书，注意约定条款合理性。

总之，不要轻信路边张贴的各类招聘广告，最好经熟人介绍或是寻找可靠的实习途径。对公司招聘的岗位进行简单的分析，如有所谓的"高薪岗位"，但又是不需要学历和经验的，多为虚假，切勿上当；遇见需要交纳费用才能获得岗位的实习工作，尽可能提高警惕；应聘时确认招聘单位证照是否齐全，注意有些单位只持有营业执照，没有办理税务登记证，且常有经营场所与注册地址不一致的情况；最好和实习单位签订明确的实习合同或是具有法律效力的书面证明，尽可能地保证自身权益。

第六章　创业概论

【案例导读】

青春最是创业时[①]

他是董事长，但曾经身无分文，靠透支信用卡为唯一的员工发工资。创业的艰辛一次次把他抛向失败的绝境，但坚持，让他最终赢得了成功。

杨健的创业意识始于大学二年级。那时，他和同学一起做学校的学生门户网站，随后又创办了自己的网站，一度成为校内规模最大的学生网站。本科毕业后他以综合排名第一被保送读研究生，同时，还获得了出国留学的机会。但杨健做了一个令人意想不到的决定——参加中国青年志愿者扶贫接力计划研究生支教团，远赴青海做一年的志愿者。他说，创业，需要经过基层的磨炼，需要经受艰苦的洗礼，需要培养百折不挠的精神。

2005 年夏天，志愿服务结束，杨健回校读研究生，也踌躇满志地开始了创业生涯。在政府提供的 4 万元创业资金的扶持下，杨健创办了他的第一家公司。可因为摊子铺得太大，不但没有迅速打开局面，还在现实中碰得头破血流。更可怕的是，就在公司举步维艰的时候，更大的打击接踵而至：网站服务器磁盘阵列出错，丢失了多年积累下的大量网络资源；租赁的写字楼到期，公司从鼎盛时的六十多人落到只剩下一名员工。

就这样半途而废吗？"不！要坚持下去。"不曾磨灭的创业理想让杨健心中充满对成功的渴望。他没有被困难打倒，反而比任何时候都更加努力。

杨健把公司搬到了学校临时借给他的一间旧房子里。在这里，他和唯一的员

---

①资料来源：htp://wwwwgmw.cn/cnten/210−03/28/contet1080744htm。

工夜以继日地做开发、测试，几天几夜没合眼。他把所学的法学专业知识和软件开发结合起来，开发出国内首套具有自主知识产权的律师事务所信息管理系统。由于适应了市场的需求，很短时间内他就卖出了 20 多套，使濒临死亡的公司重获新生。

2008 年，与一家文化传媒企业合作不顺利，再一次把杨健抛进了失败的境地。但这一次，他在失败中看到了动漫产业的前景，一鼓作气创办和并购了多家动漫公司。由于抓住了动漫产业快速发展的先机，公司在短短的两年时间里，迅速发展成为动漫领域的知名企业。后来，公司的动画产能达到了每年 5000 分钟以上，原创漫画产能每年超过 20 部。公司的十几部原创动漫作品在法国、德国、英国、新加坡等地发行。如今，拼搏创业的经历让杨健获得了辽宁省大学生自主创业先进个人等多项荣誉。

"青春最是创业时！"尝过失败的滋味，此时的杨健更懂得成功的真谛。他无限感慨地说："我们是风华正茂的大学生，我们精力充沛。我们拥有知识，我们就该敢闯敢拼。"

第一节　创业的内涵

一、创业的含义

创业一词由来已久，亦作"刱业"，意为"开创基业"。在汉代张衡《西京赋》中，就有"高祖创业，继体承基"一句。宋朝陈亮《酌古论·桑维翰》中也有"或难于刱业而资为声援，或急于中兴而用为辅翼"的名句。可见，古人将"创业"认为是建功立业、流传后世的"伟业"。

由于研究的学者来自于不同领域，所以对于创业的定义也有多种。据杰夫里·提蒙斯所著的创业教育领域的经典教科书《创业创造》（New Venture Creation）的定义：创业是一种思考、推理结合运气的行为方式，它为运气带来的机会所驱动，需要在方法上全盘考虑并拥有和谐的领导能力。科尔（Cole）把创业定义为：发起、维持和发展以利润为导向的企业的有目的性的行为。

通常来说，狭义的创业即指创办一个新的企业，它具有明确的实体指向。但从广义上来讲，创业除了包括创办一个新企业以外，它还包括很多有意义、有价值的实践活动，这些创业活动旨在创造价值和服务群众、社会和国家。

二、创业的主要类型

随着创业热潮的推动，投身创业的人越来越多。基于对创业活动差异性和复杂性的分析，人们发现创业活动的类型不同，对经济发展、创新和就业的贡献是不同的。应该针对不同的创业活动类型、创业效果和贡献，对各种创业活动进行科学分类。

（一）创业的基本类型：机会型创业与生存型创业

机会型创业者是指在发现或创造新的市场机会中进行的创业活动，基本特征是发现新的市场机会或兴趣驱动，把创业作为个人更大发展的一种选择。如：政府工作人员、科研院所研究员等辞职"下海"，寻求事业更大的发展和价值创造。

生存型创业者大多是下岗工人，失去土地或因为种种原因不愿困守乡村的农民，以及刚刚毕业找不到工作的大学生，这是中国数量最大的创业人群。清华大学的调查报告说，这一类型的创业者占中国创业者总数的 90%，其中许多人是被逼上梁山，为了谋生混口饭吃。

一般创业范围均局限于商业贸易，少量从事实业，也基本是小型的加工业，基本特征是把创业作为个人生存的基本条件，如因下岗失业后的生活所迫，模仿别人开个熟肉店、小商店等解决生产危机。当然也有因为机遇成长为大中型企业的，但数量极少，因为国内市场已经不像 20 多年前刘永好兄弟、鲁冠球、南存辉他们那个创业时代，经济短缺，机制混乱，机遇遍地。如今这个时代，用句俗话来说就是狼多肉少，仅想依靠机遇成就大业，早已是不切实际的幻想。

生存型创业和机会型创业相互联系，共同构成了创业活动的整体。生存型创业时机会型创业的基础。一般情况下，初次创业者并没有太多的创业经验和资本，通过生存型创业，可以积累创业经验和资本。随着创业的发展，一旦遇到合适的时机，必然会转向机会型创业。机会型创业是生存型创业的目标和方向。

(二)基于创业主体的分类：个体创业和公司创业

个体型创业者主要指个人或团队的创业行为。公司型创业者主要指既有组织发起的一种创业行为。个体创业和公司创业在很多方面具有共同点，例如：创新导向、价值创造、创新和变革等，但是在起初的创业规模、资源、组织形态、承担风险、创业大环境方面存在较大差异。

表 6-1　个体创业与公司创业的主要差异[①]

个体创业	公司创业
(1)创业者承担风险	(1)公司承担风险,而不是与个体相关的生涯风险
(2)创业者拥有商业概念	(2)公司拥有与商业概念有关的知识产权
(3)创业者拥有全部或大部分事业	(3)创业者或许拥有公司权益的很小部分
(4)从理论上讲,对创业者的潜在回报是无限的	(4)在公司内,创业者所能获得的潜在回报是有限的
(5)个体的一次失误可能意味着生涯失败	(5)公司具有更多的容错空间,能够吸纳失败
(6)受外部环境波动的影响较大	(6)受外部环境波动的影响较小
(7)创业者具有相对独立性	(7)公司内部的创业者更多受团队的牵扯
(8)在过程、试验和方向的改变上具有灵活性	(8)公司内部的规则、程序和官僚体系会阻碍创业者的策略调整
(9)决策迅速	(9)决策周期长
(10)低保障	(10)高保障
(11)缺乏安全网	(11)有一系列安全网
(12)在创业主意上,可以沟通的人少	(12)在创业主意上,可以沟通的人多
(13)至少在初期阶段,存在有限的规模经济和范围经济	(13)能够很快地达到规模经济和范围经济
(14)严重的资源局限性	(14)在各种资源的占有上都有优势

(三)基于创新程度的分类：创新型创业和模仿型(复制型)创业

创新型创业是指创业者能够识别具有创新性的创业机会，通过创造和使用新技术、新工艺、新方法等向市场提供新产品或者新服务，并创造价值的创业活动。它的明显特征是具有新的商业模式，创造一个新行业或新产品，能够实现高速成长和创造更大价值等，因而对经济和社会发展的贡献比较大。而模仿型（复制型）创业是在已有模式基础上完全模仿别人的技术、运营方式、产品等建立自

---

①资料来源：MorrisM.KuratkoD.CorporatcEntrepreneurship[M].HarcontCollegePublishers,2002,63.

己的企业，因而没有创造新的产品、新的技术和新的服务，对经济和社会的贡献度较低，也难以创造较大价值。

（四）创意创新创业型创业者

此类创业模型、对创业者的个人素质要求很高，创业成功往往形成独角兽企业，有时形成新的业态。

创业者首先要处理好创意、创新、创业三者的关系：常规思维及创新思维产生创意，创意是创新的基础，创意是创业的动力源之一，创新与创业的集合形成新的生产方式，良好的创新创业氛围更易激发人们的创意，创意创新创业组合的链条是推动各业发展、社会繁荣的重要源泉，其次是配置资源。

（五）迭代创业

互联网时代认知迭代、产品迭代、组织迭代、营销迭代，不断迭代的创业模式。

认知迭代，互联网迭代创业的认知标准是打造超级IP。企业要在细分市场建立一个高维度富有想象力的认知。让大市场明白你到底是什么，让用户知道你是先进的还是落后的，你的认知能力是否提升到可以有布局未来，认知迭代就是企业IP面向未来的旗帜。

【实训】

评价自己创业潜能（测试题）

完成下面的小测试，评价一下你的创业潜力。

A栏和B栏里各有一些陈述，其中有一个更符合你的情况。

如果A栏里的陈述符合你的情况，请在A栏左边的空格里填2。

如果B栏里的陈述符合你的情况，请在B栏右边的空格里填2。

在自我评价时要实事求是。这个测试只针对你个人，将帮助你评价自己是否具有成功经营企业的技能、经验和素质。

(1) 创办企业的动机

A	B	
我有一份工作	我没有工作	
我从自己干过的每一份工作中都学到了一些东西,我发现工作很有意思。	我认为工作只是为了挣钱。工作没有什么乐趣,我对工作兴趣不大。	
我先让我的企业成为我的终身事业。	我想创业,是因为没有其他选择。	
我想拥有一家企业,这样我能够为我的未来提供很好的生活方式。	我想创办企业是因为我想取得成功。富人都有自己的企业。	
我坚信,我能否成功更多地取决于自己的努力。	一个人无论做什么,要想成功,都需要其他人的大量帮助。	
总计	总计	

(2) 主动性

A	B	
我不惧怕问题,因为问题是生活的组成部分。我会想办法解决每个问题。	我发现处理问题很难。我担心这些问题,或者干脆不想这些问题。	
当我遇到困难时,我尽全力去克服。困难是对我的挑战,我喜欢挑战。	如果我有困难,我试图忘掉这些困难,或者等待困难自行消失。	
我不是等待事情的发生,而是努力促使事情发生。	我喜欢顺其自然并等待好事降临。	
我总是尝试做一些与众不同的事情。	我只喜欢做我擅长的事情。	
我认为所有的想法都会有所帮助,我寻求尽可能多的想法,看看这些想法是否行得通。	人都有很多想法,但是你不可能做所有的事情。我愿意坚持自己的想法。	
总计	总计	

(3) 对企业的承诺

A	B	
我在压力之下工作得很好。我喜欢挑战。	我在压力之下工作得不好。我喜欢平静和轻松。	
我喜欢每天工作很长时间,不介意利用业余时间工作。	我认为工作以外的时间很重要,一个人不应该工作得太久。	

（续表）

	A	B	
	一旦需要作出决定,我常常能够尽快决定做什么。	我不愿意为了我的企业而减少与家人及朋友在一起的时间。	
	如果必要的话,我可以把社会义务、休闲娱乐和业余爱好放在一边。	我认为在社交活动、业余爱好以及休息上多花时间是很重要的。	
	我愿意非常努力地工作。	我愿意工作并做必须要做的事情。	
	总计	总计	

（4）坚忍不拔和应对危机的能力

	A	B	
	即使面对极大的困难,我也不会轻易放弃。	如果存在很多困难,真的不值得为某些事去奋斗。	
	我不会为挫折和失败沮丧太久。	挫折和失败对我的影响很大。	
	我相信自己有能力扭转局势。	一个人能够独立做的事情只有那么多,命运和运气起很大的作用。	
	如果有人对我说不,我会泰然处之,我会尽最大努力改变他们的看法。	如果有人对我说不,我通常会感觉很糟并会选择放弃这件事。	
	遇到危机时,能够保持冷静并找出最佳的应对方法。	遇到危机时,我会感到慌乱和紧张。	
	总计	总计	

（5）风险承担能力

	A	B	
	我坚信,要在生活中前进我必须冒风险。	我不太喜欢冒风险,即便是有机会得到很大的回报也是这样。	
	我认为风险中也蕴含着机会。	如果可以选择,我愿意以最稳妥的方式做事。	
	我只有在权衡了利弊之后才会冒风险。	如果喜欢一个想法,我会不计利弊就去冒风险。	
	即使投资全部亏掉了,我也愿意接受这样的现实。	我很难接受投资全部亏掉的现实。	

A	B	
我清楚不是所有的事情都能够完全控制，哪怕我具有掌控权。	我喜欢完全控制自己做的事情。	
总计	总计	

(6)决策能力

A	B	
我喜欢做决定，而且能够轻松地作决定。	我发现作决定很难。	
我能自己作艰难的决定。	在我作艰难的决定之前，我会征求很多人的建议。	
一旦需要作决定，我常常能够尽快地决定做什么。	我尽可能长地推迟作决定的时间。	
在作决定之前，我会认真思考所有可能的选择。	我凭感觉和自觉作决定，我只知道眼下要做什么。	
我不怕犯错误，因为我可以从错误中吸取教训。	我经常担心会犯错误。	
总计	总计	

(7)适应企业需要的能力

A	B	
我只提供顾客需要的产品或服务。	我只提供我喜欢的产品或服务。	
如果我的顾客想要更便宜的产品或服务，我将想办法满足他们的需求。	如果我的顾客想要更便宜的产品或服务，他们就得找其他企业。	
如果我的顾客想赊购，我要想办法用最低的风险为他们提供赊购服务。	我不会向任何人赊购我的产品或服务。	
如果将企业迁到其他地方能够获得更多的生意，我准备这样做。	我不愿意重新选择企业地点。	
我将研究市场趋势，力图改变我的工作态度和方法，以便跟上时代的发展。	最好按照我已经知道的方法去工作，跟上世界的变化太难了。	
总计	总计	

(8)沟通和谈判能力

A	B	
我喜欢谈判，并且经常在谈判中达到目的。	我不喜欢谈判，按照其他人的建议去做更容易。	
我与其他人沟通得很好。	我与其他人的沟通有一些困难。	
我喜欢倾听其他人的观点和建议。	我对其他人的观点和建议一般不感兴趣。	
在谈判过程中我常常愿意表达自己的观点。	如果我参加谈判，我更愿意做一个听众，旁观事态的发展。	
我认为，在谈判中达到目的的最好方法是，努力寻找一个使双方都受益的方法。	这是我的企业，因此我的意见更重要。谈判中总会有人输。	
总计	总计	

(9)协调家庭、文化和企业的能力

A	B	
在企业能够负担的范围之内，我从企业拿出钱来供我和家人使用。	我的家人需要多少钱，我就从企业拿多少钱。	
如果我的朋友或家人有经济困难，我会拿预留给我个人的钱来帮助他们，而不会从企业拿钱。	如果我的朋友或家人有经济困难，我将帮助他们，即便这样可能会损害我的企业。	
我不能把大量的工作时间花在家人和社会义务上而忽略我的企业。	家人和社会义务高于企业。	
我的家人和朋友鉴于其他顾客一样为购买我的产品、服务或使用企业的资产付钱。	我的家人和朋友将在我的企业得到特殊的待遇。	
我不会因为他们是我的家人或朋友就允许他们赊账。	我会常常允许我的家人和朋友赊账。	
总计	总计	

(10)获得家庭支持的能力

A	B	
如果企业的决定将对家人产生影响，我会让家人参与决定。	我不会让家人参与对他们有影响的企业决定。	

（续表）

A	B	
因为对企业全心地投入，我没有很多时间和家人在一起，我的家人会理解。	因为对企业全心投入使我没有时间和家人在一起，他们会感到不快。	
如果我的企业在开始时不是很成功，并且给家里人带来经济上的困难，我的家人愿意忍受。	在创业之初，如果我的企业不是很成功，并且给家里人带来困难，我的家人会十分生气。	
我的家人愿意帮助我克服企业遇到的困难。	我的家人可能不愿意或没有能力帮助我克服企业遇到的困难。	
我的家人认为，我创办企业是个好主意。	我的家人对我创办企业感到担心。	
总计	总计	

你的得分：

通过上面的测试能够评估你在企业经营方面的强项和弱项。根据你自己的情况完成测试后，分别将 A 栏和 B 栏里得分相加，然后把这些分数填入下一页的表格中。

如果你在 A 栏里的分数是 6~10 分，说明你在这方面的能力和素质是你的强项，在"强"下面画"√"。

如果你在 A 栏里的分数是 0~4 分，说明你在这方面的能力不太强，在"不太强"下面画"√"。

如果你在 B 栏里的分数是 0~4 分，说明你在这方面的素质或能力有点弱，在"有点弱"下面画"×"。

如果你在 B 栏里的分数是 6~10 分，说明你在这方面的素质或能力是弱项，在"弱"下面画"×"。

A 栏得分高，说明你在组织和经营企业方面有可能取得成功。

个人素质／能力	A	6~10分强	0~4分不太强	B	0~4分有点弱	6~10分弱
(1)创办企业的动机						
(2)主动性						
(3)对企业的承诺						

（续表）

个人素质／能力	A	6~10分 强	0~4分 不太强	B	0~4分 有点弱	6~10分 弱
(4)坚忍不拔和应对危机的能力						
(5)风险承担能力						
(6)决策能力						
(7)适应企业需要的能力						
(8)沟通和谈判能力						
(9)协调家庭、文化和企业的能力						
(10)获得家庭支持的能力						
总分						

如果你在 A 栏里的总分达到 50 分或更高，说明你具有一个好企业主所应具备的各项个人素质。

如果你在 B 栏里的总分达到 50 分或更高，说明你需要对你的弱项加以改进，将弱项转变为强项。

第二节　创业者的核心素质

陶行知说过："人人是创造之人，天天是创造之时，处处是创造之地。"创业就是创造价值的过程，岗位创业、内部创业也是创业活动，在此定义的创业，并非遥不可及，它就在我们身边。努力尝试、寻求突破、实现价值，人人都可以是创业的践行者。"创业者很孤独，天塌下来都要顶着，永远处在变化的环境当中，创业者需要有人来教育、辅助、支持。"

【案例导读】

对创业者理解误区

将创业者"神"化，创业者是一个特殊的人群吗？他们具有什么个人特质？决定成为创业者需要考虑哪些核心问题？针对上述的有关问题，有一些流传已久的创业神话以及经过研究总结的现实情况。

创业神话 1：创业者是天生的，并非后天培养

创业者现实：大量有关创业者心理和社会构成要素研究得出的一致结论认为，创业者在遗传上与其他人并无差别，没有人天生是创业者，每个人都有成为创业者的潜力。某个人是否成为创业者，是由环境、生活经历和个人职业选择这三个因素共同决定的。即使创业者天生就具备了特定的才智，创造力和充沛的精力，这些品质本身也不过是未被塑形的"泥巴"和未经涂抹的"画布"。创业者是通过多年积累相关技能、经历和关系网才被塑造出来的，这当中包含了许多自我发展的历程。

创业神话 2：创业者是赌徒

创业者现实：其实，创业者和大多数人一样，通常都不会过于冒险，他们一般能接受适度的风险。成功的创业者会根据自己所学知识，精确计算自己的预期风险。在有选择的情况下，他们通过各种方法（如分担分享、规避风险等）企图让风险最小化进而来影响成功的概率。他们不会故意承担更多的风险，不会承担不必要的风险，当风险不可避免时，他们也不会胆小地退缩。

创业神话 3：创业者主要受金钱激励

创业者现实：虽然认为创业者不寻求财务回报的想法是天真的，但是金钱很少是创业者创建新企业的根本原因。传媒业巨头 CNN 的创始人特纳说："如果你认为金钱是真正重要的事情，你将因过于害怕失去金钱而难以得到它。"

创业神话 4：创业者承受巨大的压力，付出高昂的代价

创业者现实：毋庸置疑，每一个创业者都是十分辛苦的，并且有压力。但是没有证据表明，创业者比其他无数高要求的专业职位要承受更大的压力，而且创业者往往对其工作很满意。他们有很高的成就感，据说认为自己"永远也不想退休"的创业者是公司中职业经理人的三倍。

创业神话 5：任何人都能创建企业

创业者现实：创业者若是想要使他们创办企业的成功概率变大，就得识别出思路与商机之间的区别，并且思路一定要开阔。即使运气在成功中很重要，充分的准备仍是必要条件。创办企业还只是最简单的一部分，更困难的是要生存下

来，持久经营，并使企业发展壮大。能够存活 10 年以上的新企业，10—20 家中大约只有 1 家最后可以给创办人带来资本收益。

通过对创业者神话和现实的比较，我们知道大多数创业者不是天生的凤毛麟角的个人英雄。虽然创业者在背景和个人特征方面存在诸多差异，但是成功的创业者在个人特质和技能方面还是具有很多共同特征的。

创业者一般被界定为具有以下特质的人：

(1) 创业者是主导劳动方式的领导人。

(2) 创业者是具有使命感荣誉、责任能力的人。

(3) 创业者是组织、运用服务、技术、器物作业的人。

(4) 创业者是具有思考推理判断的人。

(5) 创业者是能使人追随并在追随过中获得利益的人。

(6) 创业者是具有完全权利能力和行为能力的人。

第三节　创业准备

创业准备是大学生创业者进入创业实践前所经历的物质力量和精神力量的聚集过程，它为日后的创业实践奠定物质和思想基础。创业准备有助于大学生创业者明确创业方向，找准创业目标，积极把握机遇，不失时机地进行决策，并将计划付诸行动。那么大学生在创业前首先应进行哪些创业准备呢？

一、创业市场调研与预测

【案例导入】

两个月就关门的食品杂货店

大学生小刘毕业后一直想自己做老板，看到邻居在小区里开了一个食品杂货店收益一直不错，颇为心动。于是，小刘租了小区内一个库房作为店面，筹集了一万多元作为启动资金，进了一些货品，开了一家食品杂货店。但是经营了两个月后，小刘的食品杂货店就撑不住了，不得已关门。为什么同样是食品杂货店，邻居可以经营得红红火火，小刘的店就经营惨淡呢？

原来，小刘为了突出自己食品杂货店的特色，没有像邻居一样进茶、米、油、盐等大众用品，而是将经营范围锁定在沙司、奶酪、芝士等一些西餐调味食品上，但是小区里的居民对她的货品需求少，所以生意不红火。

小刘很迷茫，她哪里做错了？

思考与讨论：

1.小刘在创业前缺少了什么环节？

2.小刘创业失败的根本原因是什么？

多数大学生创业者的市场观念较为淡薄，对于市场调研完全没有概念，对自己的创业项目只会进行理想化的设想与推断。这种推断是站不住脚的，带来的大多都是失败。对于大学生来说，在决定是否开始创业之前，首先必须进行一项最基本的并且是必不可少的程序——市场调研。

（一）市场调研的含义

通常来说，市场调研是指运用科学的方法，通过各种途径、手段，有目的、有计划、系统而客观地收集、记录、整理与分析有关市场营销的现状和历史资料，预测其发展趋势，为企业经营决策和管理提出方案或建议，为企业决策者进行科学决策提供依据的活动。

1.市场环境调研

任何企业的营销活动都是在一定的市场营销环境中进行的，因此，企业必须对目标市场的营销环境的现状及未来的可能变化情况进行调查了解，包括对目标市场的政治、经济、社会、文化、法律、科技、教育等环境因素的现状进行研究和分析，并预测和估计其发展的趋势，判断目标市场环境变化的规律性及变动特点。

2.市场需求调研

市场需求调研包括市场容量调研、顾客调研和购买行为调研。市场容量调研，主要是指现有和潜在人口变化、收入水平、生活水平、本企业的市场占有率、购买力等。顾客调研，主要是了解购买本企业产品或服务的团体或个人的情况，如民族、年龄、性别、文化、职业、地区等。购买行为调研，是调研各阶层顾客的购买欲望、购买动机、兴趣爱好、购买习惯、购买时间、购买地点、购买数量、品牌偏好等情况，以及顾客对本企业产品和其他企业提供的同类产品的欢迎程度。

3.产品调研

产品或服务是个企业向市场提供和传递价值的最基本载体和关键要素。产品调研包括多种类型，常见的有产品创意检测、新产品测试、包装测试、品牌研究等内容。产品创意检测是一种普遍使用的产品研究方法，产品研究包括现有产品改进和新产品研制与开发的研究。对现有产品的改进主要是改进性能、扩大用途和创造新市场等。对新产品的研制与开发研究主要是产品测试研究，其中涉及消费者对产品概念的理解、对产品各个属性的重要性评价、新产品的市场前景以及新产品上市的相关策略等。包装测试主要是为了检验包装的促销功能。品牌的研究形成一个相对独立的研究领域，其主要内容有品牌的知名度、美誉度、忠诚度以及消费者对品牌的认知途径和评价标准等。

具体来说，产品调研主要包括以下内容：

（1）产品设计的调研，包括功能、用途、使用方便和操作安全设计，以及产品的品牌、商标、外观和包装设计等。

（2）产品和产品组合的调研，包括产品的价格、销售渠道、广告宣传等。

（3）产品生命周期的调研，主要是指产品是处在成长期、成熟期或衰退期。

（4）对老产品改进的调研，包括消费者对老产品的质量、功能的意见等。

（5）对新产品开发的调研，包括消费者对产品包装、服务、花色、品种、规格、交货期、外观造型和式样的喜爱偏好等。

（6）对于如何做好销售技术服务的调研。

4.价格调研

价格调研主要是调研价格对商品需求的影响，重点调查：商品价格的成本构成、价格变化的趋势、价格变动对商品销售带来的影响、影响价格变动的各种因素、商品价格的需求弹性、相关产品或代用品的价格、竞争者的价格以及企业的价格策略等。

5.分销调研

分销调研主要包括商品销售区域和销售网点的分布、潜在销售渠道、销售点服务品质、铺货途径、商品运输线路、商品库存策略。

6.促销调研

促销调研的目的主要是支持企业的促销战略和战术决策，使促销组合达到最佳，以最少的促销费用达到最佳的促销效果，并就出现的问题及时对促销方式进行调整和改进。促销调研主要包括广告、人员销售、销售促进、公共关系等方面的调研，具体内容有广告媒介、广告效果评估、广告策略，以及优惠、赠品、有奖销售等促销方式对销售额的增加幅度和市场占有率变化的影响等。

7.市场竞争调研

市场竞争调研的目的主要是支持企业营销的总体发展战略，做到知己知彼，发挥竞争优势。主要是侧重于本企业与竞争对手的比较研究，以识别企业的优势和劣势，判断出本企业所具备的与竞争对手相抗衡的条件或可能性，确定企业的竞争策略，以达到以己之长克他之短的功效。其内容主要有：了解行业的竞争结构和变化趋势，了解竞争者的战略目标、核心能力、市场份额、产品策略、价格策略、销售渠道策略、促销策略等。

8.用户满意度研究

用户满意度研究越来越受到企业的重视，企业通过顾客满意度研究了解顾客满意度的决定性因素，测量各因素的满意度水平，从而为企业比竞争对手更好地满足消费者提供建议。

在用户满意度研究中，需要调查、了解和分析以下几方面：

（1）用户对有关产品或服务的整体满意度。

（2）用户对特定品牌或特定商店产生偏好的因素、条件和原因。

（3）用户的购买动机是什么，包括理智动机、情感动机和偏好动机，以及产生这些动机的原因。

（4）用户对各竞争对手的满意度评价。

（5）用户对产品的使用次数和购买次数，以及每次购买的数量。

（6）用户对改进产品或服务质量的具体建议。

二、市场调研的设计

研究设计是保证调研工作顺利进行的指导纲领，其主要内容有确定资料的来源、搜集的方法、调查问卷设计、抽样设计等。

（一）内容设计

内容设计就是根据调研的目的确定调研的范围以及信息资料的来源。

调研的范围是根据调研的目标，确定所需信息资料的内容和数量。例如，是调查企业经营的宏观经济环境，还是调查企业的市场营销手段；是一般性调查，还是深度调查等。

信息资料的来源是指获取信息资料的途径。市场营销调研所需的信息资料可以从企业内和企业外部两方面得到。如果企业已经建立了市场营销信息系统则可以通过数据库得到信息资料。除此之外，还要确定搜集信息资料的地区范围。

（二）方法设计

市场调研的方法多种多样，方法适用面不同，究竟采用何种调研方法，要依据调研的目的以及研究经费的多少而定。

（三）工具设计

在确定了调研方法之后，就要进行工具设计。所谓工具设计是指采用不同的调研方法需要准备不同的调研工具。例如，采用访问法进行调研时，需要使用调查问卷，调查问卷设计中关键的是确定提什么问题、提问的方式等。又如采用观察法中的行为记录法进行调研时，需要考虑使用何种观察工具（如照相机、监视器等）。

（四）抽样设计

抽样设计就是根据调研的目的确定抽样单位、样本数量以及抽样的方法。在其他条件相同的情况下，样本越多越有代表性，样本数量的多少影响结果的精度，但样本数量过大也会造成经济上的浪费。

（五）方案设计

调研方案或计划是保证市场营销调研工作顺利进行的指导性文件，它是调研活动各个阶段主要工作的概述。调研计划虽无固定格式，但基本内容应包括：课题背景、研究目的、研究方法、经费预算和时间进度安排。

三、问卷设计

(一)问卷的概念

问卷是调查组根据调查目的和要求，按照一定的理论假设出来的，由一系列问题、调查项目、备选方案及说明所组成。

(二)问卷的结构

问卷在形式上是一份由提问和备选回答项目构成的调查表格，一份完整的问卷通常包含以下结构：

1.标题：问卷的标题表明了这份问卷的调查对象和调查主旨，使被调查者对所要回答的问题有一个大致的了解。确定标题要简单明确，易于引起回答者的兴趣，一般不超过15个字。

2.说明信：说明信是向被调查者说明情况的简短声明。说明信一般放在问卷开头，篇幅宜小不宜大，主要包括引言和注释。引言应包括调查目的、意义、主要内容、调查的组织单位、调查结果的使用者、保密措施等，其目的在于引起被调查者对问卷的重视和兴趣，并请求支持和配合。

3.指导语：主要是用来指导访问员的调查作业，或指导被调查者如何填写问卷。其目的在于规范访问员的调查工作，通常要特别标识出来。

4.基本信息：基本信息主要指与营销调研有关的调查项目，它是按确定的调查目标设计的。在问卷调查中，调查项目是由一系列的提问和备选回答项目组成的。

5.致谢：在访问调查完成后，要记得感谢被调查者的友好配合和帮助。

6.编码：它是将问卷的调查项目赋予代码的过程，即要给每个提问和备选回答项目赋予一个代码（数字或字母），使用代码能够方便地录入数据。并不是所有问卷都需要编码，规模较大又需要运用电子计算机统计分析的调查，要求所有的资料数量化，与此相适应的问卷就要添加一项编码内容。

7.记录调查过程：在问卷的最后，要求注明调查员的姓名、调查开始和结束时间等事项，以利于对问卷的质量检查控制。如有必要，还可注明被调查者的姓名、单位或家庭住址、电话等，供复核或追踪调查之用。

第四节　创业计划

一、创业计划书概述

制订创业计划是创业者创业开始阶段的必修课，是筛选、确定创业项目的思考历程，是对各种信息收集、分析、应用的结果，是撰写创业计划书的前提和基础。

创业计划书，又叫商业计划书，是创业者将有关创业的想法最终落实在书面上的内容，是对构建一个企业的基本思想以及对企业创建有关的各种事项进行总体安排的文件。它是用以描述与拟创办企业相关的内外部环境条件和要素特点，为业务的发展提供指示图和衡量业务进展情况的标准。创业计划书是创业者叩响投资者大门的"敲门砖"，一份优秀的创业计划书往往会使创业者达到事半功倍的效果。

二、创业计划书的分类

通常，根据创业计划书受理对象的不同，可以将创业计划书分为以下三类：

（一）参加创业计划赛类

目前，大多数在校大学生撰写的创业计划书，主要用途都是用来参加创业类相关大赛。为了培养大学生的创业精神，国家和地方政府、企业往往会举办各种创业计划竞赛，重点是要考察大学生的创新精神。这类计划书首先条理要清楚，结构要规范，内容要丰富，产品必须具有良好的创新性，最好有专利技术，市场调查要很翔实，市场分析与预测要精准。当然，从目前创业计划竞赛来看，也有很多风投关注，因此在写此类创业计划书时，也要有良好的市场竞争意识，争取能够得到风投的支持，让创业计划竞赛能够有更多的收获。

（二）自主创业类

对于自己创业、自己投资的创业者来说，在撰写创业计划书时，就可以把自己的所有设想写到计划书里。为了便于实践，这类创业计划书往往会借助各种各样的表格，创业步骤一目了然，以成为创业者今后创业的一句蓝本。

（三）寻求风险投资类

目前，国内外风投资金充裕，寻求风险投资一直是大学生创业者寻求资金援助的最佳途径。在撰写此类创业计划书时，首先要了解风险投资人的投资重点领域，了解风险投资基金的相关资金和具体内容。在撰写创业计划书时，最主要的是要让风险投资人通过创业计划书看到创业者的项目具有良好的市场前景。

三、创业计划书的撰写及展示

要撰写一份高质量的创业计划，需要创业团队仔细研讨创业构想，分析创业过程中可能遇到的问题和困难，进一步凝练创业计划的执行概要，把创业构想变成文字方案，了解创业计划书的撰写和展示技巧。

（一）创业计划书的撰写

1.背景描述

创业计划书伊始，应对创业构想的背景进行描述，主要从宏观环境分析和微观环境分析两方面着手。宏观环境指的是能对企业活动产生强制性、不定性和不可控因素的影响因素，比如要充分了解国家政策，是鼓励发展，还是限制发展。微观环境就是实际上直接制约和影响企业活动的力量和因素，比如供应商、企业内的各个部门。创业者必须学会规避风险，找到发展的机遇，获得创业的先机。

2.产品或服务

产品或服务的描述可从产业分析、产品分析和市场分析三个角度展开：

（1）产品分析

本部分应该对企业的产品或服务做出详细描述，包括产品或服务的介绍、市场定位、可行性分析结果、市场壁垒等内容。

产品或服务介绍包括：产品或服务的名称、性质、市场竞争力，以及产品的研发过程、品牌、专利、市场前景等。如果产品已经生产出来，最好附上原型介绍及图片；如果产品还在设计之中，就要提供相应的设计方案并证明自己的生产能力。

产品或服务定位是根据同类产品或服务的竞争状况，确定自己在市场中的位置。

（2）市场分析

市场分析的重点在于描述企业的目标市场及其顾客、竞争者，以及如何展开竞争和潜在的市场份额等信息。市场分析有助于确定企业的义务性质，其对于销售额的预测直接影响了企业的生产规模、营销计划、雇员状况及所需资金的数量，一个好的市场分析能够证明公司对目标市场的把握状况。市场分析包括目标市场选择、竞争对手分析、购买者行为分析和销售额预测等信息。

3.创业团队

很多投资者及其他阅读者往往会在查看了执行概要后直接阅读创业团队部分来评估企业创办者的实力，而且在相互竞争的创业计划书中胜出获得资金的，往往也是靠好的管理团队而不是好的创意或市场计划，因此，这部分的描述在创业计划书中具有举足轻重的地位。

同时，管理团队也是投资者非常看中的，这部分主要是向投资者展现企业管理团队的结构、管理水平和能力，职业道德与素质，使投资者了解管理团队的能力，增强投资者信心。

在编写过程中，首先，必须对公司管理的主要情况做一个全面介绍，企业的管理人员应该是互补型的，而且要具有团队精神。一个企业必须要拥有负责产品设计与开发、市场营销、生产作业管理、企业理财等方面的专门人才。

4.创意开发

大多数产品遵循从产品理念、产品成型、初步生产向全面生产发展的逻辑路径，创业计划书应解释推动产品从一个阶段过渡到另一个阶段需要遵循的过程。如果企业处于非常早期的阶段而且只有一个想法，应当仔细解释产品的原型将如何制造；如果产品或服务已跨过了原型阶段，就需要对其可用性测试进行描述；如果产品已经存在，最好能够提供产品照片，还要将企业目前距产品或服务批量生产和时间予以说明。

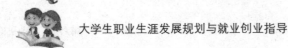

5.运营计划

运营计划是指企业面对激烈变化的环境、严峻挑战的竞争，为谋求生存和不断发展而做出的总体性、长远性的谋划和方略，是企业家指挥竞争的经营艺术。军事家靠正确的军事战略决胜于战场，企业家靠正确的经营战略决胜于市场。要根据初创企业的项目的成熟度和发展情况制定相应的运营策略，比如对于种子期的项目，生产的业务可以选择外包的方式。

6.财务计划

（1）资金来源与用途说明。对于创业者来说，你必须告诉投资人自己会用多长时间实现业务目标，或是用多久可以达到预期的公司估值。因此，创业计划书中必须罗列出公司每年所需要的资金投入和资金的来源，并且最好用表格和饼状图来表示。另外需要罗列出公司对资金的使用情况，如购买设备、员工工资、市场推广等。

（2）项目收益报表。损益表（或利润表），是用以反映公司在一定期间利润实现（或发生亏损）的财务报表，它是一张动态报表。损益表可以为报表的阅读者提供作出合理经济决策所需要的有关资料，据此来分析利润增减变化的原因，公司的经营成本，并做出投资价值评价等。

（3）融资计划。根据上面资源需求的分析，结合管理团队的构成及分工，企业应该能够计算出总的资金需求，这时需要编制资金明细表，以对资金的来源和运用情况进行系统分析。

四、创业计划书的展示技巧

精心准备和经常锻炼是使创业计划书展示变得精彩的基本方法。巧妙构思展示的内容、制作专业的展示 PPT，可以提高展示者的信心，使展示者获得满意的效果。

展示的重点一定要放在观众而不是演讲者感兴趣的地方；展示的 PPT 应尽可能简单，一些专家给出了"666 法则"，即每行不超过 6 个词语，每页不超过 6 行，连续 6 张纯文字的 PPT 之后需要一个视觉停顿（采用带有图表的 PPT）等；一场二三十分钟的演讲最多不超过 12 张 PPT。下面是一个推荐的展示 PPT 模板，共计 12 张 PPT。

展示的 PPT 往往从标题幻灯片开始。该张 PPT 包括企业的名称或标志，创始人姓名和联系方式。

第一张 PPT：概述。对产品或服务进行简要介绍，对演讲要点做一简介，对该项商业活动带来的潜在收益（经济效益、社会效益）等进行简单说明。

第二张 PPT：问题。说明亟待解决的问题（问题在哪儿，为什么会出现该问题，如何解决该问题）；通过调查证实的问题（潜在顾客的需求是什么，专家有哪些建议）；问题的严重性如何。

第三张 PPT：解决办法。说明企业的解决办法与其他解决方案相比的独特之处；展示本企业的解决方案在多大程度上可以改变顾客的生活，以及企业的解决方案有什么进入壁垒。

第四张 PPT：机会和目标市场。要清楚定位企业具体的目标市场，对目标市场的广阔前景进行展望；通过图表的方式展示目标市场的规模、预期销售额和预期市场份额等信息，说明拟采取什么方法实现销售计划。

第五张 PPT：技术。介绍技术或者产品或服务的独特之处，尽可能使对技术的描述通俗易懂，切忌使用专业术语进行陈述；展示产品的图片、相关描述或者样品，如果产品已经试生产结束，则最好展示样品；说明可能涉及的知识产权问题，以及企业采用的保护措施。

第六张 PPT：竞争。详细阐述直接、间接和未来的竞争者，展示创业计划书中的竞争者方格，说明和竞争对手相比的竞争优势.

第七张 PPT：市场和销售。描述总体的市场计划、定价策略、销售过程以及销售渠道。说明消费者的购买动机、企业激起消费者欲望的方法，以及产品或服务如何到达最终的消费者手中。

第八张 PPT：管理团队。介绍现有管理团队（团队成员的背景和专长，以及在企业中将要发挥的作用，如何进行团队合作等），说明管理团队存在的缺陷或不足，如果有顾问委员会最好予以介绍。

第九张 PPT：财务规划。介绍未来 3 年至 5 年企业总体的盈利状况、财务状况及现金流状况，尽量将规划的内容显示在一张 PPT 上，而且只显示总体数据，同时做好回答和数据相关问题的心理准备。

第十张 PPT：现状。用数据突出已经取得的重大进展，介绍启动资金的来源、构成和使用情况，介绍现有的所有权结构，介绍企业采用的法律形式及其原因。

第十一张 PPT：财务要求。如果有融资计划，介绍想要的融资渠道及筹集资金的使用方式，同时介绍资金筹集后可能取得的重大进展。

第十二张 PPT：总结。总结企业最大的优势、团队最大的优势，同时介绍企业的退出策略，并征求反馈意见。

附表1

施恩职业锚测评量表

下面给出的40个问题描述，请您根据您的实际情况，从1～6中选择一个数字。数字越大，表示这种描述越符合您的实际情况。您可以作出如下选择：

选"1"代表这种描述完全不符合你的想法，选"2"或代表你偶尔这么想。

选"3"代表你有时这么想，选"4"代表你经常这么想。

选"5"代表你频繁这么想，选"6"代表这种描述完全符合你的日常想法。

现在，请您开始答题，在每一个问题右侧的6个选项中选出最符合您自身情况的答案，用圆圈划出该选项。

序号	问题描述	选项					
		① 从不	② 偶尔	③ 有时	④ 经常	⑤ 频繁	⑥ 总是
1	我希望做我擅长的事,这样我的专业建议就会不断得到采纳。	1	2	3	4	5	6
2	当我整合并整理其他人的工作时,我非常有成就感。	1	2	3	4	5	6
3	我希望我的工作能够按我自己的方式,按自己的计划去开展。	1	2	3	4	5	6
4	对我而言,安全与稳定比自由和自主更加重要。	1	2	3	4	5	6
5	我一直在寻找可以让我创立自己事业(公司)的创意(点子)。	1	2	3	4	5	6
6	我认为只有对社会作出真正贡献的职业才能算是成功的职业。	1	2	3	4	5	6
7	在工作中,我希望去解决那些有挑战性的问题,并且胜出。	1	2	3	4	5	6
8	我宁愿离开公司,也不愿从事需要个人和家庭做出一定牺牲的工作。	1	2	3	4	5	6
9	将我的技术和专业水平发展到一个更具有竞争力的层次是成功职业的必要条件。	1	2	3	4	5	6
10	我希望能够管理一个大的公司(组织),我的决策将会影响许多人。	1	2	3	4	5	6
11	如果职业允许自由地决定自己的工作内容、计划、过程时,我会非常满意。	1	2	3	4	5	6
12	如果工作的结果使我丧失了在组织中的安全稳定感,我宁愿离开这个工作岗位。	1	2	3	4	5	6

（续表）

序号	问题描述	选项					
		①从不	②偶尔	③有时	④经常	⑤频繁	⑥总是
13	对我而言，创办自己的公司比在其他的公司中争取一个高的管理位置更有意义。	1	2	3	4	5	6
14	我的职业满足来自于我可以用自己的才能去为他人提供服务。	1	2	3	4	5	6
15	我认为职业的成就感来自于克服自己面临的非常有挑战性的困难。	1	2	3	4	5	6
16	我希望我的职业能够兼顾个人、家庭和工作的需要。	1	2	3	4	5	6
17	对我而言，在我喜欢的专业领域内做资深专家比总经理更具有吸引力。	1	2	3	4	5	6
18	只有在我成为公司的总经理后，我才认为我的职业人生是成功的。	1	2	3	4	5	6
19	成功的职业应该允许我有完全的自主与自由。	1	2	3	4	5	6
20	我愿意在能给我安全感、稳定感的公司中工作。	1	2	3	4	5	6
21	当通过自己的努力或想法完成工作时，我的工作成就感最强。	1	2	3	4	5	6
22	对我而言，利用自己的才能使这个世界变得更适合生活或居住，比争取一个高的管理职位更重要。	1	2	3	4	5	6
23	当我解决了看上去不可能解决的问题，或者在必输无疑的竞赛中胜出，我会非常有成就感。	1	2	3	4	5	6
24	我认为只有很好地平衡个人、家庭、职业三者的关系，生活才能算是成功的。	1	2	3	4	5	6
25	我宁愿离开公司，也不愿频繁接受那些不属于我专业领域的工作。	1	2	3	4	5	6
26	对我而言，做一个全面管理者比在我喜欢的专业领域内做资深专家更有吸引力。	1	2	3	4	5	6
27	对我而言，用我自己的方式不受约束地完成工作，比安全、稳定更加重要。	1	2	3	4	5	6
28	只有当我的收入和工作有保障时，我才会对工作感到满意。	1	2	3	4	5	6
29	在我的职业生涯中，如果我能成功地创造或实现完全属于自己的产品或点子，我会感到非常成功。	1	2	3	4	5	6

（续表）

序号	问题描述	选项					
		① 从不	② 偶尔	③ 有时	④ 经常	⑤ 频繁	⑥ 总是
30	我希望从事对人类和社会真正有贡献的工作。	1	2	3	4	5	6
31	我希望工作中有很多的机会，可以不断挑战我解决问题的能力（或竞争力）。	1	2	3	4	5	6
32	能很好地平衡个人生活与工作，比达到一个高的管理职位更重要。	1	2	3	4	5	6
33	如果在工作中能经常用到我特别的技巧和才能，我会感到特别满意。	1	2	3	4	5	6
34	我宁愿离开公司，也不愿意接受让我离开全面管理的工作。	1	2	3	4	5	6
35	我宁愿离开公司，也不愿意接受约束我自由和自主控制权的工作。	1	2	3	4	5	6
36	我希望有一份让我有安全感和稳定感的工作。	1	2	3	4	5	6
37	我梦想着创建属于自己的事业。	1	2	3	4	5	6
38	如果工作限制了我为他人提供帮助或服务，我宁愿离开公司。	1	2	3	4	5	6
39	去解决那些几乎无法解决的难题，比获得一个高的管理职位更有意义。	1	2	3	4	5	6
40	我一直在寻找一份能最小化个人和家庭之间冲突的工作。	1	2	3	4	5	6

测试计分说明

（1）找出你给分较高的描述，从中挑出与你日常想法最为吻合的三题，给这三个题目额外各加 4 分（例如：原来得分为 5，则调整后的得分为 9）。

（2）计算每列总分。最后，将每列总分除以 5，得到每列的平均分，并填入表格。最高平均分的职业锚类型，就代表了最符合你的职业锚。

	TF 技术/职能型	GM 管理型	AU 自主/独立型	SE 安全/稳定型	EC 创造/创业型	SV 服务/奉献型	CH 挑战型	LS 生活型
	1( )	2( )	3( )	4( )	5( )	6( )	7( )	8( )
	9( )	10( )	11( )	12( )	13( )	14( )	15( )	16( )
	17( )	18( )	19( )	20( )	21( )	22( )	23( )	24( )
	25( )	26( )	27( )	28( )	29( )	30( )	31( )	32( )
	33( )	34( )	35( )	36( )	37( )	38( )	39( )	40( )
Total(总分)								
平均分(/5)								

　　最终的平均分就是你的自我评价的结果，最高分所在列代表最符合你"真是自我"的职业锚。

职业锚	总分	平均分	说明
TF			**技术职能型职业锚** 这种定位的人会发现自己对某一特定工作很擅长并且很热衷，真正让他们感到自豪的是他们所具备的专业才能。 他们倾向于一种"专家式"的生活，一般不喜欢成为全面的管理人员，因为这将意味着他们放弃在技术职能领域的成就。但他们愿意成为一名职能经理，因为职能经理可以更好地帮助他们在专业领域上发展。
GM			**管理型职业锚** 这种定位的人对管理本身具有很大的兴趣，具有成为管理人员的强烈愿望，并将此看成职业进步的标准。 他们有提升到全面管理职位上所需要的相关能力，并希望自己的职位不断得到提升，这样他们可以承担更大的责任，并能够做出影响成功或失败的决策。
AU			**自主独立型职业锚** 这种定位的人追求自主和独立，不愿意接受别人的约束，也不愿受程序、工作时间、着装方式以及在任何组织中都不可避免的标准规范的制约。 无论什么样的工作，他们希望能用自己的方式、工作习惯、时间进度和自己的标准来完成工作。

（续表）

职业锚	总分	平均分	说明
SE			安全稳定型职业锚 安全与稳定是这种类型的人选择职业最基本、最重要的需求。他们需要"把握自己的发展"，只有在职业的发展可以预测、可以达到或实现的时候，他们才会真正感觉放松。
EC			创造创业型职业锚 这种定位的人，最重要的是建立或设计某种完全属于自己的东西，建立或投资新的公司，收购其他的公司，并按照自己的意愿进行改造。创造并不仅仅是发明家或艺术家所做的事，创业者也需要创造的激情和动力。 他们有强烈的冲动向别人证明：通过自己的努力能够创建新的企业、产品或服务，并使之发展下去。当在经济上获得成功后，赚钱便成为他们衡量成功的标准。
SV			服务奉献型职业锚 这种定位的人希望职业能够体现个人价值观，他们关注工作带来的价值，而不在意是否能发挥自己的才能或能力。他们的职业决策通常基于能否让世界变得更加美好。
CH			挑战型职业锚 这种定位的人认为他们可以征服任何事情或任何人，并将成功定义为"克服不可能的障碍，解决不可能解决的，或战胜非常强硬的对手"。随着自己的进步，他们喜欢寻找越来越强硬的"挑战"，希望在工作中面临越来越艰巨的任务。
LS			生活型职业锚 这种定位的人是喜欢允许他们平衡并结合个人的需要、家庭的需要和职业的需要的工作环境。他们希望将生活的各个主要方面整合为一个整体。正因为如此，他们需要一个能够提供足够的弹性让他们实现这一目标的职业环境，甚至可以牺牲他们职业的一些方面，如提升带来的职业转换。他们将成功定义得比职业成功更广泛。他们认为自己在哪里居住，如何去生活，以及如何处理家庭事宜，在组织中的发展道路是与众不同的。

附表2：

高校毕业生就业主要网站

国家一级高校毕业生就业信息网

1	全国招聘信息公共服务网	http://www.cjob.gov.cn
2	全国大学生就业公共服务立体化平台	http://www.ncss.org.cn
3	中国国家人才网	http://www.newjobs.com.cn
4	中国人力资源市场网	http://www.chrm.gov.cn
5	中国就业网	http://www.chinajob.gov.cn
6	中国人事考试网	http://www.cpta.com.cn
7	中国中小企业信息网	http://www.sme.gov.cn
8	中国青年创业国际计划	http://www.ybc.org.cn

各地高校毕业生就业信息网

1	北京市人力资源社会保障局网	www.bjld.gov.cn
2	北京市人力资源和社会保障局毕业就业网	www.bjbys.com
3	北京高校毕业生就业信息网	www.bjbys.net.cn
4	北京人才网	www.bjrc.com
5	天津市人力资源社会保障局网	www.tj.lss.gov.cn
6	天津市高校毕业生就业信息网	www.tjbys.com
7	北方人才网	www.tjrc.com.cn
8	河北省人力资源社会保障厅网	www.he.lss.gov.cn
9	河北就业服务网	www.he.lm.gov.cn
10	河北人才网	www.hbrc.com.cn
11	河北省大中专毕业生就业服务信息网	www.hbxsw.org
12	山西省人力资源社会保障厅网	www.sx.hrss.gov.cn
13	山西人才网	www.sjrc.com.cn
14	山西毕业生网	www.sxbys.com.cn
15	内蒙古人力资源社会保障厅网	www.nm12333.cn
16	内蒙古人才网	www.nmgrc.com
17	内蒙古高校毕业生就业信息网	www.nmbys.com

18	辽宁省人力资源社会保障厅网	www.ln.hrss.gov.cn
19	辽宁省就业网	www.jyw.gov.cn
20	辽宁人事人才公共服务网	www.lnrc.com.cn
21	辽宁省高校毕业生就业信息网	www.lnjy.com.cn
22	吉林省人力资源社会保障厅网	hrss.jl.gov.cn
23	吉林人力资源网	www.jl.lm.gov.cn
24	吉林人才网	www.jlRC.com.cn
25	吉林省高校毕业生就业信息网	www.jilinjobs.cn
26	黑龙江省人力资源社会保障厅网	www.hl.lss.gov.cn
27	黑龙江人才网	http://www.rc.com.cn/
28	黑龙江省大中专学校毕业生就业服务信息网	www.work.gov.cn
29	上海市人力资源社会保障局网	www.12333sh.gov.cn
30	上海公共招聘网	http://www.12333sh.gov.cn/
31	上海人才服务网	www.shrc.com.cn
32	上海高校毕业生就业信息网	www.firstjob.com.cn
33	江苏省人力资源社会保障厅网	www.jshrss.gov.cn
34	江苏公共就业服务网	lm.jshrss.gov.cn
35	江苏人事人才公共信息网	www.jsrsrc.gov.cn
36	江苏毕业生就业网	www.jsbys.com.cn
37	浙江省人力资源社会保障厅网	www.zjhrss.gov.cn
38	浙江人才网	http:www.zjrc.com
39	浙江人力资源网	www.zjhr.com
40	浙江省大学生网上就业市场	www.ejobmart.cn
41	安徽省人力资源社会保障厅网	www.ah.hrss.gov.cn
42	安徽人才网	www.ahhr.com.cn
43	安徽大中专毕业生就业信息网	www.ahbys.com
44	福建省人力资源社会保障厅网	www.fjlss.gov.cn
45	福建省人事人才网	www.fjrs.gov.cn
46	福建省毕业生就业公共网	www.fjbys.gov.cn
47	江西省人力资源社会保障厅网	hrss.jiangxi.gov.cn

48	江西人力资源网	www.jxzp.cc
49	江西人才人事网	www.jxrcw.com
50	江西省高校毕业生就业信息网	www.jxbys.net.cn
51	山东省人力资源社会保障厅网	www.sdhrss.gov.cn
52	山东就业网	www.sdlss.gov.cn
53	山东人才网	www.sdrc.com.cn
54	山东高校毕业生就业信息网	www.sdbys.cn
55	河南省人力资源社会保障厅网	www.ha.lss.gov.cn
56	中国中原人才网	www.zyrc.com.cn
57	河南省毕业生就业信息网	www.hnbys.gov.cn
58	湖北省人力资源社会保障厅网	www.hb12333.com
59	湖北人才网	www.jobhb.com
60	湖北毕业生就业信息网	www.job.e21.edu.cn
61	湖南省人力资源社会保障厅网	rst.hunan.gov.cn
62	湖南人才网	www.hnrcsc.com
63	湖南人力资源网	ldt.hunan.gov.cn
64	湖南省毕业生就业网	www.hunbys.com
65	广东省人力资源社会保障厅网	www.gdrst.gov.cn
66	广东人力资源市场网	www.gd.lss.gov.cn/lm
67	广东人才网	www.gdrc.com
68	广东大学生就业在线	www.gradjob.com.cn
69	广西壮族自治区人力资源社会保障厅网	www.gx.lss.gov.cn
70	广西人才网	www.gxrc.com
71	广西西南人才市场	www.gxxnrc.com
72	广西毕业生就业网	www.gxbys.com
73	海南省人力资源社会保障厅网	hi.lss.gov.cn
74	海南人才招聘网	www.hnrczpw.com
75	海南大中专毕业生就业指导信息网	www.hnbys.net
76	重庆市人力资源社会保障局网	www.cqhrss.gov.cn
77	重庆大学生就业网	www.cqxsjy.com
78	重庆人才公共信息网	www.cqrc.net

79	重庆高校毕业生就业信息网	www.cqbys.com
80	四川省人力资源社会保障厅网	www.scrs.gov.cn
81	四川省人才网	www.scrc168.com
82	四川省高校毕业生就业信息网	www.job.scedu.net
83	贵州省人力资源社会保障厅网	gz.hrss.gov.cn
84	贵州人才信息网	www.gzrc.gov.cn
85	贵州省大中专毕业生就业指导中心	www.gzsjyzx.com
86	云南省人力资源社会保障厅网	www.ynhrss.gov.cn
87	云南人事人才信息网	www.ynrs.gov.cn
88	云南人才网	www.ynhr.com
89	云南省高校毕业生就业信息网	www.yn111.net
90	西藏人力资源信息网	www.tibetrlinfo.org.cn
91	西藏高校毕业生就业信息网	www.xzjyzdzx.com.cn
92	陕西省人力资源社会保障厅网	www.shaanxihrss.gov.cn
93	陕西人才公共服务网	www.snhr.gov.cn
94	陕西人才公共服务网毕业生就业服务	http://bys.xajob.com/
95	甘肃省人力资源社会保障厅网	www.rst.gansu.gov.cn
96	西北人才网	www.xbrc.gov.cn
97	甘肃省促进就业网	www.gscjjy.cn
98	青海省人力资源社会保障厅网	www.qhhrss.gov.cn
99	青海人才市场网	www.qhrcsc.com
100	青海人力资源市场网	www.qhhrm.cn
101	青海毕业生就业信息网	www.qhbys.com
102	宁夏回族自治区人力资源社会保障厅网	www.nxhrss.gov.cn
103	宁夏劳动就业网	www.nxjob.cn
104	宁夏人才网	www.nxrc.com.cn
105	宁夏毕业生网	www.nxbys.com
107	新疆维吾尔族自治区人力资源社会保障厅网	www.xjrs.gov.cn
108	新疆生产建设兵团劳动和社会保障网	www.xjbt.lss.gov.cn
109	中国新疆人才网	www.xjrc365.com
110	新疆兵团人事人才网	www.xbrs.gov.cn

参考书目

[美]Reardon 等.职业生涯发展与规划[M].侯志谨,译.北京:高等教育出版社,2005。

尹忠泽.大学生职业生涯规划[M].长春:吉林大学出版社,2007。

张嘉理等.大学生就业指导职业生涯准备[M].北京:光明日报出版社,2007。

么焕蛟等.大学生就业指导职业生涯规划[M].北京:光明日报出版社,2007。

张孝远等.大学生就业向导[M].兰州:兰州大学出版社,2003。

邓曦东等.大学生就业指导[M].北京:中国国际广播出版社,2002。

陈建恩等.大学生职业发展与规划[M].兰州:兰州大学出版社,2008。

赵北平.大学生职业生涯规划教程[M].武汉:武汉理工大学出版社,2007。

余晖等.大学生职业生涯与就业指导[M].西安:世界图书出版西安有限公司,2011。

高桥等.大学生职业发展与就业指导指南[M].北京:现代教育出版社,2008。

高海生.新编大学生就业指导教程[M].北京:北京交通大学出版社,2005。

吕丽华等.大学生就业指导[M].长春:吉林科学技术出版社,2004。

高峰等.大学生就业指导[M].长春:吉林大学出版社,2002。